도시로 보는 이슬람 문화

일러두기

• 본문의 지명과 인명 등 고유명사는 국립국어원의 외래어 표기법에 따랐으나
  경우에 따라 현지 발음대로 표기했다.

"이 책은 2020년 석오문화재단 윤동한 이사장의
  학술연구 지원 기금으로 집필되었음."

도시로 보는
이슬람 문화

이희수 지음

이스탄불, 예루살렘부터 튀니스, 그라나다까지
21개 도시로 떠나는 역사 기행

사우

프롤로그
도시는 이슬람 문명의 모태

참 많이 돌아다녔다. 1978년 라마단 기간 말레이시아에서 열린 청년 캠프에 참석한 것이 나의 첫 해외여행이었다. 그 후로 40여 년 동안 해마다 방학 3~4개월은 해외에서 보냈다. 튀르키예(옛 터키)만 169번을 다녀왔으니 이슬람권 전역은 족히 200회 이상 다녀왔을 것이다.

연구 현장을 찾아다니는 일은 문화인류학자의 숙명이다. 하지만 그 현장이 이슬람 지역이라고 하면 얘기가 조금 달라진다. "인권탄압과 테러가 난무하는 지역을 다니면 위험하지 않나요?" "왜 하필이면 이슬람을 연구하셨어요?" 그동안 이런 질문을 수도 없이 받았다. 정말 이슬람 세계는 위험한가? 이슬람이라는 종교를 가진 무슬림은 전근대적 사고방식을 가진 광신자 혹은 잠재적 테러리스트인가?

세계적인 통계조사기관인 퓨리서치센터(Pew Research Center)의 발표에 의하면 이슬람을 믿는 인구는 20억 명을 넘어섰다(2021년도 기준). 이슬람 국가는 유엔 회원국 기준으로 57개국에 이른다. 지구촌

4분의 1에 해당하는 최대 단일 문화권이다. 게다가 에너지 자원과 엄청난 자본의 힘으로 세계 경제, 특히 한국 경제의 중요한 버팀목 역할을 하고 있다. 그런데 우리에게 이슬람은 "건설, 석유, 테러" 이미지로만 존재한다. 과연 우리가 갖고 있는 이 이미지는 올바른 것인가?

공동체의 가치가 살아 있는 곳

어느 사회나 좋은 점과 나쁜 점이 공존한다. 물론 이슬람 국가의 제도나 사회수준이 글로벌 스탠더드에 미치지 못하는 면이 많이 보인다. 그러나 내가 경험한 절대다수 이슬람 국가와 그 시민들은 세상의 변화를 온몸으로 호흡하면서 기민하게 대응하고 있다. 일부 이슬람 지역에서는 간통죄에 투석형이라는 끔찍한 형벌을 고집하고 있지만, 어떤 이슬람 국가는 간통죄가 시대착오라며 폐지해버렸다. 일부 이슬람 국가에서는 아직도 살인자에 대한 공개 참수형을 감행하고 있지만, 아예 사형제도를 폐기한 이슬람 국가도 있다. 사우디아라비아, 이란, 탈레반 치하의 아프가니스탄 등에서는 아직도 여성에게 히잡을 율법으로 강요하고 있지만, 대부분의 이슬람 국가에서 히잡 착용은 의무사항이 아니라 자율이다. 일부다처를 법으로 금지하는 이슬람 국가들이 갈수록 늘고 있는 추세이니 이 악습도 조만간 역사 속으로 사라질 전망이다.

이처럼 같은 이슬람 국가라고 해도 그 모습이 다양하고, 또 끊임

없이 변화하고 있다. 그런데도 우리는 이슬람에 대한 잘못된 정보와 편견을 여전히 고수하고 있다. 이제는 이슬람 문화를 찬찬히 있는 그대로 들여다볼 때가 되었다.

지구촌 어디를 가든 사람들은 낯선 이방인에게 친절을 베풀고 도움을 주고자 한다. 가끔 나쁜 사람들을 만나 곤욕을 치르기도 하지만, 기본적으로 선하고 고마운 사람들을 만나서 감동받는 일이 훨씬 더 많다. "다정함은 인류 진화의 열쇠"라는 진화인류학자의 말을 빌리지 않더라도 선한 마음은 인류공동체의 참모습이다. 만나보지 않고 경험하지 못한 상태에서 편견과 오류가 생겨난다. 그래서 세상을 살아가면서 가장 경계해야 할 나쁜 습성이 고정관념이다.

무슬림도 우리와 똑같은 사람이다. 그들에게는 가족 중심 생활과 공동체 정신이 아직도 살아 있다. 그들은 "내일 당장 굶는 한이 있어도 오늘 도움을 청하거나 찾아온 손님을 그냥 돌려보내지 않는" 사람들이다. "부자의 곳간에 곡물이 한 톨이라도 남아 있는데 그 마을에 굶주리는 사람이 생긴다면 구성원 전체가 천국에 들지 못한다"라고 믿는 사람들이다. 물질적 탐욕에 함몰되어 우리도 모르는 사이 놓쳐버린 삶의 가치를 그들은 여전히 간직하고 있다.

변하면서도 변하지 않는
이슬람 도시의 매력

이슬람은 상업 중시 종교로 출발해서 역동적인 교류가 빈번한 도시를 중심으로 뿌리를 내렸다. 단단한 도시 경제를 기반으로 하고 교역과 정복이라는 두 축으로 천년 세계제국을 건설했다. 카이로, 이스탄불, 다마스커스, 바그다드. 이스파한, 라호르, 아그라, 사마르칸트, 팀북투 같은 고대도시들은 예외 없이 이슬람 왕조의 수도로 새출발했다. 그리고 그 도시들은 수천 년 동안 다양한 문명과 중첩되면서 대부분 유네스코 세계문화유산으로 등재되어 지구촌의 관심과 찬사를 받고 있다.

이슬람 도시를 향한 우리의 긴 여정은 인도, 중앙아시아, 서아시아, 북아프리카를 거쳐 781년간 이슬람이 지배했던 이베리아반도로 건너가서 코르도바와 그라나다에 도착한다. 마지막으로 서부 아프리카의 르네상스 도시 팀북투를 돌아 서울의 이태원 이슬람 타운을 방문하면서 마무리된다. 각 도시의 역사와 현재의 모습, 그곳에서 살아가는 사람들의 속내를 충실하고 생생하게 전달하고자 애를 썼다. 무엇보다 왜곡된 인식을 걷어내고 인류사를 보다 공정하고 균형 잡힌 방향으로 되돌려놓고자 노력했다. 지구촌 주요 이슬람 도시 21곳을 둘러보는 서울 이태원 '살람Salam' 카페에서 이 글을 마무리했다.

이 책에서 다루는 도시 어디를 가든 눈이 부시게 아름다운 문화유산을 만날 수 있다. "라호르를 보지 않으면 세상에 태어나지 않은 것과 같고, 이스파한을 놓치면 지구의 절반을 놓친 것이다"라는 말이 있다. 비단 파키스탄 라호르나 이란의 이스파한뿐만 아니라 이슬람 도시의 문화유산을 직접 대면하면 우리가 몰랐던 또 다른 세상이 온전히 다가올 것이다.

게다가 우리는 이슬람에 큰 신세를 지고 있다. 이슬람은 중세에는 세계 최고의 과학기술과 문화를 향유한 문화권이었다. AI 시대의 핵심 요소는 알고리즘(Algorithm)이다. 알고리즘을 창안한 이는 9세기 페르시아 수학자 알콰리즈미(Al-Khwarizmi)로, 알고리즘이라는 용어는 그의 이름에서 유래되었다. 일상으로 마시는 커피만 해도 그 어원이 아랍어다. 이슬람 지역에서 커피를 처음 음료로 마셨고, 세계 최초의 카페가 1554년 이스탄불에서 문을 열었다. 그리고 17세기 중엽 이슬람의 커피와 카페 문화는 이스탄불을 통해 유럽에 유행처럼 퍼져갔다.

시장, 뒷골목, 카페에서 만나는
무슬림의 진짜 모습

이슬람의 도시에서는 정지된 역사를 만날 수 있다. 변하면서도 변하지 않는 그 무엇, 무엇과도 바꿀 수 없는 이슬람 도시 문명의 매력이다. 이슬람 도시 뒷골목에서는 아직도 놋쇠 쟁반을 다듬는 쇠망치 소리가 들린다. 그곳에서는 말로 표현하기 어려운 짙은 세월의 냄새를 맡을 수 있다. 천년의 세월이 켜켜이 쌓여 있는 듯한 향기가 난다. 도시 골목에 들어서면 대를 이어 묵묵히 작업을 해나가는 장인들을 만날 수 있다. 이름을 남기려고 하지 않는 사람들이다. 누가 알아주지 않아도 망치질을 멈추지 않는 사람들은 그 도시의 희망이다. 깊은 주름과 땀방울이 맺힌 얼굴로 방문객을 힐끗 쳐다보며 미소 짓는 그들의 표정이야말로 그 도시의 꽃이다.

이슬람 도시 어디에서나 빛바랜 고서의 향이 그득하다. 나는 오래

도시로 보는 이슬람 문화

된 헌책방을 좋아한다. 손가락으로 조심스럽게 책장을 넘긴다. 누군지 모르지만 수백 년 전 나와 똑같이 가운뎃손가락에 침을 묻혀가며 한 페이지 한 페이지 책장을 넘겼을 학자들과 손끝으로 교감한다. 전율이 느껴진다. 시공을 초월해 같은 내용을 읽고 탐구하는 그 희열은 무엇에도 비할 바가 없다. 역사는 기록의 결실이다. 빛바랜 종이 위에 선명한 대나무 펜으로 써 내려간 지식의 총량이 그 도시의 품격이고 존재 가치다. 내용은 알 수 없어도 책을 뒤적거리다 보면 책 향기에 묻혀 시간 가는 줄을 모른다. 가끔 책 속에서 메모라도 발견하면 수백 년 역사가 갑자기 정지되면서 순간 내가 그 메모의 주인공이 된다. 책방 주인이 건네주는 차 한잔 마시면서 두 시대, 두 주인공은 책을 통해 영적으로 접선하게 되는 것이다.

나는 이슬람 도시를 방문하면 반드시 바자르(시장)로 달려간다. 내게 바자르는 시간이 쌓아놓은 역사 이야기를 담아내는 그릇이다. 삶의 고단함과 한숨 소리, 와자지껄한 담소와 노랫소리가 그득한 공동체 공간이다. 지역민이 시장에 가는 것은 필요한 생필품을 사고팔기 위한 걸음만이 아니다. 이웃 마을 소식을 듣고, 서로의 안부를 챙기고, 장사 이야기나 공동체의 관심사를 논의하는 자리다. 어머니들은 혼기가 다가온 자녀의 혼담을 조심스럽게 꺼내기도 한다.

이슬람 도시에서는 커피 원두를 가루째 넣고 끓이는 튀르크 커피를 마신다. 인류가 처음 이스탄불의 '차이하네(Cayhane)' 카페에서 마시던 바로 그 커피다. 카페는 여론 형성의 장이자 새로운 세상을 꿈꾸었던 민초와 혁명가들의 저항의 산실이었다. 사람들은 카페에 모여 커피나 차를 마시면서 군주와 지방 영주의 정책이나 행동을 비판

했다. 이런 연유로 한때 이슬람 세계에서 카페가 폐쇄되기도 했다.

이슬람 도시들을 돌아다니면서 무슬림들을 만나 깊숙한 이야기를 나누다 보면 종교의 가치는 기본적으로 큰 차이가 없음을 깨닫게 된다. 차이와 다름을 인정하고 서로를 존중하는 삶의 태도를 다잡게 된다. 다문화, 다종교가 공존하는 글로벌시대에 이 책이 "두렵고 피하고 싶은" 무슬림의 삶과 이슬람 문화를 가까이 접하는 데 조금이라도 도움이 되기를 고대한다. 인류가 만든 최고의 걸작이라 불리는 인도 아그라의 타지마할과 이스탄불의 블루 모스크와 그라나다의 알함브라 궁전이 여러분을 애타게 기다리고 있기 때문이다.

이 책에도 보이지 않는 성원과 지지가 숨어 있다. 현장 연구와 여행 중 이름도 밝히지 않고 말없이 도와준 무슬림 친구들, 모든 것을 내려놓고 나를 도와준 '살아 있는 천사' 우미트 아른츠, 이브라힘 일한, 사마라이 박사, 투르칸, 케브세르, 텍센 박사, 아흐마드샤, 이브라힘사에게 이 책을 바친다. 이슬람권 연구의 중요성을 일찍부터 설파하시면서 귀한 학술연구기금을 쾌척해주신 석오문화재단 이사장 겸 한국콜마 윤동한 회장님께도 깊은 감사를 전한다.

2022년 10월

하산연실(霞山研室)에서 이희수

도시로 보는 이슬람 문화

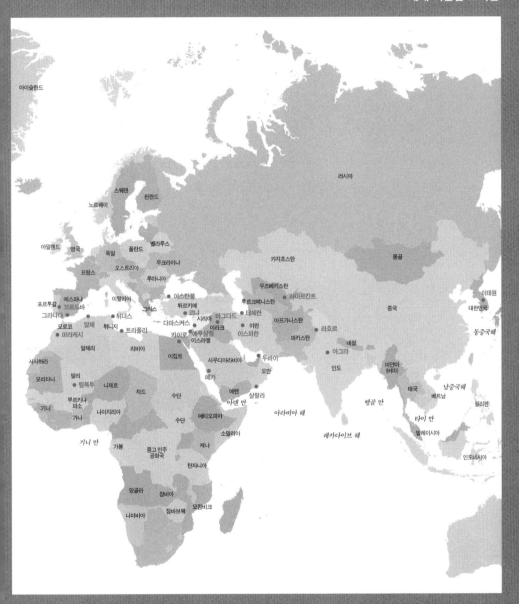

◆ 프롤로그

도시는 이슬람 문명의 모태 ... 004

01

메카 사우디아라비아
20억 무슬림이 찾는 신성한 도시

Mecca / Saudi Arabia

이슬람력 12월이 시작되면 수백만 무슬림은
고향을 떠나 메카로 모여든다.
순례객들은 신을 간절히 부르며 회개하고 찬양한다.
"오! 주여, 제가 왔나이다. 자비롭고 자애로우신,
만물의 주인이신 당신을 찾아 수만 리 길을 헤쳐 왔나이다.
저의 죄를 사해주시고 천국에서
영원히 당신 곁에 머물게 해주시옵소서."

Labbaik Allahumma labbaik.
Labbaik la sharika laka labbaik.

이슬람의 최고 성지 메카는 신성한 도시이자 금지된 도시다. 이슬람교도인 무슬림만 출입이 허용된다. 아라비아반도 서쪽 끝 메카에서 무함마드라는 예언자에 의해 632년 이슬람이 완성되었고, 카바신전이라 불리는 하느님의 집(Bait-ul Allah)이 메카에 있다. 20억 무슬림이 매일 다섯 차례 메카를 향해 예배를 드리고, 일생에 한 번 메카를 순례하는 것은 알라, 즉 하느님을 영접하고자 하는 종교적 열망의 표현이다.

메카(Mecca)는 아랍어 도시 명칭 마카(Makkah)의 라틴어 표기이다. 꾸란에서는 이 도시를 바카(Bakkah)라고 부른다. "진실로 인류를 위한 신앙의 첫 번째 집은 바카에 지어졌으니…."(꾸란 3:96). 아마 고대 아브라함 시절에 이 도시는 그렇게 불렸을 것이다. 다른 고대 문헌에도 오늘날의 메카를 바카, 베카(Baca, Baka, Bakah, Bakka, Becca, Bekka) 등으로 표기하고 있어 이런 주장을 뒷받침한다.

1980년대 사우디아라비아 정부는 마카라는 이름으로 통일했으며, 공식 표기는 마카 무카라마(Makkah Mukarramah)다. '신성한 도시'라는 의미다. 이외에도 메카라는 특별한 도시는 성경이나 역사

도시로 보는 이슬람 문화

기록에서 성 파란(Faran, Paran), 티하마(Tihamah) 등 여러 이름으로 불려왔지만, 신앙심 깊은 무슬림에게 메카는 '우물꾸라(Umm al-Qurā)'란 이름으로 더 친숙하다. '거주자들의 어머니'란 뜻이다. 나아가 무슬림에게 메카는 어머니 하갈과 함께 쫓겨나 방황하던 이스마엘의 거주지다. 구약에서는 아브라함의 정통 승계를 본처 사라에게서 태어난 적자인 이삭으로 보지만, 꾸란에서는 그 적통성을 장자인 이스마엘로 보는 것이다. 아브라함을 공통 조상으로 보면서도 두 종교가 계보를 달리하는 결정적 분기점이다. 그만큼 메카는 아랍인이나 무슬림에게 특별한 의미가 있다.

이슬람이라는 새로운 종교의 탄생

고대 역사에서 메카는 아라비아반도의 여러 산물을 시리아 다마스커스를 통해 로마로 전달하는 중요한 오아시스 교역 도시로 묘사되어 있다. 글렌 바워삭(W. Glen Bowersock) 같은 학자는 메카가 피혁, 히자즈 지방의 모직제품, 유제품, 낙타 등을 로마 군대에 전달하는 물품 공급기지였다고 주장하기도 한다. 메카 북쪽의 두 제국인 동로마(비잔틴)와 사산조 페르시아가 300년 동안 지리한 소모전을 벌이면서 로마 영역으로 향하는 교역로가 심각하게 위협당하자 상대적으로 안전한 사막을 횡단하는 오아시스 루트가 각광을 받기 시작했다. 오만의 유향, 예멘의 몰약, 아라비아 서쪽에서 온 진주, 산호, 향료 등이 홍해 연안을 따라 북상하는 오아시스 루트 중심에 메카가 자리 잡고 있었다.

무엇보다 메카는 잠잠(zam zam) 우물이라는 풍성한 수자원을 확보하고 있어 상인이나 거주자들에게 은총의 오아시스였다. 5세기부터 교역이 번성하면서 메카에는 주변 상인들이 몰려들었으며, 도시 중심에 있는 카바신전은 여러 아랍 종족이 각각 모시고 있던 신을 숭배하는 다신교의 중심 역할을 했다. 5세기경부터 메카에서 영향력 있는 지배집단은 쿠라이시 종족이었다. 그들은 이웃 국가들과의 교역을 독점하고 다신교 성소를 관리해왔다.

이 가문에서 무함마드가 탄생한 것은 행운이자 아이러니였다. 무함마드는 570년경 아버지 압둘라 이븐 압둘 무탈립의 유복자로 태어났다. 여섯 살 때 어머니마저 잃고 고아가 되어 조부와 삼촌의 도움으로 힘들게 성장했다. 정직하고 고결한 성품을 지닌 무함마드는 메카와 시리아의 다마스커스를 오가는 낙타 몰이꾼으로 성실하게 일해 주위의 칭송과 관심을 받았다. 메카의 유력 여성 CEO 하디자에게 스카우트된 무함마드는 후일 그녀와 결혼함으로써 인생의 전환점을 맞게 된다. 험난한 교역 과정에서 경험했던 '인간에 의한 인간의 착취'와 '만연한 부조리와 세기말의 윤리적 타락'을 깊이 고뇌하던 그는 20년에 걸친 오랜 명상과 기도 끝에 메카에서 610년 알라로부터 첫 계시를 받아 이슬람이라는 새로운 종교를 완성하게 된다. 메카가 인류 공동체에 이슬람이라는 새로운 빛을 던져준 성스러운 도시가 된 배경이다.

이슬람은 아담과 노아, 아브라함, 모세, 예수 등 성서의 인물들을 모두 훌륭한 예언자, 선지자로 받아들이고, 중재자나 대속자 없

도시로 보는 이슬람 문화

는 유일신(알라)과 인간의 직접 소통과 구원을 주장했다. 이슬람의 메시지는 당시 동로마 제국과 사산조 페르시아 두 제국 사이에 벌어진 300년 전쟁으로 고통받던 시민들로부터 큰 호응과 환영을 받았다. 두 제국을 무너뜨린 이슬람 세력은 711년 이베리아반도를 지나 732년 파리 근교까지 진출했고, 750년경에는 오늘날 중앙아시아 키르기스스탄 근교 탈라스 평원에서 중국 당나라 군대까지 패퇴시키면서 이슬람 천년 제국의 단단한 기틀을 닦았다. 메카에서 출발한 이슬람이 1세기 만에 세 대륙에 진출한 것이다.

카바신전,
비무슬림에게는 금지된 하느님의 집

메카에는 세계 최대 규모의 모스크가 있다. 638년에 세워진 마스지드 알하람(Masjid al-Haram) 사원이다. '금지된 사원'이란 의미다. 비무슬림의 입장은 허용되지 않는다. 메카 사원에서도 가장 핵심적인 종교시설은 역시 카바신전이다. 정사면체로 지어진 이 신전이야말로 무슬림 신앙의 최정점이다. 카바신전의 최초 건설에 대해서는 천사 혹은 최초의 인간인 아담이 지었다고 하는 등 이슬람 학자들 사이에서도 이견이 분분하다. 카바신전은 개축을 거듭해 지금의 모습을 갖추게 되었다.

이슬람의 전승에 따르면 카바신전은 온전히 아브라함과 이스마엘의 몫이다. 꾸란에 의하면 이스마엘이 어머니 하갈과 광야로 내

메카에는 세계 최대 규모의 모스크가 있다.
이 모스크에서 가장 핵심적인 종교시설은
정사면체 모양으로 지어진 카바신전이다.

쫓긴 이후 메카에 정착하고, 다시 돌아온 아버지 아브라함과 함께 하느님의 집이자 신앙의 중심으로 카바신전을 지었다. 이를 기념하기 위해 아브라함과 이스마엘은 카바신전을 시계 반대 방향으로 일곱 번 돌았다. 이 일곱 번 도는 의식을 '타와프'라 하는데, 오늘날 성지순례의 핵심 의례가 되었다.

카바신전 동쪽 모퉁이에는 천사가 가져왔다는 신성한 블랙스톤이 놓여 있다. 카바신전은 과거 360여 개의 우상을 모시던 장소였다. 그런데 무함마드가 610년 새로운 종교를 계시받고 유일신 사상을 설파하면서 신상들을 파괴하고 알라, 즉 하느님을 위한 신앙의 장소로 전환한 드라마틱한 성소다. 이슬람 초기에는 예루살렘을 향해 예배를 드린 적도 있었으나, 지금은 모든 무슬림이 메카를 향해 예배를 드린다.

예배 방향을 이슬람에서는 '키블라'라고 한다. 여행 중이거나 몇 달씩 바다를 건너고 사막을 횡단하면서도 예배를 드리려면 키블라 방향을 정확히 계산해야 한다. 지리학이나 천문학이 아랍에서 특히 발달하게 된 배경이다. 하느님이 계시는 메카를 향해, 더 정확히는 카바신전을 향해 문안 인사를 드리고, 잘못을 뉘우치고, 바른 길을 밝혀달라고 간구하는 것이다.

이슬람에서 알라의 속성은 사랑, 자비, 용서, 응징, 성실 같은 99가지 모습으로 상징화된다. 무슬림은 매일 카바신전을 향해 새벽, 낮, 오후, 일몰, 취침 전 다섯 번 예배를 드림으로써 99가지 알라의 덕목을 되새기며 항상 신을 품고 신과 함께 살아가고자 한다. 잘못을 저지르고 나서 회개하기보다는 일상에서 신을 끌어안고 살아가면서 신의 뜻과 어긋나는 길을 가지 않게 해달라고 기도하는 것이다.

오후 예배시간은 낮잠 자는 시에스타 시간과 겹치기도 한다. 그래서 사우디아라비아 도시를 여행하다 보면 가게 주인들이 가게를 비우는 경우가 많다. 그들은 문을 잠그거나 물건을 단단히 덮어놓지 않고, 머리 하나가 들락날락할 수 있는 큰 그물망을 대충 던져놓고 간다. 마음만 먹으면 얼마든지 물건을 꺼내 갈 수 있다. 낮잠 시간이라 길거리에는 지켜보는 사람도 없다. 경찰도 단속하지 않는다. 그래도 시에스타 2~3시간 동안 물건에 손대는 사람은 거의 찾아보기 힘들다. 한번은 가게 주인에게 왜 그렇게 허술하게 그물을 얹어놓느냐고 물었다. 상인은 "가져가지 말라는 뜻보다는 지금 주인이 없으니 거래할 수 없다는 의미이지요"라고 대답했다. 그 말에 나는 숙연해졌다.

메카의 길거리는 여성에게는 조심스러운 공간이다. 이슬람 관습이 가장 엄격하게 작동하기 때문에 모든 무슬림 여성은 히잡을 써야 한다. 눈만 내놓고 얼굴 전체를 가리는 검은 니캅을 쓴 여성도 유난히 많다. 여성이 혼자 외출하기도 쉽지 않다. 반드시 아버지나 오빠 등 남성 가족이 동행해야 안전하다. 물론 대규모 쇼핑몰에서는 여성들끼리 커피를 마시며 대화하거나 쇼핑하는 모습을 자연스럽게 볼 수 있다.

평생을 꿈꿔온 순례의 시간

메카로 가는 길은 홍해의 아름다운 도시 제다에서 출발한다. 메카까지는 약 90킬로미터, 자동차로 1시간 거리에 있다. 해마다 순례철이 되면 300만 이상의 무슬림이 비행기나 배를 타고 제다에 도착한다. 성지순례 관문답게 공항 시설은 순례객을 위한 편의 제공에 초점이 맞추어져 있다. 순례객은 '이흐람'이라 불리는 하얀 옷을 입고 입국한다. 이슬람의 의무인 순례를 완수하기 위해 신자들은 평생을 준비하고 제다로 향한다. 그래서 제다 공항에는 남다른 환희와 감개의 눈빛이 가득하다.

메카에는 무슬림만 들어갈 수 있다. 어떤 권력도 이곳에서는 힘을 발휘하지 못한다. 신성불가침의 성역이고 금단의 지역이다. 메카를 보고 싶어 하는 미국 대통령의 간청이 정중하게 거절된 일화는 유명하다. 따라서 그곳에서 수백만 무슬림이 펼쳐내는 질서정

메카에 모인
무슬림 순례자들

연하고 장엄한 종교의식을 비무슬림은 직접 참관할 수가 없다.

순례가 시작되면 흰 물결이 파도를 이룬다. 한 생애를 정리하며 천국을 준비하는 순례자들의 기도 소리가 거룩한 합창을 이룬다. 순례기간은 둘히자(이슬람력 12월) 8일에서 12일까지 5일간이다.

메카 대모스크에 운집한 무슬림은 먼저 카바신전을 일곱 차례 돈다. 그런 다음 사파(Safa)와 마르와(Marwa) 언덕 사이를 빠르게 일곱 차례 왕복한다. 이는 이스마엘의 어머니 하갈이 어린 자식에게 먹일 물을 찾기 위해 울부짖으며 헤매던 길을 종교적으로 재현하는 의식이다. 다음으로 잠잠 우물의 성수를 마신다. 하느님께서 고통 속에 울부짖는 하갈과 이스마엘을 위해 우물을 마련한 기적의 전승을 떠올리기 위한 의식이다. 미나동산에서 하룻밤을 보낸 순례자는 다음 날 메카에서 동쪽으로 20킬로미터쯤 떨어진 나지막한 아라파트 동산에 오르고 무즈달리파 평원에서 야영을 한다. 셋째 날 아침에 무즈달리파 평원을 떠나 미나로 돌아가서 사탄의 기둥으로 상징화된 곳을 향해 응징의 돌팔매를 세 번 한다. 마지막 날 동물 희생제를 치른다. 순례자도 머리칼을 조금 자르거나 수염을 깎으면서 희생 의례에 동참한다. 이제 이슬람 세계는 일제히 이드 알아드하(Eid al-Adha)라고 불리는 대축제를 즐긴다. 이로써 평생을 기다리고 꿈꿔왔던 절대적 종교 의무가 완성된다.

도시로 보는 이슬람 문화

메디나, 예언자를 만나러 가는
두 번째 순례 여정

신앙이 충만한 상태에서 많은 순례자는 메카를 떠나 350킬로미터 북쪽 메디나(Medina)로 이동한다. 예언자 무함마드의 모스크가 있는 곳이고 이슬람이 뿌리내린 도시다. 그 모스크에 무함마드의 묘당이 설치되어 있다. 메카에서 발아한 이슬람은 토착 기득세력인 쿠라이시 부족의 집요한 방해와 살해 위협으로 한계에 부딪힌다. 무함마드는 622년 추종자들을 이끌고 당시 야스립이라 불리던 메디나로 이주를 단행한다. 이를 이슬람 역사에서는 '히즈라'라고 한다. 이것이 이슬람 역사의 기점이 된다. 이슬람력의 시작이기도 하다. 동시에 메디나는 이슬람이 단단한 국가체제를 갖추고 세계 종교로 발돋움하는 산실이었으며, 정치적 구심점으로 성장하는 바탕이 되었다. 무엇보다 메디나에서 무함마드 사후 네 명의 후계자가 소위 '정통 칼리파 시대'를 열어갔다. 메디나도 두 번째 성지 도시인 만큼 비무슬림의 출입이 엄격히 통제되고 있다.

최초의 이슬람 국가를 열었던 메디나는 무함마드의 도시다. 그는 메디나에서 터전을 잡고 최초의 이슬람 공동체(움마)를 일구었으며, 이곳에서 삶을 마감하면서 인류 역사상 가장 많은 사람이 믿고 따르는 이슬람이란 메시지를 완성했다. 전 세계 20억 무슬림이 그를 기리며 살아가고 있고, 평생 준비한 끝에 메카 순례를 마치고 메디나로 무함마드를 추모하러 달려간다. 무함마드만큼 평가절하되어 있고, 심지어 악의적인 이미지로 묘사되는 종교 창시자도 드물 것이다. 그는 살아생전 기적을 행하지 않았으며, 자신의 사후 인간의 영역에서 벗어나려는 시도를 원천적으로 차단했다. "나는 죽어서 썩어 한 줌 흙으로 사라질 뿐이다. 나를 기억할 어떤 형상과 이미지도 만들지 말라. 오직 하느님, 유일신이고 절대자이신 그분만 믿고 그분만 따르라."

그는 평범한 사람처럼 고통스럽게 병마에 시달리다 632년 62세로 생을 마감했다. 마지막 남은 재산을 처분해 가난한 사람들에게 나누어주고 철저히 잊히는 삶을 택했다. 그러나 결과적으로 그는 살아남았다. 그림 한 조각, 형상 하나 남기지 않았지만 1400년 동안 살아서 20억 신자들의 삶을 인도하고 있다.

메카와 메디나 순례를 마치고 모든 죄를 씻고 다시 당당하게 하느님 앞에 서게 될 순례자에게는 '하지(Hajji)'라는 명칭이 붙는다. 죄사함과 재탄생의 징표다. 하지는 고향으로 돌아가 전보다 훨씬 고양된 삶을 살아간다. 공동체 구성원들의 존경도 따른다. 메카라는 도시가 무슬림 전체에게 주는 무한의 축복이고 선물이다.

빌딩숲으로 변해가는 영성의 도시

오늘날 메카에는 대도시의 세속이 많이 스며들었다. 첨단기술과 과학을 앞세운 편의라는 무기 앞에 영적인 신앙의 영역은 갈수록 좁아지고 있다. 메카에서 그런 세태 변화를 온몸으로 느낄 수 있다. 메카의 성지 지역을 고층 건물이 사방으로 둘러싸고 있다. 이제 하느님의 집을 더 높은 빌딩에서 인간이 내려다보는 시대다.

　메카 대사원 남쪽으로 아브라즈 알바이트(Abraj al Bait) 건물숲이 들어섰다. 순례 관광객 유치와 부동산 개발을 위한 초고층 복합빌딩 단지다. 복합단지 중심에는 높이가 무려 600미터가 넘는 시계탑이 세계에서 네 번째로 높은 빌딩이라는 것을 자랑하며 세속 경쟁을 하고 있다. 메카 도시 서쪽 입구에는 40번 고속도로를 따라 1979년 이집트 건축가 사미르 엘라브드(Samir Elabd)가 디자인한 꾸란 게이트가 있다. 제다에서 메카로 들어오는 관문이다. 이곳은 비무슬림의 출입이 금지되는 지점이기도 하다. 더욱이 메카에는 1945년에 설립된 알와흐다(Al Wahda FC) 축구클럽이 있고, 3만 8000명을 수용할 수 있는 전용 스타디움 킹 압둘아지즈(King Abdul Aziz)도 문을 열었다. 축구를 좋아하는 메카인들의 열정이 성스러운 도시에 축구까지 끌어들였다.

　메카 도심에서는 검은 니캅을 쓴 여성들이 한 남자를 중심으로 걸어가거나 쇼핑하는 모습을 쉽게 목격할 수 있다. 이슬람에서는 일부다처가 허용되고, 최대 네 명의 아내를 맞이할 수 있다. 그렇다면 네 여성은 한 남자의 아내들인가? 뭔가 불편하다. 가까운 아랍 친구에게 조심스레 물어봤다. "아유, 지금 부인을 네 명이나 어떻게 얻어요? 걸음걸이나 옷차림을 보면 금방 알지요. 부인과 따님들이겠지요." "지금 젊은층은 거의 일부일처이고요, 윗세대가 가끔 일부다처를 하는데요. 대부분 아들을 낳지 못한 경우 첫 번째 아내의 동의를 얻어 두 번째 아내를 얻는 경우가 있어요."

　자료를 보니 지금 이슬람권의 많은 국가들이 일부다처를 법으로

빌딩숲에 둘러싸인 메카 성지

금지하는 추세다. 가장 다처율이 높은 아랍 산유국에서도 다처 비율은 6퍼센트 정도다. 노후를 보장할 정도의 결혼 지참금을 아내에게 지급해야 하고, 모든 아내의 동의를 받고 나서 새로운 아내를 얻을 수 있다고 한다. 경제적 문제나 상속 문제 등이 얽혀 있어 일부다처가 그리 쉽지 않겠다 싶다.

메카는 이제 종교적 신성성보다는 현대 도시의 모습을 하고 있다. 한 모금 맑고 신선한 물을 찾아 헤매었던 이스마엘의 고사는 온데간데없고 집집마다 바닷물을 바꾼 담수가 뜨거운 사막의 파이프라인을 통해 온수로 공급되고, 냉각 시설 덕분에 찬물이 넘쳐난다. 메카 시민들이 먹고 마시고 남은 물은 길가의 초목을 키우고, 관개수로를 따라 사막으로 공급되어 나무와 곡식을 기른다. 수입에 의존하던 채소와 과일, 곡물이 광활한 사막에서 자라고 있다. 적당한 물 공급과 강렬한 햇빛으로 과일 맛은 세계 최고를 자랑하고, 사막의 밀밭에서 수확한 밀은 국내 밀 수요량을 충족하고도 남는다. 이제 메카는 무슬림에게 영성의 고향일 뿐만 아니라, 재미와 편의를 찾아 떠나는 새로운 순례의 도시로 거듭나고 있다.

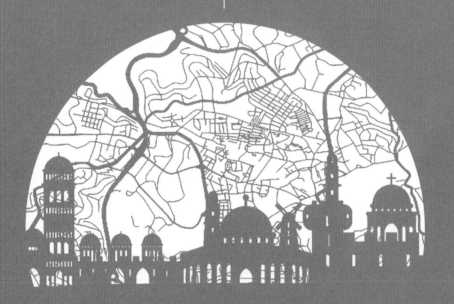

예루살렘 이스라엘
세 종교의 공동 성지, 회개의 공간

예루살렘에서는 모두가 간절하다.
애환과 눈물이 가득하다.
예루살렘은 박해와 고통의 유랑으로 역사를 써 내려간
유대인의 영적인 고향이다. 인류의 원죄를 혼자서 짊어지고
만민평등과 보편구원이라는 인류 최고 최대의
가르침을 희생으로 증거한 예수의
핏빛 고난의 발자취가 영롱한 체취로 되살아나는 성소다.
621년 이슬람의 예언자 무함마드는 한밤중 메카에서
예루살렘으로 날아와서 이곳에서 승천해서
신을 만나고 이슬람이란 종교를 구체화한다.
3대 일신교의 소중한 성지에서 방문객은
모든 집착과 욕심을 내려놓고 겸손한 인간으로 되돌아간다.
그곳은 회개의 공간이다.

예루살렘은 '평화의 도시'라는 의미다. 그런데 예루살렘만큼 폭력과 전쟁으로 자주 뉴스에 오르내리는 도시도 없을 것이다. 예루살렘은 한국인이 성지순례를 위해 가장 많이 찾는 도시이기도 하다. 예수께서 십자가 대속을 당하시고 3일 만에 부활하는 기적을 보여주신 절절한 장소들, 특히 예수의 무덤이 있는 성묘교회가 예루살렘에 있기 때문이다.

그런데 평화의 도시 예루살렘은 왜 오늘날 분쟁과 갈등의 도시가 되었을까? 이 질문에 대한 진지한 고뇌의 목소리는 잘 들리지 않는다.

평화의 개념은 고대 가나안 지방의 신인 샬림(Shalim)을 모시는 신전에서 유래했고, 성경에서는 '예루샬라임(Yerushalaim)'이라는 이름으로 등장한다. 아랍어 알꾸두스(Al Qudus)는 '신성한 도시'라는 뜻이다. 유대인이 소중하게 여기는 솔로몬의 신전과 통곡의 벽이 이곳에 있다. 기독교에서도 예루살렘은 당연히 중요한 성지다.

그런데 왜 예루살렘이 이슬람의 성지라는 것일까? 쉽게 이해되지 않을 수 있다.

도시로 보는 이슬람 문화

인류 고대사와 함께한
예루살렘의 명암

지금 예루살렘 구시가를 구성하는 주요 터전은 기원전 10세기경 다윗에 의해 통일된 이스라엘 왕국으로부터 시작되었다. 예루살렘은 통일왕국의 수도가 되었다(《사무엘》 하 5: 6-16). 다윗의 아들이 솔로몬 왕이다. 솔로몬은 예루살렘에 왕궁과 신전을 새롭게 건설하고, 이를 방어하기 위해 견고한 성채를 축조했다. 이스라엘 백성의 신앙과 의례의 징표인 언약궤를 신전 안에 보관했다(《열왕기 상》 6-8). 솔로몬이 세상을 떠나자 이스라엘은 분열되었고, 기원전 587년 예루살렘은 신바빌로니아의 네부카드네자르 2세(성경에서는 느부갓네살)에게 정복되어 유다 백성은 바빌론으로 끌려갔다. 바빌론에서 강제노역에 시달리며 고통을 감수하던 시기를 역사에서는 '바빌론의 유수'라 칭한다. 절망 속에서도 유대인들은 희망의 끈을 놓지 않고 자신들의 정체성을 힘겹게 지탱해나갔다.

바빌론 기슭,

거기에 앉아 시온을 생각하며 눈물 흘렸다.

아! 예루살렘이여

내가 너를 잊는다면

내 오른손이 마비되어 더 이상 현을 연주할 수 없어도 좋다네.

내 생각, 내 기억에서 네가 잊혀진다면

내 혀가 굳어 더 이상 노래를 부를 수 없어도 좋다네.

〈시편〉 136: 1-6)

바빌론에서 노역에 시달리는 동안 빼앗긴 조국을 기억하며 절절하게 부르는 노래, 오페라 〈나부코〉에서 울려 퍼지는 '히브리 노예들의 합창'과 아리아 '날아라 금빛 날개를 타고'가 감동으로 다가오는 이유다. 기원전 6세기 페르시아 대제국의 창건자인 키루스 2세 대왕에 의해 유대인은 바빌론에서 해방되어 예루살렘으로 돌아갈 수 있었다. 키루스 대왕의 배려와 재정 지원으로 성전을 짓고 예루살렘을 다시 유대인의 중심 터전으로 가꾸었다. 인간 세상에 절대적이고 영원한 것은 없듯이 예루살렘의 운명도 로마 제국의 침공으로 끝이 난다. 서기 70년경 예루살렘이 로마의 지배를 받으면서 유대인은 전 세계로 뿔뿔이 흩어지고 디아스포라(이산)의 고난을 경험하게 된다. 로마 지배하의 예루살렘에서 예수라는 구세주가 등장해 기독교라는 새로운 빛을 인류에게 던져주었고, 4세기에 로마 제국이 기독교를 국교로 삼음에 따라 예루살렘에 많은 교회가 세워졌다. 기독교의 성지로 탈바꿈한 것이다.

유대인이 뿔뿔이 흩어진 후 예루살렘을 실제로 지배한 세력은 이슬람이었다. 638년 초기 이슬람 정권의 3대 칼리파였던 우마르 이븐 알카타브(Umar ibn al-Khattab)가 예루살렘을 지배한 후 1000년 이상 이 도시의 주인으로 군림해왔다.

이슬람의 예루살렘 형성과 의미

이슬람에서도 예루살렘은 포기할 수 없는 중요한 성지다. 이슬람의 역사적 전승에서는 예언자 무함마드가 621년경 신의 부름을 받고 메카에서 예루살렘으로 꿈의 여행(이스라isra)을 하고 승천하여 하느님을 만나고 내려온 사건(미라즈mi'raj)을 매우 중요하게 여긴다. 이슬람에서 예루살렘을 제3의 성지로 여기게 된 배경이다. 그런 연유로 초기 무슬림은 예루살렘을 향해 예배를 드렸다. 후일(13년 후) 메카로 그 방향이 바뀐 것이다.

638년 칼리파 우마르가 예루살렘을 점령한 후 줄곧 예루살렘은 이슬람의 지배를 받았다. 우마르의 지배하에서 예루살렘의 기독교 성지는 크게 훼손되지 않았다. 당시 기독교와 아랍의 전승에 따르면 우마르는 기독교의 가장 신성한 장소인 예수성묘교회에서 기도하는 것을 거부했다. 그 덕분에 성스러운 기독교 교회가 모스크로 개조되지 않고 지금까지 남아 있을 수 있었다고 한다. 대신 성묘교회 맞은편에 우마르 모스크를 짓고 그곳에서 예배를 드렸다. 7세기 말 예루살렘에 살았던 아르쿨프(Arculf) 주교에 따르면, 당시 그 모스크는 광야에 직사각형으로 지어진 목조건물이었는데 약 3000명의 신도를 수용할 수 있는 규모였다고 한다.

현재 예루살렘의 가장 상징적인 종교 유적은 단연 황금색 돔이 빛나는 '바위의 돔(Dome of the Rock)'이다. 우마이야 왕조의 압둘 말리크 왕에 의해 건축되었다. 무슬림들은 이곳이 무함마드가 신의 부름을 받고 승천한 장소라고 믿는다.

바위의 돔.
무슬림은 이곳에서 무함마드가
신의 부름을 받고 승천했다고 믿는다.

놀랍게도 이곳에는 하느님이 아브라함의 신앙심을 시험해보기 위해 자기 자식을 번제로 바칠 것을 명했을 때 희생물을 놓았다는 바위의 흔적이 아직도 남아 있다. 다만 구약에서는 아브라함이 번제로 바쳤던 자식이 이삭이고, 꾸란에서는 그 자식이 이스마엘로 바뀌어 있다. 이슬람에서는 장자의 개념을 앞세우고 기독교에서는 적자의 적통성을 강조하고 있는 셈이다. 물론 하느님께서 아브라함의 신앙을 확인하고 자식 대신 어린 양을 바치게 함으로써 감동적으로 마무리되지만, 두 종교 모두 희생의 스토리라는 점에서 닮아 있다. 아마 서아시아 신화나 의례에서 보면, 인신공양에서 동물희생으로 바뀐 전환기적 사건일 수도 있을 것이다. 이러한 경전의 드라마틱한 사건을 기억하고 기념하기 위해 이슬람 정권은 이곳을 차지하면서 그 바위 위에 황금색 돔을 얹은 것이다. 그 돔 남쪽에 예루살렘의 이슬람 모스크를 대변하는 알 아크사 모스크가 자리하고 있다.

1000년 이상 지속된 유대교와 이슬람의 공존

11세기까지 이슬람교는 이 지역에 500년 이상 존재했다. 그 도시는 세 종교의 도시로서 세계적인 명성을 얻었다. 그러나 로마 가톨릭 교황청의 확장주의와 지중해 해상 왕국들의 이권에 맞서 이집트를 중심으로 이슬람의 파티마 왕조가 권력을 잡으면서, 기독교 순례자의 이동을 제한하기 시작했다. 파티마 왕조의 통치자 알 하킴은 십자군의 공격이 계속되자 그에 대한 복수로 성묘교회를 파괴하기도 했다. 1099년, 예루살렘은 결국 십자군에 의해 정복되었다. 서양사에서는 이를 1차 십자군 전쟁이라고 한다. 실상은 성전(聖戰)이 아니라 인류 역사상 유례를 찾기 힘들 정도의 잔혹한 학살이었다. 당시 예루살렘 성안에 거주하던 주민들(대부분 무슬림과 유대인)은 남김없이 학살당했다. 그 자리에 예루살렘 라틴 왕국(1099~1187)이 들어서 짧게 명맥을 유지했다. 총 아홉 차례에 걸친 십자군 전쟁은 성지 탈환을 구호로 내세웠을 뿐, 실제로는 풍요로운 비잔틴 영역을 침략해 약탈과 노략질을 일삼은 것이다. 특히 1204년 4차 십자군 전쟁은 동방 기독교 국가인 비잔틴 제국의 수도 콘스탄티노플을 약탈하고 회복 불능 상태로 초토화시켜 가장 치욕적인 약탈전쟁으로 기록될 정도였다.

예루살렘은 88년간의 기독교 지배를 종식하고 1187년 아이유브 왕조의 살라딘 장군(1137~1193)에 의해 다시 이슬람의 수중에 놓이게 되었다. 끔찍한 보복을 떠올리며 두려움에 떨던 성안의 기독교인들은 놀라운 관용을 경험했다. 폭력이나 복수극은 벌어지지 않았다. 떠나고 싶은 사람은 일정한 세금을 내고 모든 재산과 소지품을 챙겨 떠날 수 있었고, 머물러 살고 싶은 사람에게는 생명과 재산, 예배 장소를 보장해주었다. 살라딘이 이슬람 역사에서보다 유럽 역사에서 크게 칭송받는 배경이다. 그 후에도 일시적으로 기독교 세력이 예루살렘을 차지한 적이 있지만, 12세기 이후 예루살렘은 줄곧 이슬람의 지배를 받았다. 1516년 셀림 1세의 점령 이후부터는 오스만 제국이 예루살렘을 지배하기 시작했다.

도시로 보는 이슬람 문화

오스만 제국의 400년 통치기간(1516~1917) 동안 예루살렘을 중심으로 1000여 가구의 유대인 공동체가 뿌리를 내렸다. 특히 오스만 제국의 술탄 술레이만 1세 시기(1520~1566)에 예루살렘은 더욱 개방된 도시로 번성을 누렸고, 무너진 예루살렘 성벽이 오늘날의 모습으로 복원되기도 했다. 기독교 순례자가 늘어났고 교회, 병원, 여관 등 편의시설도 확충되었다. 술레이만은 솔로몬의 이슬람식 이름이다. 솔로몬의 신전을 또 다른 이슬람의 솔로몬(술레이만)이 복원하고 정비했다는 것도 역사의 매력이다. 특히 술레이만 1세는 바위의 돔 외부를 아름다운 타일로 장식했다. 최고 기량을 갖춘 페르시아의 타일 공예 명장들이 정성으로 빚은 4만 개의 타일에는 꾸란 구절이 새겨진 왕관을 씌웠다.

예루살렘의 유대인은 무슬림과 비교적 평화롭게 공존해왔다. 제한된 생태계를 공유하면서 이슬람과 유대교라는 두 이질적인 종교와 민족이 1000년 이상 공생해온 인류의 역사를 우리는 쉽게 발견하기 어렵다. 아랍과 유대인이 서로 반목하고 화합할 수 없는 적대관계로 돌변한 것은 1948년 이스라엘 건국 이후이니 고작 70여 년밖에 되지 않는다. 강대국들이 자국의 이익을 극대화하기 위해 조장한 분열과 갈등의 불행한 산물이다.

오늘의 예루살렘과 비극의 원천

1948년 해리 S. 트루먼 미국 대통령의 주도로 팔레스타인 땅에 이스라엘이 건국되었다. 이제 예루살렘은 동서로 나뉘어 서예루살렘은 이스라엘, 동예루살렘은 요르단의 영토가 되었다. 이후 잘 알려진 대로 1967년 3차 중동전쟁 때 이스라엘이 동예루살렘을 강제로 점령하여 차지하고 있다. 유엔안보리 만장일치 결의안 224조, 338조 등을 통해 국제사회는 그동안 예루살렘 강제 점령의 원상 회복과 군대 철수를 요구했다. 하지만 이스라엘은 점령지에 유대인 정착촌을 확대해나가면서 자국 영토화를 꾀하고 있다. 이는 팔레스타인 문제 해결에 가장 큰 걸림돌이 되고 있다.

2017년에는 이스라엘 정부가 예루살렘을 수도로 선포하고 트럼프 미국 대통령이 미국 대사관을 예루살렘으로 옮기면서 국제사회와 팔레스타인 자치정부에 큰 충격을 주었다. 국제법상 예루살렘은 국제 관리하에 두는 완충 도시인데 이스라엘이 이를 위반하고 미국이 노골적으로 이스라엘 편을 들고 있기 때문이다. 교황 바오로 2세가 일찍이 주창한 대로 예루살렘은 어떤 특정 민족이나 특정 종교의 전유물이 될 수 없다. 일신교의 공동 성지로서 공존과 화해의 상징 도시가 되어야 할 것이다.

예루살렘에서 만난 관용과 공존의 마음들

막상 예루살렘에 가보면 생각했던 것과 달리 한없는 평온함이 느껴진다. 은총과 축복이 가득한 땅임에 틀림없다. 종교적 열정과 깊은 영성의 품이 어떤 신앙을 가졌던 간에, 누구든 간에 안아주고 품어주기 때문일 것이다.

예루살렘의 원래 삶은 구도심 성안에 고스란히 남아 숨 쉬고 있다. 해발 800미터 언덕에 약 4킬로미터 길이의 예루살렘 성채가 역사와 사연을 증언하며 서 있다. 견고한 성채는 여러 차례 파괴와 축성을 거듭했다. 오늘날의 모습은 16세기 오스만 제국 시대의 것이다. 성의 출입구로 11개의 문이 있지만, 안보상 이유로 지금은 7개만 개방되어 있다.

좁은 성채 공간에 다양한 사람들이 4개로 나뉜 구역에서 각각의 신앙과 의례, 삶의 방식을 유지하며 수천 년간 살아가고 있다. 성안은 무슬림 구역, 크리스천 구역, 아르메니아 구역, 유대교 구역으로 구분된다. 편의상 구분일 뿐 거주민은 자유롭게 오갈 수 있다. 다양한 체취와 함께 히브리어, 아랍어, 관광객이 떠드는 소리가 묘한 화음을 이루는 오케스트라 연주장이다.

인구가 가장 많은 북동쪽 지역이 무슬림 구역이다. 이곳에도 기독교 유적이 즐비하다. 성 안나 교회, 채찍질 교회, 시온의 자매 수녀원 등이 대표적인 기독교 관련 시설이다. 북서쪽은 기독교 구역이다. 무리스탄 시장을 중심으로 기독교의 성스러운 유적이 산재해 있다. 예수께서 십자가에 못 박혀 돌아가신 뒤 그 시신이 묻힌 장소로 기독교 성지가 된 성묘교회(아르메니아 정교에서는 부활교회)와 골고다 언덕이 이곳에 있다. 라틴 총대주교좌, 정교회 총대주교좌, 세례자 요한 성당 등의 명소가 있다. 무엇보다 예수께서 무거운 십자가를 지고 걸었던 '고난의 길(Via Dolorosa)'을 빼놓을 수 없다. 이곳은 기독교인에게 가장 의미 있는 성소이다. 구불구

예루살렘의 원래 삶을
고스란히 간직하고 있는 구도심

불 이어지는 600미터 길이의 고난의 길은 무슬림 구역에서 출발한다. 무슬림 구역 4번 라이온 게이트 바로 안쪽에서 출발해 서쪽으로 기독교 구역인 성묘교회로 이어진다. 여기서 종교의 차이가 무슨 의미가 있을까 싶다.

구시가 성채 안 남서쪽에 가장 면적이 넓은 부분은 아르메니아 구역이다. 로마보다 90년 앞선 301년에 세계 최초로 기독교를 국교로 공인하고 나서 아르메니아 수도자들이 예루살렘에 형성한 디아스포라 공동체에서 시작되었다. 아르메니아인은 스스로 아르메니아 사도교회(Armenian Apostolic Church)로 명명하면서 로마 가톨릭과는 다른 의례를 고수하고 있다. 그들의 크리스마스는 12월 25일이 아니라 1월 6일이다. 그래서 오스만 제국 시기에도 팔레스타인인이 중심이 된 기독교 공동체와는 별도의 공동체를 형성하고 있었다.

유대인 구역은 무슬림 구역의 남쪽인 구시가 남동쪽에 위치한다. 이슬람에서 가장 성스럽게 기념하는 예루살렘의 상징 같은 바위의 돔과 연결되어 통곡의 벽이 펼쳐진다. 종교시설이 여기저기서 서로 엉키고 중첩되어 있다. 예루살렘의 참모습이다. 편의상 갈라놓은 네 구역은 사실상 아무 의미가 없다.

전에는 무슬림 구역 남쪽인 성전산(Temple Mountain)과 유대인 구역 사이에 모로코 구역도 있었다. 이베리아반도에 살았던 안달루스 무슬림과 북서 아프리카 출신 무슬림이 이주하여 형성한 공동체 구역이었다. 그러나 1967년 3차 중동전쟁에서 승리한 이스라엘 당국이 통곡의 벽 광장 터를 닦기 위해서 모로코 구역을 아예 철거

해버렸다. 이때 이 구역에 산재하던 많은 이슬람 유적지도 파괴되었다. 아이유브 왕조 시대의 셰이크 이드 모스크, 무함마드가 천국 여행을 할 때(미라즈) 타고 갔던 말을 매어두었다는 장소에 세워진 모스크, 맘루크 왕조 시대의 파크리야 마드라사 등의 이슬람 유적이 철거되었다. 모로코 구역의 무슬림 일부는 북쪽 무슬림 구역으로 이주해갔고, 또 다른 무리는 모로코 국왕의 특별 배려로 모로코로 떠났다. 모로코에 정착한 후손들은 모로코 구역의 전통을 이어가기 위해 지금도 촌장(무크타르)을 선출하면서 상징적인 문화를 이어가고 있다.

종교 갈등보다 더 소중한 일상

이슬람 3대 성지의 하나인 바위의 돔 남쪽 알 아크사 모스크 야외 카페에서 길거리 풍경을 즐긴다. 종교적 신성성이나 역사적 무게보다는 함께 어울려 살아가는 사람들의 진솔한 표정이 내게는 더욱 정겹다. 네 구역으로 나눠 서로 으르렁거리게 만들고 평화보다는 적대감을 부추기면서 정치적 목표를 달성하려는 못된 정치인들은 이곳에서도 독약 같은 존재이지만, 그 땅에서 묵묵히 2000년간 살아온 이들에게는 일상이 무엇보다 소중할 것이다. 그 공간에서는 적어도 편견이나 종교적 갈등은 큰 의미를 갖지 못한다. 금요일에 무슬림은 잠시 가게 문을 닫고 낮 예배(주마)를 위해 알 아크사 모스크로 몰려든다. 금요일 일몰이 다가오면 유대인은 토요일 안식을

도시로 보는 이슬람 문화

통곡의 벽 광장

준비하기 위해 가게 문을 닫고 그들만의 전통을 고수한다. 일요일에는 기독교인이 주일을 즐긴다. 종교와 언어는 다르지만 서로에게 안부를 묻고 음식을 나누면서 그냥 그렇게 어울려 살아간다.

이스라엘 당국이 문제다. 20세기 이후 정치적 시오니즘에 물들어 "모든 유대인은 팔레스타인에서 추방된 자들의 후손"이라는 신화를 역사적 사실로 만들어 갈등과 분쟁을 유발했기 때문이다. 영적 고향으로 남아 있어야 할 팔레스타인 땅을 현실적으로 되찾아야 할 국가 건설지로 치환하면서 모든 비극이 잉태되었다.

70대 중반에 이른 한 아랍인 촌로는 무슬림의 출입이 통제된 통곡의 벽을 내려다보며 슬픈 회상에 젖는다. "저 앞마당에서 우리는 함께 공 차고 놀았어요. 친구가 유대인인지, 아르메니아인인지 구분할 수도 없었고 의미도 없었죠. 그저 깔깔대고 웃고 흙먼지를 뒤집어쓴 채 함께 놀던 친구들이었으니까요."

진한 아랍 커피 향을 맡으며 예루살렘의 오늘을 직시한다. 종교와 언어가 서로 다른 예루살렘 주민들이 폭력적 갈등이나 적대감 없이 생태계를 공유하면서 2000년간 유지해온 공존과 상생의 모델을 되살릴 수는 없는 것인가. 이슬람의 예루살렘은 지금 억울하고 슬프다. 그래서 예루살렘은 내게는 항상 너무 무겁다.

도시로 보는 이슬람 문화

03

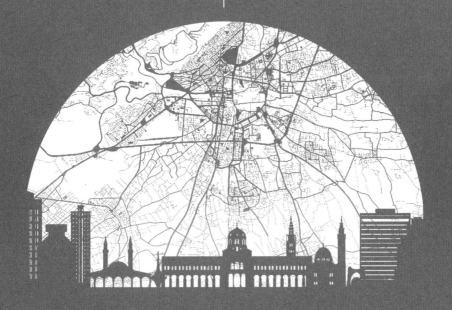

다마스커스 시리아
기독교와 이슬람 문명이 공존하는 5000년 고도

다마스커스*는 여전히 많이 아프다.

아랍 민주화 시위 이후 2011년부터 시작된

시리아 내전으로 인해 수많은 희생자와

1200만 명의 난민이 발생했고, 삶의 기반이 초토화되었다.

기나긴 고통의 터널을 지나 이제 겨우 안정기를 맞이하고 있다.

독재자 바샤르 아사드 대통령이 러시아와 이란 등의 지원으로

정권 연장에 성공했고, 민주화와 개방을 꿈꾸던

국가의 미래는 상당 부분 후퇴하게 되었다.

다마스커스는 최초의 아랍 왕조인 우마이야 시대의 수도였고,

가장 아랍적인 도시로 알려져 있다.

아직도 많은 이슬람의 역사적 성소가 자리하고 있어서

이곳을 찾아오는 무슬림 순례자들에게 다마스커스는

'낙원의 향기'가 피어오르는 꿈의 도시로 남아 있다.

이러한 종교적 애틋함은 중세 에스파냐 출신의 무슬림 여행가

이븐 주바이르(Ibn Zubayir, 1145~1217)의 여행기 《리흘라》에서도

생생하게 전달된다. "진정한 낙원이 천국에 있다면,

지상의 낙원은 틀림없이 다마스커스일 것이다."

성스러움이 깃든 카시온 산에 올라 다마스커스를 내려다보면

800년 전 이븐 주바이르의 탄성이

그대로 전해지는 것 같다.

* 표준 외국어 표기법에서는 현지어대로 적는 원칙에 따라 '다마스쿠스'로 표기한다고 돼
  있으나 이는 오류이다. 현지어로는 디마스크, 시리아 지역은 샴이라 불린다. Damascus는
  라틴어(영어식) 표기이다. 그렇다면 당연히 다마스커스로 읽어야 한다. 이를 다마스쿠스로
  읽는 것은 우스꽝스럽다.

공존과 화해를 실천한 중동의 진주

다마스커스는 비잔틴 제국의 아시아 수도로서 당시의 찬란한 기독교(동로마교회) 전통과 문화유산을 보존하고 있는 중동의 대표적인 종교 공존의 도시다. 지금은 전쟁과 폐허의 연기만이 자욱하지만, 오랜 역사와 문명이 중첩되어 있고, 공존과 화해라는 덕목을 실천한 '중동의 진주'다. 그만큼 수많은 스토리와 다양성이 켜켜이 쌓인 향기롭고 영롱한 도시다. 5000년 전 고대 인류 문명이 태어난 곳이자, 로마와 이슬람 문명이 화려하게 꽃피었던 도시다.

다마스커스의 현지명인 '디마스크(Dimashq)'란 이름의 도시가 건설된 것은 기원전 2500년경이다. 그 뒤 히타이트와 이집트 신왕국의 지배를 받았고, 기원전 732년에는 아시리아, 기원전 572년에는 신바빌로니아 왕국, 그리고 기원전 539년에는 페르시아 제국의 통치를 받았다. 이처럼 오리엔트를 둘러싼 인류 역사의 생생한 현장이 즐비하게 널려 있는 문화 지대가 바로 다마스커스다.

역사적으로 다마스커스는 지중해와 아라비아 사막의 내륙을 잇고, 유프라테스강을 따라 남북의 물류가 거쳐가는 전략적인 요충지였기에 5000년 오리엔트 역사에서 항상 중심지 역할을 해왔다. 이 길을 통해 수많은 대상 행렬이 유프라테스강 북동쪽으로 이동해 아시아의 대실크로드로 나아가고, 또 다른 대상들은 이집트, 예멘, 인도의 항구로 물자와 문명을 실어 날랐다. 이슬람 시대 이후에는 메카로 향하는 중요한 순례 중간 도시로 크게 번성했다.

이슬람 시대 다마스커스의 절정기는 7~8세기 초대 이슬람 제국인 우마이야 아랍 왕조(661~750)가 수도로 삼으면서 시작되었다. 그 이전에는 동로마 제국인 비잔틴 제국의 아시아 수도로서 중요한 학문과 교역 도시로 명성을 얻었다. 12세기 십자군 전쟁 때는 아랍의 영웅 살라딘 장군이 활동한 무대이자, 그의 영묘가 있는 도시이기도 하다. 그 뒤 1516년부터 1918년까지 다마스커스는 400년 동안 오스만 제국의 지배를 받았다. 1차 세계대전 때는 '아라비아의 로렌스'로 더 잘 알려진 영국군 장교 로렌스(Thomas Edward Lawrence, 1888~1935)가 다마스커스에서 아랍 군대를 이끌고 독일 편에 섰던 오스만 제국 군대에 대적해 승리를 거두기도 했다. 그러나 연합군이 아닌 독일군을 지원했던 오스만 제국의 중심지였던 탓에, 이곳은 독립 대신 프랑스의 가혹한 식민 지배를 경험해야 했다. 그리고 1946년, 마침내 숱한 고통을 딛고 프랑스로부터 독립을 쟁취해 다마스커스를 수도로 하는 새로운 나라 시리아가 탄생했다.

기독교와 이슬람교가
일상으로 만나는 문화 접점

요르단의 수도 암만에서 출발한 택시는 1시간 조금 지나 국경 검문소에 도착했다. 우리나라와 국교가 수립되지 않은 상태라 잔뜩 긴장했지만, 미리 준비해둔 입국 비자로 의외로 쉽게 국경을 통과했다. 시리아에 대한 첫인상은 이처럼 긍정적이었다.

다시 2시간 남짓 달려 정오가 채 되기도 전에 다마스커스 구시가지에 도착했다. 금요일 오후였다. 다마스커스의 심장인 구시가 중심지에 자리한 우마이야 모스크로 무조건 달려갔다. 주변 상가나 다마스커스 최대의 전통시장 하미디야 수크의 상점 대부분이 굳게 닫혀 있었다. 금요일은 이슬람의 휴일로, 일주일에 한 번 성스러운 모스크에서 합동 예배를 드리는 날이다. 사방에서 예배 시작을 알리는 아잔 소리가 고도(古都)의 골목골목에 잔잔히 울려 퍼졌다. 세속적인 삶을 잠시 접고 신을 만나보기를 청하는 성스러운 외침이다. 삼삼오오 몰려든 시민들은 신발을 벗어 비닐봉지에 담고, 이슬람 역사상 메카와 메디나 바깥에 최초로 세워진 대사원 우마이야 모스크로 들어섰다.

바로 그 시각, 이웃한 기독교 지역인 밥 투마 골목과 유대인 지역인 밥 카이산 뒷동네에 있는 가게들은 하나씩 문을 열기 시작한다. 이 일대를 채우고 있는 시나고그(유대교 회당), 시리아 정교회, 그리스 정교회, 아르메니아 사도교회, 가톨릭 성당, 개신교회는 십자가를 하늘에 인 채 조용히 눈을 감고, 아잔 소리를 경청하고 있

● 우마이야 모스크　　●● 전통시장

도시로 보는 이슬람 문화

는 듯했다.

서로 다른 신앙을 가진 사람들이 하나의 신념으로 살아가는 곳이 다마스커스다. 이곳 사람들은 서로의 차이를 인정하면서 자신의 가치를 지키는 것이 얼마나 소중하고 고귀한 것인가를 잘 알고 있다. 아잔 소리가 울려 퍼지는 그 시각, 시리아 정교회에서 만난 하얀 히잡을 쓴 소녀를 잊을 수 없다. 왜 무슬림처럼 히잡을 쓰고 있냐고 묻자 이렇게 대답했다.

"서로 다른 종교를 믿지만, 우리는 똑같은 아랍인이고 시리아인이에요. 내 모국어는 아랍어이고 내 조국은 시리아죠. 무슬림은 내 형제이고 내 이웃이에요. 그래서 정숙의 상징인 히잡은 나에게도 정숙의 상징이죠."

눈물 나도록 고맙고 감동적인 말이었다. 서로 물어뜯고 싸우는 야만과 탐욕의 시대에, 그 소녀의 마음은 영롱한 여름 석류와도 같았다. 정신을 번쩍 차리고 다마스커스를 인류의 큰 스승으로 다시 봐야겠다는 생각이 들었다.

예배가 막 시작되려는 우마이야 모스크 안으로 들어갔다. 누가 봐도 동양의 이방인이 분명한 나를 제지하는 사람은 아무도 없었다. 카메라를 들고 모스크 내부를 마구 찍고, 예배객들 틈에 슬쩍 끼어 앉아도 누구도 이방인이라며 몰아내지 않았다. 적어도 내가 아는 어떤 다른 이슬람 사원에서는 보기 힘든 관용이었다.

모스크 회당 내부 분위기도 그야말로 다국적이고 자유분방했다. 남녀가 자유롭게 섞여 앉아 이야기를 나누는 모습이 정겨워 보였다. 사람들이 몰려와 기도를 드리는 독특한 묘당이 모스크 실내에 있었는데, 기독교의 성인 세례 요한의 머리뼈를 모신 성소라 한다. 요한도 이슬람에서 섬기는 예언자라며 거리낌없이 그를 위해 기도하는 무슬림들이 부러웠다. 시리아의 이슬람교도 가운데는 수니파가 70퍼센트 정도 되는데, 시아파의 가장 중요한 이맘(신의 대리인으로 최고 성직자)이고 순교자인 후세인(Husayn ibn 'Ali, 625~680, 예언자 무함마드의 손자)의 묘당이 우마이야 모스크 한편에 있는 것도 놀라웠다. 이란이나 이웃 나라에서 온 시아파 순례자들이 그의 묘소 앞에서 가슴을 치고 통곡하면서 절규했다.

"오, 후세인이여! 우리의 이맘 후세인이여! 당신이 고통받고 죽어갈 때 우리는 당신을 구하지 못했나이다. 이 죄를 어떻게 감당하리오."

680년 이라크 바그다드 근교 카르발라에서 후세인 일행이 적들에게 도륙당한 역사적 비극을 되새기는 의례이고 통곡의 기도다. 그러고 보니 시리아의 시아파는 대부분 그 분파인 '알라위파'다. 4대 칼리파인 알리를 추종하는 그룹이다.

우마이야 모스크를 나오니, 로마시대의 성벽과 열주 사이로 빼곡히 들어서 있는 전통시장 하미디야 수크가 나타난다. 금요일이라 입구에 있는 가게 몇 군데만 문을 열고, 모든 가게가 문을 닫았다. 지상의 모든 상품을 진열하고 있다는 수크 구경을 놓치는 것은 참을 수 없는 안타까움이요, 불행이다. 아랍 세계에서 가장 오랜 전통을 지닌 다마스커스 종이를 한 묶음 사려던 계획에도 차질이 생겼다. 어두컴컴한 시장을 거슬러 걸어보았다. 바깥 열기를 막기 위해 천장을 덮어놓은 검은 천, 거기에 나 있는 작은 구멍 사이로 스

도시로 보는 이슬람 문화

며든 햇살이 바닥에 군데군데 밝은 동그라미를 그리며 초현실적인 퍼포먼스를 하는 것 같았다.

최초의 아랍 제국, 우마이야 왕조의 수도 다마스커스

메카에서 출발한 이슬람은 메디나 시대를 거쳐 661년 드디어 다마스커스에 최초의 아랍 왕조를 탄생시켰다. 우마이야 왕조(661~750)다. 그 과정에서 이슬람은 심각한 내분에 휩싸였다. 예언자 무함마드 사후 누구를 후계자인 칼리파로 정할 것인가를 두고 치열한 정치 투쟁이 벌어졌고, 무함마드의 유일한 부계 혈통이자 사위였던 알리가 후계 논쟁에서 밀리다가 656년 네 번째 칼리파가 되었다. 그러나 시리아 원정에서 큰 공을 세웠던 무아위야(재위 661~680) 장군은 3대 칼리파이자 그의 사촌 우스만을 살해한 데 불만을 품고 알리의 칼리파 승계를 받아들이지 않았다. 661년 알리가 극단적인 이슬람 종파인 하와리지에 의해 살해당한 후, 무아위야는 스스로 칼리파로 자칭하며 다마스커스를 수도로 하는 우마이야 왕조를 새롭게 열었다.

무아위야 20년 통치 기간 동안 우마이야 왕조는 다마스커스를 중심으로 단단한 국가의 기틀을 다졌으며 다마스커스는 칼리파 알왈리드(재위 705~715) 통치시기에 번성기를 맞았다. 아나톨리아와 이집트 지역으로 영토를 넓혀가는 정복전쟁을 승리로 이끌고,

오늘날 불멸의 금자탑으로 남아 있는 우마이야 대모스크를 건립한 것도 알 왈리드였다. 대모스크는 4세기 말 로마시대 유피테르 신전이 있던 자리, 비잔틴 시대 기독교의 세례 요한 교회가 있던 자리에 세워졌는데, 건축자재와 종교적 성소 흔적을 받아들이고 혼합해 새로운 비전과 건축기술을 더했다. 모스크 복합 건물의 바깥 정원은 거대한 벽으로 둘러싸여 있으며, 서로 다른 양식의 미너렛(첨탑) 3개가 서 있다. 내부 중정은 삼면이 이중 포르티코(portico)로 덮여 있고, 중앙에는 세정의식을 위한 시설이 돔으로 덮여 있다. 포르티코 옆에는 아름다운 모자이크로 덮인 작은 팔각정 형태의 돔이 8개의 코린트 양식 기둥 위에 얹혀 있다.

이와 같은 건축 배치는 다른 이슬람 지역에서는 거의 유례를 찾아보기 힘들 정도로 독특하다. 시리아와 아르메니아의 기독교 교회 양식과 비잔틴 예술의 전통에 우마이야의 아랍 정신을 절묘하게 섞은 구도라는 느낌이 강하다. 우마이야 건축 예술의 특징이라고 할 수 있다. 메카와 메디나 성지 다음으로 신성시되는 대모스크는 1979년 유네스코 세계문화유산으로 지정되었으며, 지금도 전세계 무슬림이 가장 찾고 싶은 사원으로 남아 있다.

751년 또 다른 이슬람 왕조인 압바스 제국이 수도를 다마스커스에서 바그다드로 옮기면서 이 도시는 쇠락의 길을 걸었다. 도심의 유기적 역할은 상당 부분 축소되었지만, 오랜 도시의 역사적 숨결은 오늘날까지 면면히 이어지고 있다. 대모스크를 중심으로 장인과 상인 길드가 형성되었고, 종교와 종파에 따라 각각 삶의 공간을 만들어갔다. 지금도 기독교 소수 집단은 도시 북동쪽 구역의 성 바

도시로 보는 이슬람 문화

울 교회와 보존 구역 주변에 모여 공동체를 이어가고 있다.

관용과 화합의 상징, 살라딘의 묘 앞에서

다른 출구로 나오니 핑크빛 돔 건물이 기다리고 있었다. 최고 통치자인 술탄이기에 앞서 용기와 지혜, 덕을 겸비한 장군이었던, 십자군 전쟁의 아랍 영웅 살라딘*의 묘다. 유럽이 성지 탈환을 목적으로 십자군 전쟁을 일으켜 예루살렘을 침공했을 때, 무슬림과 유대인 등 이교도는 대량 살육을 당했다. 이교도와 같은 하늘 아래에서 살수 없다는 교황청의 폐쇄성 때문이었다. 말이 성스러운 전쟁이지, 1099년(1차 십자군 전쟁)에 예루살렘 성을 빼앗은 뒤 벌어진 나머지 여덟 차례의 전쟁은 주로 동방 여러 나라나 같은 기독교 국가끼리 치고받는 탐욕스러운 약탈 전쟁의 성격을 띠었다. 십자군의 포위를 세 차례나 물리치고 성채를 지켰던 다마스커스 사람들은 살라딘을 중심으로 다시 힘을 규합해 십자군이 차지하고 있던 본거지 예루살렘으로 향했다.

* 살라딘: 아이유브 왕조의 창시자로, 살라딘은 유럽식 호칭이며 본명은 '살라흐 앗 딘 유수프 이븐 아이유브'다. 북아프리카에서 시리아·메소포타미아에 이르는 광대한 제국을 건설하는 한편, 새로운 군사 기술을 도입하여 1187년 팔레스타인 북동부 하틴(Hattin) 전투에서 십자군을 무찌르고 약 90년 만에 예루살렘을 차지했다. 특히 그는 교양 있고 예의 바르며, 가장 강력하고 관대한 왕으로, 이슬람 세계는 물론 유럽에서도 영웅으로 높이 평가되고 있다.

살라딘 무덤.
십자군 전쟁 당시 예루살렘을 탈환한 살라딘 장군은
성안에 갇힌 기독교인들에게 탈출을 허용하는 관용을 베풀었다.

　　　　　　　　　　　　　　　　　　　　　도시로 보는 이슬람 문화

1187년 10월 2일 금요일, 예루살렘을 다시 탈환한 살라딘은 성안에 갇혀 보복의 두려움에 떨고 있던 기독교인들에게 관용을 베풀었다. 털끝 하나 건드리지 않았고, 몸값 10디나르만 내면 재산을 챙겨 성안을 탈출하도록 허용했다. 살라딘의 관용에 기독교인들은 머리를 숙였고 존경을 표했다. 1차 십자군 전쟁 때 가장 잔혹한 방법으로 어린아이까지 화형에 처했던 기독교 병사들과는 너무나 대조적이었다. 따라서 살라딘은 오랫동안 기독교 사회에서도 널리 존경받는 인물이었다.

　　그래서인지 여러 종교가 만나는 접점에 위치한 그의 묘당에는 아랍인보다 유럽에서 온 관광객이 더 많았다. 그의 묘 앞에 묵념하며, 관용과 용서로 평화의 씨앗을 뿌렸던 살라딘의 덕망을 떠올려 보았다. 바로 그 시각 이스라엘은 시리아를 향해 시도 때도 없이 미사일 폭격을 가하고 있고, 시리아에서는 내전이 벌어지고 있지 않은가. 왜 우리는 역사에서 교훈을 얻지 못하는가. 살라딘에 대한 그리움이 더욱 강하게 솟구쳐 올랐다.

이슬람 초기 유물의 보물창고, 국립박물관

　　다마스커스 역사와 문화를 압축적으로 살피기 위해서 국립박물관을 찾았다. 야자수 그늘 사이에 자리 잡은 박물관 정원에는 시대별로 석상과 로마시대 석관이 줄지어 있었다. 군데군데 벤치를 만들어놓아 사색을 즐길 수 있었다. 메소포타미아 유물은 물론, 이슬람 초기 우마이야 왕조 시대의 풍부한 유물이 양적인 면에서나 질적인 면에서 어느 나라보다 잘 수집되고 보존되어 있었다.

특히 인장이나 원통 위에 새겨진, 알파벳의 기원이 된 선명한 우가리트(Ugarit) 문자를 대하는 순간 가슴이 떨려왔다. 우가리트는 시리아 지중해 연안 라스샴라(Ras Shamra)에 있던 고대 오리엔트 도시 국가였다. 최근의 고고학 발굴 성과로 엘바, 아마르나, 마리, 아파미아 같은 고대도시의 흔적을 확인할 수 있었던 것도 박물관에서 얻어가는 큰 수확이었다. 인류의 사고(思考)와 지식을 기록했던 그 글자, 인류 문명의 발전을 가져온 그 발명. 이것만으로도 박물관에 온 보람이 있었다. 시리아 박물관이 자랑하는 아라베스크 방은 또 어떤가. 휘황찬란한 문양과 장식에 입을 다물지 못할 정도였다.

박물관에서 나오니, 정원 나무숲에 가려져 있는 카페에서 구수한 아라비카 모카커피 향기가 풍겼다. 커피 원두를 갈아 커피포트에 넣고 직접 끓여주는 진한 튀르키예식 커피를 한 잔 마시고, 박물관 기념품 코너에서 최초의 알파벳 인장 복제품을 구입하고 나니 더이상 욕심이 없었다. 다마스커스가 달리 보였다.

한때 세계 최고의 이슬람 문명을 이루었던 제국의 후예답게 그들에게서는 시종일관 여유와 친절이 넘쳤고, 폐쇄적인 이슬람 사회가 아니라 서구와의 조화와 절충을 적극적으로 시도하려는 움직임이 곳곳에서 느껴졌다. 히잡을 강요하면서 여성을 억압하는 사회가 아니라, 남녀의 로맨스를 다룬 영화 간판이라든가 갖가지 광고판이 시내 곳곳에 내걸려 있었다. 하지만 어디서나 펄럭이는 시리아 국기와 바샤르 아사드 대통령의 대형 사진은 도시 미관을 해치고 이방인의 눈살을 찌푸리게 했다. SNS를 통해 전 세계 젊은이들과 자유롭게 대화하면서 세상의 변화를 함께 호흡하려는 젊은이들의 적극적인 자세가 그나마 희망적이었다.

다마스커스와 작별하기 위해 성채에 올랐다. 회백색의 거대한 고대도시 전체가 시원스럽게 펼쳐졌다. 여느 아랍 도시와 다른 독특한 다마스커스만의 색감과 정겨움이 전해졌다. 높지 않지만 고고하고, 복잡하지만 재촉하지 않는 이 도시의 매력을 한참 동안이나 내려다보았다. 전형적인 아랍 도시였던 다마스커스는 13세기에 몽골 대군에게 철저히 파괴당하면서 쇠락의 길을 걸었다. 하지만 아랍인의 불굴의 기상과 명예를 소중히 여기는 유목적 아랍 정신만은 아직도 강하게 남아 있었다.

바그다드 이라크
카페부터 목욕탕까지 없는 게 없었던 중세의 국제도시

Baghdad / Republic of Iraq

바그다드는 이슬람의 영광과 좌절을
함축적으로 상징하는 도시다.
티그리스강 변의 바그다드는
고대 아카드 왕국의 바빌론과 사산조 페르시아 왕국의 수도
크테시폰과 맞닿아 있는 고도 중의 고도다.
이슬람 제국의 번성기라고 할 수 있는
압바스 대제국(750~1258)의 500년 수도로서
100만이 넘는 인구를 가진 당대 세계 최대의 도시였다.
세계 각지에서 인재가 몰려들었고
유프라테스-티스리스강을 끼고 자리한
천혜의 입지 덕분에 세상의 물자와 지식, 정보가 넘쳐났다.
이 시기 바그다드는 '마디나트 알살람(Madinat al-Salam)',
즉 평화의 도시로 불렸다. 바그다드는 오늘날에도 이슬람교
시아파의 중심지로, 이웃한 카르발라를 중심으로
핵심적인 시아파 성지들이 자리하고 있다.

중세는 이슬람의 시대였다. 그 중심이 바그다드였다. 유럽이 스스로의 표현대로 '암흑의 시대'라는 깊은 질곡에 빠져 있을 때, 세계 최고 수준의 과학과 문명 시대를 열어준 첨단 도시가 압바스 제국의 수도 바그다드였다. 10세기 한때 인구 120만에서 200만 명에 달하는 명실상부한 세계 최대 도시로서 당시 인류 문명의 최첨단을 선도해 갔다. 당시 도심은 지금 시가지보다 10배나 더 큰 규모였다. 바그다드에 필적하는 도시는 당나라 수도 장안, 동로마 제국의 수도 콘스탄티노플, 이베리아반도의 코르도바 정도였을 것이다. 세계 문명을 주도하는 학문의 전당은 '바이트 알히크마(Bait ul-Hikma, 지혜의 집)'였다. 이 아카데미는 중세 유럽이 버렸던 그리스·로마의 학문과 과학, 예술과 사상을 재조명하고 업그레이드했다.

세속적인 학문 부흥과 함께 종교 중심지로서 바그다드는 이슬람 신학의 발전에도 의미 있는 역할을 했다. 특히 이슬람 신학 4대 학파(한발리, 샤피, 하나피, 말리키) 중에서도 가장 널리 분포되어 있는 하나피 학파의 태두인 아부 하니파의 고향이다. 지금도 그의 생가와 묘지 옆에 기념 모스크가 세워져 순례객의 발길이 끊이지 않는다.

　　　　　도시로 보는 이슬람 문화

도시의 건립과 번성

고대도시 바그다드가 새로운 역사의 주인공으로, 이슬람 대제국의 심장 도시로 발돋움하게 된 시기는 압바스 제국 초기인 762년경, 2대 칼리파 알 만수르(재위 754~775) 때다. 그는 21년의 재위 기간 동안 바그다드를 새롭게 건설하고 평화의 도시라는 의미로 '마디나트 알 살람'이라 명명했다. 그리고 통화, 측량기기, 왕실의 장신구 곳곳에 이를 새겼다.

압바스 제국은 시리아 다마스커스에 도읍했던 우마이야 왕조를 무너뜨리고 새롭게 등장한 이슬람 제국이었다. 과거 비잔틴 제국의 아시아 수도였던 다마스커스는 아랍 중심의 도시였다. 글로벌 제국으로 확장하고 싶었던 압바스 왕조는 다양한 인종과 문화를 품는 용광로 같은 제국의 성격에 걸맞은 새로운 수도를 구상하고 있었다. 칼리파가 직접 전 국토를 현장답사한 후 선택한 곳이 바로 바그다드였다. 꾸란에서 천국으로 불리던 바로 그 도시였다.

유프라테스강과 티그리스강이 만나고 동서남북 교역 루트가 교차하는 천혜의 요지를 선택한 칼리파 만수르는 직접 진두지휘하면서 폭넓은 티그리스강이 이 도시를 관통하도록 디자인했다. 사산조 페르시아의 수도 크테시폰과 불과 남동쪽으로 30킬로미터 남짓 떨어져 있었다. 물이 풍부한 바그다드는 처음부터 다른 아랍의 오아시스 도시들과는 확연히 다르게 풍요를 담보해주는 축복받은 도시로 출발했다.

아랍 역사학자들이 남긴 기록을 종합해보면 칼리파 만수르는

바그다드 전경

바그다드 입지에 크게 만족했고 당대뿐만 아니라 후손들에게도 두고두고 은총과 축복이 충만한 완벽한 도시를 건설할 것을 주문했다. 광대한 도시는 세 구역으로 나뉘었다. 원형 도시인 마디나트 알 만수르(Madinat al-Mansur), 동쪽의 알 샤르키야(al-Sharqiyya), 서쪽의 아스카르 알 마흐디(Askar al-Mahdi).

4년(764~768)이 걸린 바그다드 건설에는 전 세계에서 기술자와 장인들이 초대되었다. 그리고 총인원 10만 명의 임금 노동자가 동원되었다. 도시 반경이 무려 1848미터에 달하는 바그다드 건설을 위해 제국 각지에서 자재가 공급되었다. 와시트, 다마스커스, 쿠파에서는 철제 제품과 철제 대문이, 바빌론 유적지에서는 벽돌 등이 실려 왔다. 당시 유행하던 점성술에 따라 7월(사자를 상징하는 레오좌의 달)에 공사가 시작되었다. 불과 관련된 레오는 생산과 자부심, 확장을 상징한다. 도시 건축에는 대리석과 벽돌이 집중적으로 사용되었으며 벽돌은 치수가 동일한 규격품을 사용했다.

도시 사방에 성벽을 쌓고 외벽, 중간 벽, 내벽 등 3중으로 성곽을 둘렀다. 무엇보다 원형 도시의 특성을 맘껏 발휘했다. 원형 구도는 사산조 페르시아 때 유행했던 도시 구도의 한 형태였다. 사산조 시대 파르스(Fars) 지방의 도시 구르(Gur)를 모방했다. 바그다드보다 500년 전에 건설된 이 원형 도시는 모든 길이 중앙으로 향하는 방사형이고 도시 중심에 왕궁과 모스크, 공공건물이 자리하는 구도를 가졌다. 가로 세로를 정연하게 구획해 사각 형태를 선호하던 그리스·로마형 도시와는 확연히 다른 새로운 도시 구도였다. 페르시아 문화의 심장부에 새 왕조의 터를 닦으면서 문화적 전통을 이어받아 새로운 도시 건설에 접목한 것이다. 수학적 관점에서 보면 알 만수르의 원형 도시는 유클리드의 원의 정리 이론을 도입한 것이다. 이는 칼리파가 원의 이론을 알고 있었을 뿐만 아니라, 고대 지식을 자신의 통치철학과 연결했을 가능성을 시사한다. 원형 도시는 중앙집권적 통치의 상징이며, 종교적으로 원은 유일신을 의미했다. 그리고 원은 모든 것의 중심이자 지구의 배꼽인 메카를 의미했다.

도시 안과 밖을 연결하는 4개의 문은 쿠파 문, 호라산 문, 다마스커스 문, 바스라 문으로 명명되었다. 각 성문을 나서면 향하게 되는 도시의 이름을 붙였다. 성문 간의 거리는 대략 2.4킬로미터였는데, 성문 사이에는 28개의 망루를 세워 사방의 시야를 확보했다. 모든 성문은 철제 이중문으로 축조되었고, 너무 무거워 문을 여닫는 데만 장정 여러 명이 달라붙어야 했다. 두께가 9미터가 넘는 외벽을 세우고 벽 주위로 폭이 20미터나 되는 큰 도랑을 파서 물이 꽉 찬 해자를 만들었다. 적의 침입을 저지하기 위한 방어용이었다. 그뿐 아니라 외벽과 중간 벽 사이에도 57미터의 넓은 공간을 두어 방어에 만전을 기했다. 중간 성벽의 높이는 무려 34미터, 두께는 아래쪽이 44미터, 위쪽이 12미터에 달해 견고한 요새를 방불케 했다. 내성 바깥에는 다시 50미터 두께의 외성을 쌓고, 높은 망루를 세워 대상들의 움직임이나 적의 침략을 감시하도록 했다. 500년 동안 한 제국의 수도로서 번성하는 데 필요한 굳건한 방어용 하부구조를 갖춘 셈이었다.

칼리파와 직계 왕족이 거주하는 내성 중심부의 궁전은 골든게이트라 불렸다. 궁전을 설계하는 데 종교나 출신을 차별하지 않았

도시로 보는 이슬람 문화

9세기 원형 모양의 바그다드 왕궁을
상상으로 복원한 모습

다. 조로아스터교 신자였던 나우바크트(Naubakht)와 이란의 호라산 지방 출신 유대인 건축가 마샬라(Mashallah)가 골든게이트 설계를 맡았다. 황금으로 치장된 골든게이트 궁전은 바그다드의 가장 중심부에 배치되었다. 39미터 높이의 그린 돔이 있어 멀리서도 쉽게 구분이 된다. 건축물은 메카 방향을 향하도록 배치했다. 궁전은 강변으로 둘러싸이고, 칼리파를 위한 승마 코스가 만들어졌다. 그러나 813년 칼리파 알 아민이 사망한 뒤로는 왕과 그 가족들의 거주공간으로만 기능했다.

카르발라의 비극

바그다드를 이야기하면서 시아파 최대의 성지 카르발라를 그냥 지나칠 수는 없다. 바그다드에서 남서쪽으로 100킬로미터쯤 떨어져 있다. 680년은 이슬람 역사에서 가장 비극적인 변곡점이 되는 사건이 일어난 해다. 이슬람의 창시자이자 마지막 예언자인 무함마드의 외손자 후세인이 그의 가족들과 함께 잔혹하게 처형당한 사건이다. 그 장소가 다름 아닌 카르발라였다.

　무함마드는 아들 없이 파티마라는 딸만 남기고 632년에 타계했다. 그런데 후계자인 칼리파를 지명하지 않고 떠났다. 당시 아랍 무슬림은 부족 간의 합의에 의해 무함마드의 신앙적 동료였던 아부 바크르, 우마르, 우스만을 차례로 칼리파로 선출했다. 무함마드의 유일한 부계 혈통인 사촌동생이자 사위인 알리는 기대와는 달리

후계자가 되지 못했다. 656년, 알리가 드디어 네 번째 칼리파가 되었으나, 661년에 반대파에 의해 살해되고 만다.

알리의 두 아들마저 생명의 위협을 받자 무함마드와 알리 등 그의 혈통적 직계만이 칼리파가 될 수 있다고 주장한 추종자들은 메디나를 떠나 이라크 쪽으로 이주했다. 알리의 큰아들 하산은 사망하고, 유일한 혈통인 차남 후세인은 안전을 위해 추종자들이 거주하는 이라크로 이주를 단행한다.

후세인 일행은 카르발라에서 매복해 있던 우마이야 왕조의 군대에 의해 잔혹하게 도륙당하고 만다. 무함마드의 외손자인 후세인과 이복동생 압바스 이븐 알리는 물론 후세인의 아들 알리 아크바르와 6개월 된 갓난아들 알리 아스가르(Ali Asghar)까지 죽임을 당했다. 이슬람력으로 무하람달 10일에 벌어진 카르발라의 비극이다.

이후 알리와 후세인을 추종하는 세력은 시아파라 불리며 이슬람 세계의 또 다른 축으로 우뚝 서게 되었다. 메디나에 남아 있던 세력은 수니파라 불렸다. 카르발라는 메카 다음으로 중요한 시아파의 성지가 되고 후세인이 처형당한 카르발라 모스크는 시아파 성지의 핵심 순례지가 되었다. 지금도 황금색 돔이 밤낮으로 빛을 발하는 대모스크에서는 무하람달 10일이 되면 '아슈라(Ashura)'라는 애도 의례가 벌어진다. 이때 매년 800만 명의 순례자가 찾아오고, 순교일 40일째가 되는 날은 '아르바인(Arbain)'이라 하여 전 세계 시아파 순례객 약 3000만 명이 이맘 후세인의 묘당이 있는 카르발라로 몰려든다. 이라크가 16세기 시아파를 국교로 받아들인 이란과 함께 가장 중요한 시아파 국가가 된 역사적 배경이다.

순례자들

4차 산업혁명의 토대가 마련되다

바그다드는 9~10세기 200년 동안 가장 화려한 시대를 맞았다. 이때 문화, 예술, 교역, 학문, 과학, 정치의 중심 도시가 되었다. 학문과 문화 연구를 위한 최고의 학당인 바이트 알히크마가 설립되었다. 다종교 다문화의 상징으로 세상의 모든 것을 익히고 배우고 전파하는 명실상부한 글로벌 지식 아카데미였다. 세계적인 석학들이 배출된 것은 당연한 결과였다. 그리스·로마의 학문 성과를 아랍어로 번역하고 재해석하는 과업에 탁월한 업적을 남긴 번역학자 후세인 이븐 이샤크(Husayn ibn Ishaq), 수학자 알 콰리즈미(al-Khwarizmi), 철학자 알 킨디(Al-Kindi) 등이 대표적이다. 특히 알 콰리즈미는 오늘날 우즈베키스탄 영역인 중앙아시아 호라즘 출신 학자로 연산법인 알고리즘과 대수학을 완성한 불멸의 대학자다. 그가 이룩한 업적으로 오늘날 인류는 알고리즘에 근거한 빅데이터라는 과학적 접근을 통해 4차 산업혁명 시대를 열어갈 수 있게 된 셈이다.

바이트 알히크마에서는 아랍어가 국제언어였지만, 페르시아어와 시리아어도 공용어로 사용되었다. 네스토리우스 기독교인, 유대인, 아랍 크리스천, 페르시아 조로아스터 교인 등 누구든 출신이나 종교 구분 없이 학문적 대의에 녹아들었다. 오늘날에도 찾아보기 힘든 다문화 공존과 학문 중심의 문화 정책이 펄펄 살아 있었다.

학문의 활성화는 도서관을 통해 보존되고 계승되었다. 이 시기에 바그다드에는 4개의 대도서관이 들어섰다. 최초의 종합 도서관은 칼리파 알 마문(Al-Ma'mun, 재위 813~833) 시대에 건립되었다. 두 번째는 993년경에 완성된 사부르 이븐 아르다시르(Sabur ibn Ardashir) 도서관. 이런 전통을 이어받아 초기 셀주크 왕조 때는 바그다드에 니자미야(Nezamiyeh)라는 훌륭한 아카데미가 설립되었다. 페르시아 출신의 재상 니잠 알 물크(Nizam al-Mulk)가 설립한 이 대학은 1258년 몽골의 침략을 받아 바그다드가 함락된 이후까지 중세 이슬람 세계 최고의 학문의 전당으로 역할을 계속했다. 또한 압바스 왕조 말기 칼리파 알 무스탄시르(Al-Mustansir, 1242년 사망)가 설립해 가장 많은 장서를 보유했다고 전해지는 대도서관이 있었다. 대도서관을 토대로 1227년 무스탄시르 대학이 문을 열었다. 1963년 이 대학은 알 무스탄시리야(Al-Mustansiriya) 대학교로 이름을 바꾸어 오늘날까지 700년 이상 학문 정신과 바그다드의 문화적 전통을 이어오고 있다.

바그다드 번성기를 이끈 통치자는 칼리파 하룬 알 라시드(Harun al-Rashid, 재위 786~809)였다. 바그다드는 단순히 학문과 문화만 번성한 도시가 아니었다. 세계교역의 중심지로서 두 강을 따라 실려온 세상의 진귀한 물품이 차고 넘쳤다. 중국의 도자기, 말레이시아와 인도의 향신료와 염색약, 아라비아반도의 진주, 장미수, 유향, 몰약, 콘스탄티노플의 유리 제품과 금은 세공품, 동아프리카의 상아와 사금, 노예 등이 바그다드 시장으로 몰려왔다.

정교한 도시계획에 의해 수로망이 정비되고 티그리스강을 이용한 관개 수로 덕분에 농업이 발전했다. 수천 개의 목욕탕(함맘)을 지어 공공위생과 종교적 의례를 수월하게 했다. 함맘 입장료는 누구

도시로 보는 이슬람 문화

나 이용할 수 있을 만큼 저렴했다. 무슬림들은 모스크에서 혹은 가정에서 하루 다섯 차례 예배를 보기 전에 '우두'라고 불리는 세정의식과 '구슬'이라고 불리는 목욕을 한다. 함맘은 이러한 종교적 의례에 필요한 기본 시설인 셈이다. 풍요로운 나라 살림은 주민들의 복지로 이어졌다. 백성들은 무료로 병원 진료를 받을 수 있었고, 자카트라 불리는 사회복지 기금을 운영해 소득 재분배와 가난한 계층의 고충을 덜어주었다. 이슬람법(샤리아)에 근거한 법치 운영도 정비되어 판관은 형사 문제는 물론 농업용수 배분 다툼, 거래 과정에서의 시비, 사유 재산 침해, 상속, 결혼, 이혼 등과 같은 민법 문제도 비교적 합리적이고 공정하게 처리했다.

바그다드는 9세기 중엽에 이르면 세상의 축소판이라 할 정도로 모든 것을 갖춘 대도시로 우뚝 빛났다. 골목마다 담소를 나눌 수 있는 카페 같은 공간이 들어섰고, 곳곳에 크고 작은 바자르(시장)가 있어 상품과 정보의 교환이 이루어졌다. 여유로움이 가져다주는 해학과 웃음이 그치지 않았다. 유럽에서 《아라비안나이트》로 알려진 《천일야화(千一夜話)》의 주요 무대가 된 것도 이 시기의 번성과 깊은 관련이 있다.

이민족의 침략과 바그다드의 쇠락

10세기 이후 압바스 중앙정부의 혼란과 안이함으로 지역 왕조들이 난립하기 시작했다. 바그다드는 점차 정치적인 영향력을 잃고 이슬람 세계의 상징이라는 역할로 축소되어갔다. 945년부터 서쪽의 시아파 계열 부와이흐 왕조가 바그다드를 점령해 칼리파 직위를 좌지우지하는 상황이 벌어졌다. 1040년경부터는 중앙아시아에서 부터 세력을 키워온 셀주크튀르크 왕조가 바그다드를 압박해왔다. 강력한 셀주크 왕조는 1055년 이웃 가즈나 왕조(Ghaznavids)를 무너뜨리고 부와이흐 왕조를 축출하고 바그다드를 점령하기에 이르렀다. 1058년에는 이집트의 시아파 파티마 왕조가 한동안 바그다드를 점령하기도 했다.

이로써 바그다드는 이슬람 세계의 중심지 역할을 서서히 잃어갔다. 다만 이민족들이 같은 무슬림이라 이슬람 세계의 상징적 권위인 칼리파의 존재를 부정하지 않았기에 정치적인 우월권만 유지하면서 압바스 제국은 당분간 존속했다. 12세기 중반~13세기 전반에 걸쳐 압바스 제국의 칼리파가 다시 바그다드의 지배권을 회복했다. 그 과정에서 셀주크조와 벌인 공성전으로 시가지가 심하게 파괴되면서 화려한 중세의 바그다드는 급격히 쇠락해갔다.

압바스 제국의 몰락과
바그다드의 최후

1258년, 몽골 제국의 공격으로 바그다드가 함락되고 칼리파 알 무스타심이 피살되면서 화려한 압바스 제국은 500여 년 만에 종말을 맞았다. 이는 승승장구하던 아랍 중심의 이슬람 세계가 결정적인

도시로 보는 이슬람 문화

전환기를 맞는 변곡점이 된다. 세계 최대 제국의 도시 바그다드는 몽골군의 약탈과 학살로 황폐화되었으며, 종교적 상징성마저 상실했다. 당시 지혜의 집, 니자미야, 무스탄시리야 등 유명한 학문의 금자탑이 잿더미로 변한 것은 알렉산드리아 도서관 소실 이상으로 인류의 손실이었다.

바그다드의 함락으로 이슬람 세계의 상징적 권위였던 칼리파제의 종주권 문제도 대두되었다. 칼리파는 신의 대리인으로서 정치와 종교를 결합한 이슬람 세계 최고의 초월적 카리스마 리더십을 갖는다. 압바스 제국이 붕괴되면서 칼리파는 잠시 이집트 맘루크 왕조의 주도로 카이로에서 선출되었다. 그러다가 오스만 제국이 이집트의 맘루크 제국을 정복하고 이슬람 세계의 새로운 주도국으로 부상하면서 1517년부터는 칼리파 권한이 이스탄불로 넘어갔다. 이런 점에서 몽골의 정복전쟁은 당시 세계 최고의 문명과 정치적 파워를 갖고 있던 이슬람 세계를 약화시키는 결정적 계기가 되었다. 바그다드의 영광과 문화적 향기가 급속히 사라진 배경이다.

바그다드 함락 이후에 이 도시는 이란에 건국된 몽골의 후예 국가인 일한국의 통치를 받았다. 일한국에 이어서 1393년부터는 중앙아시아에서 새롭게 발흥한 티무르 제국의 공격과 지배에 시달렸다. 무엇보다 1401년 티무르가 동방 원정 과정에서 바그다드를 공격함으로써 또 한 번 참상을 겪었다. 이때 약 2만여 명의 바그다드 시민이 학살되었다고 역사는 기록한다. "바그다드는 폐허의 도시가 되었다. 이곳에는 사원도, 신도도 없고, 기도하는 소리도 들리지 않으며, 시장도 열리지 않는다. 야자수 대부분은 말라비틀어졌다. 이곳은 이제 도시라고 부를 수 없는 상태다." 아랍 역사학자 알 마크리지(Al-Maqrizi, 1364~1442)의 전언이다. 이제 바그다드는 이 도시를 탐하는 수많은 왕조를 위한 보급기지나 지방 소도시로 전락했다.

1534년 오스만 제국이 바그다드와 메소포타미아를 정복했고, 1831년부터 바그다드는 오스만 제국의 직접 통치를 받게 되었다. 1907년 통계에 따르면 당시 바그다드 인구가 18만 5000명이었다고 하니 200만 대도시의 위엄과 번성은 옛이야기가 되어버렸음을 알 수 있다.

비운의 이라크 현대사

바그다드의 운명은 1차 세계대전으로 또 한 번 소용돌이에 휘말렸다. 전쟁 중 영국의 분열 책동이 성공하여 1916~1918년 아랍인의 반란과 연합군의 간섭으로 오스만 제국은 이 지역에 대한 통제권을 상실했다. 아랍의 독립을 보장해주겠다던 영국과 아랍 사이의 후세인-맥마흔 협정(1915)은 지켜지지 않았고, 영국과 프랑스 사이에 체결된 사이크스-피코 비밀 협정(1916)에 따라 1917년부터 1932년까지 영국이 바그다드와 이라크를 식민 지배했다.

1932년 이라크는 영국으로부터 명목상 독립했다. 바그다드는 독립 왕국의 새 수도가 되었다. 석유가 나던 쿠웨이트는 원래 이라크의 바스라주에 속한 군단위 행정 구역이었는데, 영국은 끝까지 쿠웨이트를 남겨놓고 이라크 독립을 허용했다.

미국이 침공하기 이전
바그다드 시내

실질적인 이라크 독립은 1958년 7월 14일 자유장교단에 의한 왕정 붕괴 이후부터로 보는 것이 일반적이다. 흔히 이라크 사람들은 1258년 몽골군에 의해 바그다드가 함락된 이후 700년 만에 바그다드가 다시 이라크인의 손에 들어왔다고 입을 모은다. 그래서인지 바그다드 시민들에게 1958년은 특별한 의미를 갖는다. 이라크인의 투쟁 정신을 상징하는 이날을 기념하기 위해 바그다드 중심인 알 타흐리르 광장과 티그리스강 변 구름다리 근처에 '7.14 자유기념비'가 세워졌다.

이라크 현대사에서 중요한 의미를 갖는 또 다른 역사적 변곡점은 1979년이다. 그해 2월 이웃나라 이란에서 이슬람 혁명이 일어나면서 이라크의 사회주의 정권과 마찰을 빚게 되고, 양국의 국경을 이루는 샤트 알 아랍(Shatt al-Arab) 수로 국경 획정을 둘러싸고 8년 전쟁이 시작되었다. 그것은 전쟁 명분에 불과했다. 강력한 반미 이슬람 정권인 이란을 붕괴시키기 위해 미국이 이라크를 전폭적으로 지원하고 전쟁에 개입하면서 이란-이라크 전쟁은 8년(1980~1988)을 끌게 되었다. 결국 승자도 패자도 없이 원점에서 마무리된 긴 전쟁으로 바그다드는 다시 한번 치명적인 고통을 맛보았고, 폐허가 되었다.

이러한 경제적 위기 상황은 결국 1990년 8월 2일 이라크가 이웃 쿠웨이트를 침공하는 배경이 되었다. 쿠웨이트나 서구 입장에서 사담 후세인의 쿠웨이트 침공은 주권국가에 대한 용납할 수 없는 침략이지만, 당시 현장연구 중이던 내가 오만이나 걸프국가에서 만나본 이라크 사람들의 입장은 달랐다. 바그다드 시민들은 입을 모아 쿠웨이트를 비난했다.

우선 쿠웨이트는 이라크 영토라는 주장이었다. 사실 역사적으로 쿠웨이트는 오스만 제국 통치 시기까지 '이라크의 바스라주에 속한 쿠웨이트 군' 단위였다. 1932년 이라크가 영국으로부터 독립을 쟁취할 당시 석유 자원이 풍부한 쿠웨이트를 계속 지배하기 위해 영국이 이라크에서 쿠웨이트를 분리했던 것이다. 그런 연유로 사담 후세인은 이란과의 8년 전쟁으로 초토화된 나라 경제를 살리기 위해 전쟁 비용 탕감과 전쟁 중 쿠웨이트가 과도하게 개발한 석유 생산 이익의 공유, 국경지대에 있는 부비얀과 와르바 등 도서 할양 등을 쿠웨이트 측에 요구했다. 그런데 쿠웨이트가 전혀 수용하지 않자 이라크는 쿠웨이트를 침공했다. 이것이 걸프전쟁이 발발하게 된 계기다. 동시에 8년 전쟁 때 이라크를 도왔던 미국이 도리어 이라크를 공격하면서 이라크 정권은 강력한 반미노선을 취하게 되었다.

설상가상으로 2003년에는 국제법상 정당성도 없이 미국의 조지 W. 부시 대통령이 노골적으로 이라크를 침공했다. 그 후유증으로 알 카에다, IS 같은 극단적 이슬람 테러 저항 조직이 등장하게 되었다. 미국은 사담 후세인이 제거되면 모든 것이 해결되리라고 호언장담했지만, 그의 처형 이후 이라크 주민들의 삶과 치안은 더욱 혼란스러워졌다. 미국식 민주주의의 강제 이식은 처참한 실패로 끝났다. 무엇보다 잘못된 이라크 전쟁으로 중동－이슬람권은 물론 지구촌 전체가 오늘날까지도 후유증에 시달리고 있다.

《천일야화》가 탄생한 곳

바그다드 시내에는 티그리스강이 굽이쳐 흐른다. 끝없이 펼쳐지는 넓은 평원을 가로지르는 강의 양안에는 카페와 레스토랑, 부티크가 줄지어 늘어서 있다. 남북으로 흐르는 강은 도시를 동서로 나눈다. 도시 동쪽 지역은 리사파(Risafa), 서쪽은 카르크(Karkh)다. 바그다드 도심 공원 여기저기서 이 도시를 빛낸 유명한 인물들의 동상을 쉽게 만날 수 있다.

티그리스강 변 북쪽 마스바 공원에는 바그다드를 건설한 칼리파 알 만수르(재위 754~776) 동상이 서 있다. 바그다드를 천혜의 요새 도시로 만들었지만, 정작 그는 항상 신변의 위협을 느끼며 불안에 떨어야 했던 불운한 칼리파였다. 심지어 최측근 관료나 형제들까지도 권력에 걸림돌이 된다고 의심해 잔혹하게 살해한 악명 높은 군주였다. 그는 죽은 후에도 자신의 시신이 훼손되는 것을 막기 위해 100기의 가짜 무덤을 만든 것으로도 유명하다. 그러면서도 학문과 문학에 대한 열정이 높았고 학자들에 대한 지원을 아끼지 않았다. 알 만수르 재임기에 인도에서 유래되어 페르시아를 거쳐 아랍에 소개된 동물우화 《칼릴라와 딤나》가 이븐 알 무카파에 의해 번역되었고, 《천일야화》가 집대성되었다. 술과 연애에 빠져 있던 알 만수르의 성향을 반영하듯 아부 누와스라는 시인은 주시(술 찬미시), 연애시, 풍자시에서 대단한 기량을 발휘했다. 그의 이름을 붙인 아부 누와스 거리에는 《천일야화》의 두 주인공 샤흐리야르 왕과 샤흐라자드 왕비의 사랑을 재현한 조형물이 서 있고, 줄지어 있는 카페 거리를 따라 이라크 젊은이들의 사랑과 낭만이 넘쳐난다.

나르길라라는 물담배 연기가 자욱한 카페 없는 바그다드 시민들의 삶은 상상하기도 어려울 정도다. 1586년 지금의 무스탄시리야 대학가에 카페가 문을 열었다고 하니 400년 이상 된 오랜 전통을 간직한 곳이다. 이스탄불에 세계 최초의 카페인 차이하네가 1534년경에 문을 열었고, 유럽 최초의 카페가 런던의 파스쿠아 로제 커피하우스라고 하니(1632년 오픈) 유럽보다 훨씬 이른 시기에 카페 문화가 바그다드에 뿌리를 내린 것이다.

중세 유럽이 무지의 깊은 심연에서 허덕일 때, 인류에게 찬란한 문명을 선사해준 '지혜의 집' 전통도 바그다드에 살아 숨쉰다. 오랜 전쟁과 폐허의 기억에도 불구하고 바그다드가 살아 있는 존재 이유이기도 하다. 바로 무타나비(Mutanabbi) 거리다. 무타나비는 중세 아

《천일야화》의
두 주인공을 기념하는 동상

랍의 유명한 시인으로 순수한 아랍어와 아랍의 민족적 전통을 강조했다. 때문에 다문화가 중심이던 이슬람 사회에서 그는 더욱 돋보인다. 마스바 공원과 국립도서관 광장에 그의 동상이 서 있을 정도다. 그의 이름을 딴 무타나비 거리는 바그다드 시민들이 즐겨 찾는 책방 길이자 문학과 지식의 심장부다. 서점들 사이로 카페들이 들어서 있고, 이곳에서 매년 세계적인 바그다드 북페어가 열린다.

쿠쉬랄 광장은 루사파(Rusafa) 지역에 위치한 바그다드 시민들의 자부심이자 역사문화의 중심지다. 무타나비 거리부터 압바스 제국 시대의 궁전과 다리, 오스만 제국 시대의 모스크, 무스탄시리야 마드라사(학교) 같은 문화유산이 집중되어 있다. 영국의 조지 5세가 선물한 시계탑도 이 광장 중심에 서 있다. 이 지역이 유네스코 세계문화유산으로 지정 신청된 배경이다.

이웃한 피르도스(Firdos) 광장 역시 시민들이 즐겨찾는 장소다. 이곳에는 바그다드의 대표 호텔격인 고층 팔레스타인 호텔과 쉐라톤 이슈타르 호텔이 들어서 있다. 2003년 이전에는 이 광장에 사담 후세인 동상이 서 있었지만, 미국의 침공으로 이라크 정권이 붕괴된 이후 일부 시민들에 의해 끌려 내려와 내동댕이쳐졌다.

티그리스강에서 막 잡은 잉어 요리의 맛

바그다드에 왔으면 티그리스강 변의 잉어 요리를 놓칠 수 없다. 주말이면 바그다드 시민들은 가족과 함께 강변으로 나와 산책이나 소풍을 즐긴다. 이들이 즐겨 먹는 메뉴는 티그리스강에서 막 건져 올린 잉어 장작구이 요리(마스쿠프)다. 시커멓게 탄 생선껍질을 벗겨낸 뒤 레몬즙을 듬뿍 뿌리고 얇은 란(빵)에 양파와 함께 싸서 먹는 맛은 바그다드 시민들만이 누릴 수 있는 특권이다. 그리고 밤새 커피를 마시며 대화를 이어간다. 아라비안나이트가 시작되는 것이다.

1001일 밤이나 계속되는《천일야화》를 제대로 이해하기 위해서는 적어도 3년은 바그다드에 머물러야 할 것 같다. 그만큼 매력과 호기심이 넘쳐나는 도시다.《천일야화》의 주무대는 바그다드이지만, 스토리 콘텐츠는 세상의 모든 이야기를 담고 있다. 메소포타미아의《길가메시 서사시》는 물론 이집트 고대, 아나톨리아의 오랜 전승, 인도 신화와 중국의 전래 기담, 특히 이란의 민족 설화가 혼재되어 있다. 그야말로 글로벌 스토리텔링 문학이다. 세상의 모든 정보와 지혜가 모여들었던 바그다드의 성격을 가장 적확하게 함축하고 있는 문화 콘텐츠가《천일야화》인 셈이다.

중세의 찬란한 향취를 간직한
첨단 도시로 거듭나다

다양성을 소중히 여기며 더욱 풍성하고 창조적인 융합 정신을 가꾸어온 바그다드는 오늘도 그 정신을 지켜가고 있다. 이슬람교의 소수종파인 시아파의 중심 도시일 뿐만 아니라, 아르메니아 사도

교회가 아직도 기능하고 있고, 칼데아 기독교회인 슬픔의 성모 대성당(Chaldean Catholic Cathedral of Our Lady of Sorrows)도 잘 보존되고 있다. 이라크에서는 수니파가 오히려 소수종파다. 이슬람교 수니파 주민들이 집중적으로 거주하는 곳은 아드하미야(A'dhamiyyah) 지역이다. 이곳에 수니파 4대 학파의 창시자인 이맘 이부 하니파와 관련 있는 수니파 중앙 모스크가 있다. 아드하미야라는 구역 명칭도 아부 하니파의 칭호인 '위대한 이맘(the Great Imam)'을 뜻하는 '알 이맘 알 아잠(Al-Imām al-Azam)'에서 유래했다.

이슬람 세계에서 이단으로 단죄되었던 바하울라(Bahaullah)의 생가(Bayt-i-A'zam, 가장 위대한 집)도 바그다드 카디미야 지역에서 바하이교인들의 가장 중요한 성지로 보존되고 있다. 1853년부터 1863년까지 10년간 바하울라가 이 집에서 거주했다고 알려져 있기 때문이다. 바그다드 출신인 바하울라는 알라(하느님)의 계시가 무함마드를 마지막으로 닫혔다는 이슬람의 주장을 뛰어넘어 자신이 마지막 예언자라고 자처하며 새로운 신앙의 길을 열어 보였다. 다양성의 상징인 바하울라 생가는 전쟁의 혼란 중에 누군가에 의해 공격을 받아 크게 훼손되었지만, 언젠가는 다시 복원될 수 있으리라.

2003년 미국의 이라크 침공으로 독재자 사담 후세인은 처참한 최후를 맞았다. 잘못된 전쟁은 이 도시에서 민주주의도 인권도 말살하고, 폐허가 된 삶의 터전에서 증오와 테러라는 악의 꽃을 피워내고 말았다. 미군이 철수하고 선거를 통한 새로운 정부를 구성했지만, 오랜 혼란과 전쟁의 상흔은 국민들을 더욱 단단한 반미주의

자로 변화시켰고, 이웃 이란과 협력하면서 불안한 미래를 설계해 가고 있다. 세계적인 산유국임에도 과거의 영광과 복지를 되찾기 위한 여정은 여전히 멀어 보인다.

낭만이 넘치는 바그다드를 21세기 도시로 바꾸기 위해 관심을 기울인 주인공은 바그다드 출신의 세계적인 건축가 자하 하디드였다. 2016년 작고한 그녀는 2014년 개장한 동대문디자인프라자(DDP)를 설계한 건축가로 우리에게도 익숙한 인물이다. 2010년 8월 하디드는 바그다드 중앙은행 설계를 맡았다. 바그다드는 이제 새로운 바그다드 건설을 본격화하고 있다. 중세의 찬란한 향취를 간직한 첨단 도시로 거듭나고 있다. 2007년 국립 심포니 오케스트라와 국립 발레단이 창단되어 공연을 시작했고, 2003년 미국 침공 시 부숴졌던 국립극장도 최근 복원을 마쳤다. 미국의 이라크 침공 기간에 생중계된 이라크 국립박물관 약탈의 악몽도 이제 서서히 사라지고 문화 복원과 유물 정리에 온 힘을 쏟고 있다.

바그다드는 1980년부터 시작된 전쟁과 갈등의 소용돌이에서 40년 만에 빠져나와 새로운 열정과 비전을 찾아가고 있다. 이제 세상을 호흡하고 글로벌 문화를 선도하던 대제국 시기의 바그다드를 꿈꾸고 있다. 그 영광을 되찾을 수 있을지는 중요하지 않다. 목표를 갖고 현실을 개선하려는 의지만으로도 바그다드는 희망의 도시가 될 것이기 때문이다.

05

두바이 아랍에미리트
불가능을 가능으로 바꾼 사막의 첨단 도시

Dubai / United Arab Emirates

'중동의 파리'라 불리는 두바이는
아랍에미리트를 대표하는 토후국이자
국제무역 중심 도시이지만 석유가 나지는 않는다.
그런데도 인구 수천 명에 불과하던 자그마한 어촌이
반세기 만에 최고의 첨단 창의 도시로 우뚝 섰다.
두바이에는 3개의 브랜드만 존재한다.
"The Best, The Most, The First." 세계 최고, 세계 최대,
세계 최초라는 세 브랜드만으로 지구촌이 부러워하는
21세기 개혁 도시 모델을 창출해냈다.
아랍에미리트 수도 아부다비, 사우디아라비아, 쿠웨이트,
오만, 바레인, 카타르 등 다른 아랍 왕정 산유국들은
두바이 성공을 모델로 삼아 미래 도시를 설계해나가고 있다.
두바이 성공의 배경에는 '오아시스 싱크탱크'로 불리는
2000여 명의 글로벌 브레인이 창안해내는 탁월한 콘텐츠도 있지만,
불가능을 가능으로 바꾸는 매직 리더십의 주인공
무함마드 막툼 왕세자의 헌신과 역할도
눈여겨보아야 한다.

○ ○
○ ○
○

과거의 두바이는 걸프해의 고대 무역항이었다. 인도양과 아라비아 해가 만나는 걸프해 입구에는 해마다 4월이면 계절풍인 몬순이 불기 시작한다. 이 몬순을 타고 상인들은 이미 7세기부터 인도나 중국으로 배를 저어 갔다. 배에는 진주조개에서 채취한 진주알과 정성과 땀을 쏟아 만든 금 세공품, 이웃 오만에서 구입한 유향과 예멘에서 가져온 몰약, 아라비아 남부에서 제조한 장미수 같은 값비싼 향료와 약초를 잔뜩 실었다. 그러고는 가족과 고향을 등지고 언제 돌아올지 모르는, 아니면 풍랑을 만나 영영 못 돌아올지도 모르는 긴 항해를 떠나는 것이다. 그래서인지 두바이에서 만나는 선원들의 얼굴에는 웃음 속에서도 알 수 없는 슬픔이 묻어난다. 든든한 신이 항상 함께한다는 믿음이 있어서 그나마 두려움과 초조함을 이겨낼 수 있었을 것이다.

오늘날 두바이 선원들은 더 이상 바닷속 물질도, 배를 타고 먼 거리로 나가는 항해도 하지 않는다. 진주잡이나 금 세공에 평생을 바치던 장인들은 금세 자취를 감추었다. 1966년에 발견된 엄청난 양의 석유가 벌어다주는 오일 달러 덕분이다. 오늘날 두바이에는 넘쳐나는 물건과 밤낮 구분 없는 흥청거림, 길거리를 메운 자동차가 가득하다. 지평선을 삼켜버린 고층 첨단 빌딩으로 그 옛날 사막은 아예 시야에서 사라져버렸다. 사막에 잔디를 심어 세계 최고의 골프장이 건설되고, 50도를 웃도는 무더운 날씨에 실내 스키를 즐기는 아이들의 표정에 어안이 벙벙하다.

인도인이 먹여살리는 도시

두바이는 성장하는 도시다. 변화 속도가 너무 빨라 갈 때마다 다른 모습의 두바이를 만난다. 공항에 내리면 낮인지 밤인지 구분이 되지 않는다. 휘황찬란한 불빛에 명품의 향연이 펼쳐지고, 가도 가도 끝이 보이지 않는 세련된 편의시설에 잠시 넋을 잃는다. 외국인 입국자들이 공항을 나서면 만나는 현지인은 대부분 인도인이다. 공항 택시 기사도 인도 서부 케랄라 지방에서 왔다고 한다. 시내에 토착 아랍인은 거의 보이지 않는다. 박물관 수위, 기념품 가게 주인, 주유소 직원, 환전하는 은행 창구 안내인도 대부분 인도인이다. 심지어 커피 한잔 마시러 잠깐 들른 카페테리아에서는 젊은 아랍인들이 영어로 인도인 점원에게 주문을 하고 있었다. 그도 그럴 것이 350만 명 두바이 인구 중에서 시민권을 가진 아랍 토착인은 20퍼센트에 불과하다고 하니 인도 중심의 외국인이 이 도시를 먹여살리는 셈이다. 이제 두바이는 더 이상 아랍의 도시가 아니다. 모든 것을 갖추고 세계 최고를 준비하는 화려한 국제도시다.

옛 모습이 궁금해 시내에 있는 두바이 박물관부터 찾았다. 1787년 외적의 침입을 막기 위해 축조해놓은 알 파하이드 성채에 꾸며진 박물관은 작은 규모였지만, 두바이의 모든 것을 압축해서 잘 전시해놓았다. 역사, 민속, 자연사 박물관 기능을 한데 모아두고 있어 두바이의 참모습을 떠올리는 데 많은 도움이 되었다.

성채 안으로 들어가니 정원에는 두바이 전통 목조 가옥과 진주 잡이를 하던 목선을 그대로 복원해서 전시해놓았다. 진흙으로 벽을 바르고 대추야자 잎으로 지붕을 엮었다. 마침 두바이 외국인학교 학생들이 견학을 와서는 본래의 두바이 모습을 보고 놀라는 기색이 역력하다. 실내에 들어가니 한때 걸프해에서 가장 번성했던 전통시장인 수크가 특히 인상적으로 꾸며져 있었다. 당시의 옷과 살림도구, 레이저 영상으로 재현한 장인들의 작업 광경을 통해 소박하고 단순한 과거의 삶을 엿볼 수 있다. 사막 위에 얇은 카펫을 깔고 화덕에 불을 붙여 음식을 만들어 먹던 바로 한 세대 전의 삶이 정지되어 있었다. 비디오관에서는 1930년대부터 최근까지 10년 주기로 삶이 어떻게 변화해왔는지 영상을 통해 전해준다. 진주 채집에서 금 세공으로, 이어서 석유가 나면서 건설 붐이 일어나고 초고층 첨단 건물이 들어서는 급격한 변화는 한 편의 드라마 같았다. 특히 박물관 바닥에 군데군데 모래를 깔아놓아 사막 분위기와 감촉을 느끼게 한 아이디어가 돋보였다.

도시로 보는 이슬람 문화

진주조개 잡던 어촌에서
초고층 빌딩숲으로

자그마한 사막의 항구에서 출발했지만, 두바이의 역사적 역할은 결코 작지 않았다. 걸프해의 이란과 아라비아반도가 만나는 좁은 뱃길에 자리하고 있어 일찍이 메소포타미아 문명과 인더스 문명권 사이의 교류와 소통의 요충지였기 때문이다. 최근에는 기원전 3000년경의 주거지가 발견되어 두바이의 역사적 의미가 더욱 돋보이게 되었다.

오늘날의 두바이가 형성된 것은 사실 그렇게 오래되지는 않았다. 100여 년 전 남쪽의 오아시스 지방인 리와에서 살던 부족이 이곳에 정착하면서부터였다. 그들이 지금 두바이를 통치하고 있는 막툼 가문의 선조인 셈이다.

이 도시에 번영을 가져다준 것은 말할 것도 없이 진주였다. 숙련된 두바이 남성들은 5킬로그램의 무거운 돌을 매단 채 해저에서 3분간 숨을 멈추고 진주조개를 건져 올렸다. 여름 한철 4개월 동안 하루에 50번 정도 물질을 하는 고된 노동이었지만, 조개 속에서 영롱한 진주알을 캐낼 때, 모든 시름을 잊었을 것이다. 20세기 초까지만 해도 약 300척의 진주잡이 배에 7000명 이상의 선원이 진주잡이를 했다고 한다. 그들은 진주잡이 노래(알 나함Al-naham)를 부르며 신나게 일하고, 하루 200~300루피의 수입을 올렸다고 한다. 지금의 가치로 계산할 수는 없지만, 가족들에게 따뜻한 빵을 만들어줄 수 있는 것만으로도 만족하며 살았을 것 같다.

1940년대 양식 진주가 등장하면서 두바이는 몰락의 길을 걷게 된다. 그러던 중 검은 황금의 은총인 석유가 두바이에도 찾아왔다. 1966년 석유가 발견된 것이다. 1969년부터 석유 수출을 시작하면서 두바이 경제는 다른 아랍 산유국 도시들과 마찬가지로 석유중심 산업으로 급성장했다. 그러나 석유 채굴은 한계가 있었다. 1991년 이후 석유 채굴이 급감하면서 두바이는 석유가 아니라 지식과 아이디어로 부를 창출하는 도시로 거듭나게 되었다. 오늘날 두바이가 창의적 국제도시로 우뚝 선 배경이다.

두바이의 변신은 오늘도 계속된다. 2007년 경제위기가 세계를 덮치고 세계 최고층 빌딩인 '부르즈 칼리파' 공실률이 늘어날 때만 해도 두바이 버블은 회복되기 어려울 것이라는 전망이 우세했다. 사막의 신기루, 사상누각이란 고사성어가 현실이 되는 듯했다. 그로부터 15년이 지난 지금 두바이는 여전히 역동적이고 생기 넘치는 국제도시로 살아 있다.

두바이 시내 중심지로 발길을 옮긴다. 100층 빌딩이 끝없이 이어진다. 도심 한가운데 우리나라 대표 기업이 180층 세계 최고 초고층 건물 부르즈 칼리파를 지어놓았다. 그 옆에 적힌 "역사는 새롭게 떠오른다"라는 문구가 두바이의 위상을 그대로 표현하고 있는 것 같다. 육지의 숲도 모자라 바다 위에 대추야자 나무 모양의 인공 섬을 만들고 미니 지구촌을 건설해놓았다. 그러고는 부자들에게 지구를 분양하고 있다. 두바이가 세상의 전부이고 이곳에 오면 세상 모든 것을 만날 수 있다는 오만하고 야심찬 오일 달러의 위력을 유감없이 보여주고 있다.

도시로 보는 이슬람 문화

두바이는 1990년대 이후부터 석유 수출에 의존하지 않는 토후국이다. 애초부터 이 도시는 전혀 다른 생존전략을 구사했다. 탈석유산업으로 생존하기 위해 3개의 브랜드만 고집했다. "The First, The Most, The Best." 그리고 성공했다. 자그마한 어촌 사막 언저리에 세계 최첨단 도시를 가꾸고 글로벌 유수기업을 유치해서 전혀 새로운 고부가 품격 도시를 만들어가고 있다.

여기서 세이크 무함마드 막툼(1949년생)의 탁월한 리더십을 짚고 넘어가지 않을 수 없다. 그는 현재 두바이 통치자이자 아랍에미리트 총리 겸 부통령이다. 미래를 내다보는 혜안과 놀라운 추진력, 국민과 소통하면서 메가 시너지를 창출해내는 역량은 '막툼 리더십'이라는 새로운 개념을 만들어낼 정도다.

지금도 SNS를 통해 매일 1000만 명의 팔로워와 소통하는 열린 지도자다. 막툼의 창의적 글로벌 도시 비전은 이웃 아랍국들의 롤모델이 되고 있다. '사우디 2030', '뉴 쿠웨이트 2035', '카타르 비전 2030', '아부다비 플랜 2030', '바레인 비전 2030' 등 여러 아랍국의 변화를 견인하고 있다는 점이 예사롭지 않다.

세이크 무함마드 막툼.
'막툼 리더십'이라는
개념을 만들어낼 정도로
두바이의 놀라운 변화를
이끌고 있다.

전통시장과 세븐 스타 호텔
그리고 실내 스키장의 조화

고급 주택이 늘어선 해변가 거주지 주메이라로 가보았다. 주메이라 해변에는 오늘따라 바람이 거칠게 불어 파도가 일렁거리고 있음에도 수영복을 입은 유럽인들은 물속에서, 비치에서 사막 바다의 열기를 호흡하고 있다. 해변 끝에는 은은한 푸른색이 감도는 배 모양의 건물이 물 위에 떠 있다. 별 7개, 세계에서 가장 비싼 초호화 호텔로 잘 알려진 부르즈알아랍 호텔이다.

입장료만 50달러를 받는다. 물론 꼭대기 전망대 카페에서 주스한 잔 마실 수 있기는 하지만. 엘리베이터도 천장도 벽도 온통 금으로 치장해놓았다. 2층 로비로 올라가는 높은 벽면 전체를 수족관으로 만들어놓아 호텔로 올라가면서 바다 밑에서 수면으로 나가는 감동을 느끼도록 연출해놓았다. 하룻밤에 수천 달러씩 하는 방을 구경하고 싶었지만, 지배인은 끝까지 내 청을 들어주지 않았다.

할 수 없이 부르즈알아랍 호텔이 가장 아름답게 보이는 맞은편 메디나 알 주메이라 성채로 발길을 돌렸다. 전통적인 아랍식 토담에 둘러싸인 목조가옥이 마음에 들었다. 커다란 항아리에는 지나가는 나그네를 위해 담아두던 시원한 물 대신에 불타는 열대의 야생화를 심어놓았다. 바닷물을 끌어들여 인공 호수를 만들고 대추야자를 심어 고급스러운 카페와 레스토랑, 갤러리가 있는 문화공간과 전통시장으로 꾸며놓았다. 다른 쪽에는 휘황찬란한 쇼핑센터의 조명이 눈이 부시다.

도시로 보는 이슬람 문화

세븐 스타 호텔 부르즈알아랍

실내 스키장에서는 리프트가 쉴 새 없이 오가고 영하의 온도에서 젊은이들이 입김을 호호 불며 신나게 스키를 즐기고 있다. 사막 한가운데 실내 스키장을 지어 유럽 스키어들을 불러들일 생각을 했다는 것 자체가 놀랍다.

세계 최고층 빌딩인 부르즈 칼리파 상가 타운에는 세계 최대 규모의 두바이몰이 있다. 축구장 50개 넓이라고 하는데, 과연 입이 다물어지지 않는다. 1200여 개의 캔디숍을 비롯해 세계적인 명품 상점이 들어와 있고, 아이스링크는 물론 3D 볼링게임장, 극장 22개, 레스토랑 120개, 특급호텔 5개가 전 세계에서 관광객들을 불러들인다. 나도 두바이에 들를 때마다 이곳을 찾는다. 쇼핑을 위해서라기보다는 바깥의 더위를 피해 모든 것을 즐길 수 있는 현대판 사막의 오아시스이기 때문이다. 워낙 넓어서 걷는 것도 지친다. 지나가는 실내 택시를 탔다. 5대의 택시가 몰 안에서 다닌다고 한다. 만원 정도 주면 원하는 곳까지 데려다준다.

두바이몰에는 세계 최대 규모의 아쿠아룸이 있다. 규모는 상상을 초월한다. 높이 10미터에 두께가 1미터는 될 것 같은 두터운 수족관에 태평양과 인도양이 넘실대고 있었다. 처음 보는 온갖 종류의 물고기가 떼를 이루고 대형 가오리가 하얀 배를 드러내며 물고기 떼 사이를 휘젓고 다닌다. 상어의 위용에 아이들의 관심이 대단하다. 비 한 방울 오지 않는 사막 한가운데 만들어놓은 바다에 물고기와 수달, 거북과 바다사자, 상어와 고래가 헤엄쳐 다닌다. 구명조끼를 입고 보트를 타면 바다 밑을 보며 물고기들과 대화를 나눌 수 있다. 잠수복을 입고 다이빙해서 수중 탐사를 즐기는 이들도 있다.

신흥 부촌   세계 최대 규모를
주메이라 지구   자랑하는 실내 스키장

이게 도대체 뭔가 싶을 정도로 정신이 혼미하다. 불모의 땅에 고대 문명을 일구던 인류의 지혜와 위대함이 두바이에서 다시 살아나는 것 같은 착각이 인다.

길거리에도 변화가 일어났다. 세상을 중국 중심으로 재편하겠다는 중국의 야심찬 '일대일로' 플랜이 이곳에서도 변화를 일으키고 있다. 거대한 차이나타운이 새롭게 형성되었다. 인구 350만 명의 자그마한 도시국가에서 중국인이 30만 명이라고 한다. 큰 숫자다. 아랍에미리트 인구 1000만 명 중 3분의 1 이상이 두바이에 몰려 있다. 아랍의 첨단 도시에는 이제 중국어 간판과 중국식 레스토랑이 들어섰고 많은 편의시설이 중국어 간판으로 바뀌었다. 이제 유럽인들 대신 중국인 관광객들이 최고급 호텔 레스토랑에서 귀빈 대접을 받고 있다. 호텔 리셉션에도 중국어 억양의 영어를 쓰는 직원들이 눈에 띄게 늘었다.

5월이면 두바이는 본격적인 여름이 시작된다. 50도를 웃도는 더위 속에서도 어디를 가나 공사 중이다. 인공 섬을 만들고 다리를 놓는 공사도 진행 중이다. 튀르키예인 친구 빌렌트 알란은 자신의 공사현장을 특별히 견학시켜주었다. 바다 가운데 섬을 만들어 시원한 공간을 먼저 만들고 그다음 다리를 놓아 육지와 연결하고 지하 80미터에 송수관을 매설해 물을 공급하는 공사인데 그 규모나 발상이 그저 놀랍기만 하다.

물론 그 모든 일은 무수한 사람의 땀으로 이루어진다. 뜨거운 햇볕 아래 모자나 보호장비 하나 제대로 갖추지 못한 채 크리크 골프장 잔디를 다듬고 배수로를 파 내려가는 제3세계 노동자들의 고단

함도 여전하다. 최고급 자동차가 줄지어 서 있는 두바이 크리크 골프장은 그야말로 현대 아랍 자본주의의 극명한 현장이다. 사막에 잔디를 심어 36홀짜리 그린을 만들고 물 한 방울 나지 않는 토양에 24시간 스프링쿨러가 돌아가는 요지경 속에서 잔디만도 못한 대접을 받으며 무더위와 모욕감을 견뎌야 하는 사람들이 있다. 고향에 있는 가족에 대한 그리움으로 버티고 있을 그들의 값싼 노동이 더욱 안쓰럽다. 이슬람의 평등정신과 그토록 강조해온 나눔의 철학도 자본주의의 힘 앞에서는 아무런 의미가 없는가 보다. 두바이는 21세기 이슬람의 새로운 실험장이다.

술과 돼지고기가 허용되는 아랍 도시

슈퍼마켓에서는 술을 팔고 고급 호텔 레스토랑 뷔페 코너에서는 돼지고기 음식이 나온다. 다른 문화와 가치를 가진 사람들에 대한 예의이고 존중이라 하지만 자본주의의 위력 앞에 무릎 꿇는 모습이 정상일 리는 없어 보인다. 두바이가 더 이상 아랍 도시가 아니라 글로벌 도시임을 단적으로 보여주는 모습이다.

내가 방문한 4월, 이곳에서도 라마단이 시작되었다. 신의 계율을 지키려는 도덕률과 극단적 자본주의가 충돌하는 두바이에서 라마단은 또 다른 의미가 있었다. 80퍼센트 이상이 외국인인 아랍 도시에서 라마단 정신을 지키는 것은 결코 쉽지 않겠다는 생각이 들었다. 그런데 놀랍게도 쇼핑몰 여기저기에 라마단 달임을 알리는 플래카드가 나부끼고 라마단 소비를 부추기는 광고도 보였다. 식당은 대놓고 문을 열기는 그랬는지 식당 입구를 가려놓았다. 단식 중인 무슬림의 고통을 배려한 흔적이 역력하다. 외국인이나 관광객은 좁게 열려 있는 공간으로 드나들며 식사를 즐길 수 있었다.

오후 7시경 일몰 시각에 맞춰 두바이 전역에서 모스크의 아잔 소리가 울려 퍼진다. 하루의 긴 단식이 끝나고 음식을 먹을 수 있는 소중한 순간이 시작된다. 그렇게 참고 기다려왔던 물 한 모금으로 목을 축이고 더위에 기진맥진한 몸에 대추야자로 원기를 불어넣는다. 그런 다음 수프와 음식으로 달콤한 저녁식사를 즐긴다. 가족과 함께 맞이하는 귀한 만찬이다.

그들은 결코 혼자 밥을 먹지 않는다. 서로 초대하고 지나가는 사람이라도 불러 함께 밥을 먹는다. 이는 아랍인들이 오늘날에도 지키고자 하는 공동체 삶의 철학적 바탕이다.

가족 중심 문화이기 때문에 두바이 지사에 파견 나가는 경우 혼자보다는 가족과 함께 지내는 쪽이 현지인들과 친해지는 데 절대적으로 유리하다. 문제는 보수적인 이슬람 가족의 경우 남녀 내외 관습 때문에 집에 초대를 받아도 서로 다른 방에서 식사를 하고 대화를 나누어야 한다는 것이다. 한국인 부인들도 히잡을 써야 한다. 옆방에서 무슨 일이 벌어지는지 감을 잡을 수도 없다. 언어가 통하지 않는 경우에는 더더욱 난감하다. 눈빛과 몸짓으로 힘든 시간을 보내고 나서 얻게 되는 우정이 더욱 소중하다고 위로하는 수밖에 없다.

도시로 보는 이슬람 문화

전통시장에서 만나는 또 다른 두바이

아랍 커피의 본산지에 왔으니 쓰디쓴 모카커피 오리지널 한 잔 마셔보고 싶으나, 스타벅스 커피와 인스턴트 커피에 밀려 어느 카페에서도 튀르키예 커피를 찾을 수 없었다. 대신 카르다몸과 향을 섞어 우려낸 은은한 아랍 커피로 기분을 돋우며 다시 무더운 바깥으로 나왔다.

때 묻지 않은 두바이 냄새를 맡고 싶어 옛 항구로 발길을 돌렸다. 대추야자 그늘에서 아이를 업고 더위를 식히는 아낙네를 가로질러 건너편 전통시장 수크로 가는 통통배에 올라탔다. 우리 돈으로 350원 정도 되는 1디르함을 받는다. 두바이 옛 항구에는 아직도 거대한 복선이 줄지어 정박해 있었다. 빨래가 널려 있고 연기가 나는 것으로 보아 아마 가난한 선원들이 다음 출항을 기다리며 식사 준비를 하는 모양이다. 그들이 바로 근처 하늘로 뻗어 있는 수백 달러짜리 호텔에 머물 수는 없을 것이다.

수크에는 진정한 삶이 있었다. 인도인과 흰 터번을 둘러쓴 두바이 사람들이 한데 어울려 흥정하고 차 마시는 시장에서 나는 진정한 두바이를 보았다. 그 옆에 있는 금 시장으로 발길을 옮긴다. 아랍 지역 최대의 금 시장이라고 한다. 셀 수도 없이 많은 가게마다 금이 넘쳐난다. 나는 황금색이 어떤 색인지 똑똑히 보고 머리에 새겼다. 카메라도 구름 한 점 없는 강한 햇살에 빛나는 그 황금색을 제대로 담을 수는 없을 것이다. 가느다란 금목걸이나 금반지가 아니라 금 옷이나 금 머플러를 연상케 하는 굵고 화려한 금덩어리에 눈이 부시다. 결혼할 때 지참금 몫으로 상당량의 금을 선물하는 아랍의 풍습 때문에 금은 부자나 가난한 사람 모두에게 멍에가 될 것이다.

주말이면 그들은 또 다른 즐거움을 찾아 나선다. 낙타 경주장이다. 말 대신 낙타가 달리니 경낙장인 셈이다. 아침 7시부터 시작되는 경주를 보기 위해 사람들이 붐비기 시작했다. 무더위 때문에 10월부터 4월 사이에는 낙타 경주가 아침 7~9시에 열린다. 처음 낙타 경주를 보면서 낙타가 그렇게 빨리 달린다는 것을 알고 놀랐다. 그러고 보니 예전에 이슬람 역사 공부하면서 초기 이슬람 정복전쟁은 낙타전쟁이었다고 배운 내용이 떠올랐다.

두바이에서 가장 유명한 알 마르문 낙타 레이스 경기장에 가보았다. 경기가 시작되자 게이트가 열리면서 60마리 단봉낙타가 일제히 달리기 시작했다. 경주에 동원되는 낙타는 주로 암낙타가 선호되고 2년생 정도부터 경기에 출전할 수 있다고 한다. 물론 아랍에미리트 토착 품종인 마할리야트(Mahaliyat)가 주종이지만, 경주를 위해 특별히 조련된 수단산 수다니야트(Sudaniyat), 오만산 오마니야트(Omaniyat), 교배종인 무하자나트(Muhajanat) 등이 주로 출전한다. 아파트 가격보다 더 비싼 최고의 품종이고, 낙타 복제를 위해 황우석 박사가 아랍에미리트에서 큰 역할을 하고 있다. 일일이 생년이나 건강 상태를 체크하기 어렵기 때문에, 감독관은 낙타 이빨 크기나 상태를 보고 출전 여부를 결정한다고 한다.

충격적인 사실은 조키(jockey)라 불리는 기수가 사람이 아니라 로봇이라는 점이다. 높은 낙타 단봉 위에서 전속력으로 달리다가 기수가 떨어져서 목숨을 잃는 사고가 빈번했다고 한다. 매년 수십 명

낙타 경주

이 사망한다고 하니 부상자 수는 더 많았을 것이다. 몸이 가벼운 어린 외국인 소년 기수들이 훈련을 받고 조키로 나섰는데, 소년 기수들의 사망이 늘어나면서 아동 착취와 인권 문제로 국제적 비난이 일었다. 결국 두바이 정부는 2001년 인간 기수 금지 법안을 발효하게 되었다.

인간 기수나 조련사가 27킬로그램 정도 되는 로봇 조키를 무선으로 통제한다. 리모트 컨트롤러에 따라 소리도 내고 손에 들린 채찍을 연신 휘두르며 낙타를 속도전으로 내몬다. 레이스 구간은 10킬로미터이고 평균 시속 65킬로미터 정도로 달리니 대략 10분 정도면 순위가 결정된다. 사람들의 탄식과 환호가 신기루처럼 울려 퍼진다. 이제는 인도인이나 중국인 노동자들도 아랍인들의 전통 스포츠인 낙타 경주를 보면서 고된 노동에 지친 스트레스를 풀고 한판 화끈한 배팅을 즐기는 모습이다.

하늘에 붉은 석양이 깔리고, 두바이를 떠날 채비를 한다. 사막 모래가 식으면 이곳 사람들은 텐트를 치고 밤 문화를 즐기기 시작한다. 낙타젖이나 양젖을 짜서 요구르트와 치즈를 만들고 장작을 피워 저녁을 준비한다. 가족이나 이웃 친지들을 불러 밤새 마시고 떠들며 논다. 결혼식이나 아이들 할례식도 밤을 기다렸다가 파티를 열었다. 쇠꼬챙이에 끼운 낙타 바비큐 요리가 익어가고, 무한으로 공급되는 아랍 커피의 향취에 젖어 있으면 어느새 별은 눈앞까지 다가와 은하수의 축제를 펼친다. 그들은 쉴 새 없이 별들의 이름과 별에 얽힌 이야기를 풀어놓았다. 허블 망원경이 발명되기 이전

도시로 보는 이슬람 문화

까지 인간이 육안으로 관찰할 수 있는 별자리 이름 대부분이 아랍
어에서 유래했다는 것은 조금도 과장이 아니다. 별자리를 보고 오
아시스를 찾아 방향을 정하던 그들에게 별은 생존의 나침판이었을
것이다.

그러나 이제 텐트를 칠 공간마저 부동산 개발로 빼앗긴 두바이
사람들은 모래 대신 아파트의 화려한 카펫 위에서 전혀 새로운 밤
문화를 만들어가고 있다. 꿈속에서나마 신드바드 꿈을 꾸면서 옛
날을 희미하게 기억하려나?

살랄라 오만

인류의 라이프스타일을 바꾼 향료의 도시

오만은 아프리카와 유럽, 인도양을 잇는 해상 교역의 중심지였다.
고대에 이 지역에서 해상 활동을 주도한 민족은 예멘인이었다.
'솔로몬과 시바'로 유명한 시바국의 여왕은 현재 예멘의 수도인
사나 근처에 도읍해 해상 교역으로 부를 축적했다.
장미수, 안식향, 유향을 비롯한 진귀한 향료와 모카커피는
지금도 전 세계인의 사랑을 받는 오만의 주요 교역품이다.
오만인은 선박 제조 기술을 개발해 8~9세기경 아랍인이 주도하는
해양 교통 혁명을 일으켜 동서의 만남에 크게 기여하기도 했다.
그들은 뛰어난 항해 기술과 앞선 과학 문명을 바탕으로
한반도 신라에까지 진출했다.
무엇보다 오만은 세계 최대의 최고급 유향 산지다.
아라비아반도 남쪽, 인도양을 바라보는
오만의 항구 살랄라에는 향료 냄새가 그득하다.
살랄라로 가는 길은 쉽지 않다. 인천에서 두바이까지 가서
오만의 수도 무스카트에 도착한 후 국내선으로 갈아타야 한다.
물론 시간이 되면 육로도 가능하지만
12시간이 넘게 걸린다. 살랄라 도심을 벗어나
사막으로 몇 시간 낙타를 타고 들어가야 비로소
유향나무를 만날 수 있다. 메마른 사막 깊숙이 뿌리를 내리고,
바다에서 불어오는 해풍의 습기를 머금어 생존을 유지한다.
유향나무에서 흘러내리는 하얀 수액이 응고된 것이 유향이다.
날카로운 금속 끝으로 나무껍질을 가볍게 벗겨내니
우유 같은 하얀 수액이 망울망울 맺힌다.
송진 같은 독특한 향이 은은하게 코에 스며든다.

살랄라는 한때 고대 로마나 오늘의 뉴욕처럼 번성했던 세계적 교역 도시였다. 기원전 3세기에서 기원후 2세기에 이르는 500년 동안 인도에서 출발해 로마와 지중해로 흐르는 향료의 젖줄은 살랄라를 통해 이루어졌다. 이곳의 유향과 몰약이 인도에서 몰려오는 육계, 후추, 육두구, 정향, 백단향 같은 다양한 향료와 함께 지구촌 곳곳으로 전달되었다. 이런 점에서 살랄라는 인류의 입맛과 의약품, 삶의 형태를 뒤바꾼 문화혁명의 진원지였다.

예수의 탄생도 이 시점이다. 성경에 보면 동방박사들이 아기 예수에게 진귀한 세 물품을 바쳤다고 한다. 바로 유향, 몰약, 금이다. 당시 유향은 금보다도 귀한 최고급 선물이었음에 틀림없다. 유향은 구약 성경에서 14번, 신약에서 2번 인용될 정도로 종교제의에서 귀중한 물품으로 선호되었을 것이다. 유향은 먹거나 바르지 않고 연기를 내서 정화하는 향료다. 신의 공간을 정화하고 훈향을 통해 신을 불러들이는 데 유향의 맑고 신비한 향은 더없이 잘 어울렸을 것이다.

도시로 보는 이슬람 문화

살랄라 근처 사막에서 자라는 유향나무

유향의 역사는 인류의 역사

이렇게 유향의 역사는 인류의 역사라 할 수 있을 만큼 오래되었다. 이집트는 이미 초기 고왕국 시절부터 아라비아 남부와 소말리아 해안지대로부터 유향과 몰약을 수입해 파라오의 신전에서 사용했다. 악취를 제거하고 사악한 기운을 몰아내 신성함을 유지하려는 유향에 대한 욕구가 이미 그때 형성된 것이 아닌가 한다. 바빌로니아에서 유향은 신전에서, 특히 신탁을 행할 때 광범위하게 사용되었다는 기록을 찾을 수 있다. 인도에서도 기원전 2000년경 종교행사와 향료 판매상에 관한 기록이 있어 오일 향료가 아로마 치유나 의례에 사용되었음을 알 수 있다. 인도에서 나는 다양하고 풍성한 향료는 그리스와 로마에 유입되었고 신전 제의에 사용되면서 지구촌 전체로 급속도로 퍼져갔다. '인센스로드'라 불리는 새로운 교역로가 열린 것도 이 시기부터다.

나는 2010년 초, EBS 3부작 다큐멘터리 프로그램 〈인센스로드〉를 촬영하기 위해 한 달 이상 오만에서 팔레스타인 가자까지, 이집트와 인도 등지에서 고대 유향 생산과 교역 상황을 취재한 적이 있다. 마지막 유향 카라반의 행적을 담은 이 다큐멘터리는 2010년 7월 말에 방영되었다. 그 과정에서 많은 공부를 할 수 있었다.

유향은 고대인의 욕망의 산물이었다. 권력자들이 독점하고자 했던 최고의 사치품이었고, 신에게 바치는 최상의 공물이기도 했다. 신은 그 대가로 최고통치자에게 권력의 정당성과 풍요를 보장해주었다. 불멸의 절대권력자인 이집트 파라오는 영생을 꿈꾸며 미라를 만들었고, 유향과 몰약을 무한대로 쏟아부었다. 영생불멸을 위해서라면 아낄 것이 없었다. 이집트의 이러한 향 사치 전통이 후일 클레오파트라의 향 사랑으로 이어진 것일까? 그녀가 온몸에 향을 뿌리고 로마의 율리우스 카이사르를 유혹했다는 것은 그저 만들어진 재미있는 이야기일 것이다. 그렇다 하더라도 이 시기 최고의 향인 유향이 클레오파트라가 특별한 정치적 카리스마를 유지하는 데 필수품이었던 것만은 분명해 보인다. 당시 유향은 같은 무게의 금과 교환될 정도로 매우 귀한 것이었다. 세상은 유향의 매력에 빠져 있었다. 로마 황제 네로가 아내 장례식에 로마시 전체가 1년간 사용할 유향을 거의 소진해 로마 경제가 파탄을 맞았다는 이야기가 전해질 정도다.

유향은 살랄라에서 낙타 등에 실려 2400킬로미터를 이동해갔다. 메카, 홍해 연안, 시리아 다마스커스, 팔레스타인 가자를 거쳐 지중해를 넘었다. 그렇게 해서 로마에 도착했을 때 유향은 보석 중의 보석이 되어 있었을 것이다. 고대 기록에 따르면 살랄라의 유향은 로마 시장에서 2000배의 이익을 남겼다.

신라 사찰을 정화한 아라비아 유향

유향은 신라에도 전해졌다. 불교 사찰에서 향불이 널리 쓰이면서 향료문화의 시대가 열린 것으로 보인다. 그 후 인류 역사는 오랫동안 향료와 향신료를 차지하기 위한 교역과 전쟁의 시기를 맞게 된

호로리 유적지

다. 금에 맞먹는 향신료를 찾다가 신대륙을 발견하게 되었고, 험난한 아프리카 남단을 돌아 인도를 찾아 나섰다. 그로 인해 인류의 삶은 획기적인 변화를 맞았다.

살랄라 도심 호텔에 짐을 풀자마자 아직 햇빛이 남아 있는 터라 유향시장으로 달려갔다. 실망이었다. 왁자지껄한 거래와 흥정이 오가는 장터를 기대했던 내가 너무 단순했던 모양이다. 규격에 맞게 똑같은 구조로 지어진 소규모 유향 가게가 번호만 달리한 채 손님을 기다리고 있었다. 가게마다 유향 타는 연기가 자욱하다. 저마다 취급하는 유향이 다른지 미세한 차이가 느껴진다.

살랄라 지방의 번성했던 유향 교역과 부와 문화가 꽃피던 옛 모습을 간직하고 있다는 호로리 유적지로 가보았다. 바다 쪽으로 30킬로미터를 달려가니 놀랄 만한 규모의 도시 유적이 나를 반긴다. 아직 한창 발굴 중이라 전체적인 모습을 짐작할 수는 없으나, 외벽에 둘러싸인 도시 규모로 보아 족히 수만 명은 살았던 것 같다. 언덕에 위치한 물 저장고를 중심으로 거주지와 상업지구가 잘 정비되어 있다.

유향을 실어나르던 배가 정박해 있던 항구가 내려다보였다. 인도양이다. 기원전 4세기부터 기원후 4세기까지 근 800년 동안 풍요와 첨단 글로벌 시대를 보낸 호로리는 인도에서 로마와 지중해로 연결되는 중요한 해상 통로였다. 아울러 아라비아의 북과 남을 연결하는 내륙 이동로가 교차하는 접점에 자리 잡고 있었다. 카라반의 육상교통과 해상교통이 만나는 곳이었다. 지금은 폐허에 가까운 도시의 잔해에서 당시의 부를 상상하기란 쉽지 않다. 누가 심었는지 알 수 없는 한 그루 유향나무만이 2000년 전 선조 유향이 누렸던 특권이 부러운 듯 서 있을 뿐이다. 이곳에서 발굴을 진행 중인 이탈리아 피사대학 조사팀의 설명을 듣고서야 호로리가 갖는 역사적 의미와 유향 교역의 최대 중심지로서의 역할과 위치를 어렴풋이 느낄 수 있었다.

유향 가게를 지키는
살랄라 여인의 당당함

수십 년 동안 아랍 국가를 돌아보았지만 살랄라의 첫인상은 남달랐다. 얼굴까지 가린 니캅을 쓴 여성들이 가게를 지키고 있었다. 놀라운 일이었다. 서구화된 일부 이슬람 국가에서 여성의 사회 진출이 활발한 편이지만 얼굴까지 가린 여성들이 직접 가게를 운영하며 남자 손님을 상대로 거래하는 모습은 여간 낯설지 않다.

한 가게에 들어가니 주인이 유창한 영어로 나를 맞이한다. 27세 라일라. 어디서 영어를 배웠느냐고 묻자 대답 대신 유향의 특징과 종류, 효능에 이르기까지 해박한 지식을 늘어놓는다. 유향 감별법까지 팁으로 보충해준다. 나는 라일라의 설명에 매료되었다. 외간 남자, 그것도 외국인을 상대로 조금도 주저하지 않고 당당히 자신의 전문지식과 실력으로 비즈니스를 하는 살랄라 여인에게 존경심이 생겨났다.

살랄라에서는 왜 보수적인 다른 아랍 국가와 달리 개방적이고 실용적인 분위기가 형성되었을까? 인류학자의 호기심이 발동했다. 누구도 속 시원히 대답해주지 못했다. 살랄라는 다르다는 말만 들었다. 아마도 여성들이 나서지 않으면 안 되는 생존 문제 때문이었을 것이다. 바다로 나가 돌아오지 않는 남편을 대신해 여성들이 살림을 꾸려가야 했다. 들판에서 자라는 유향나무에 생채기를 내고 흐르는 수액을 담아 유향으로 만들어 내다팔면서 생계를 이어갔을 것이다. 일하는 여성, 전문적인 지식과 노하우를 가진 살랄라의 여성들이 달리 보였다.

고대 오만은 조선술의 선진국이었다. 교역의 지역답게 수르(Sur) 항구에서는 일찍부터 교역선 제조가 발달했다. 오만은 신드바드의 고향으로도 잘 알려져 있다. 유향 교역으로 출발한 국제 경제 경험과 비즈니스 노하우로 주변 아랍 국가와 로마는 물론 인도와 멀리 중국과 한반도에까지 진출했던 것이다.

오만에서는 독특한 아랍 음식을 맛볼 수 있다. 낙타 바비큐 요리다. 1990년대 말 유네스코가 기획한 해상 실크로드 탐사팀의 일원으로 무스카트에 머무는 동안 오만 친구의 초대를 받아 낙타 요리를 시식할 기회를 가졌다. 껍질을 벗긴 어린 낙타의 배를 갈라 양을 넣고 양 배 속에 칠면조와 닭을 넣는다. 그런 다음 대추야자, 잣, 호두, 건포도, 각종 양념과 향료를 채운 뒤 봉합한다. 장대에 끼워 24시간 이상 돌리며 은은한 불꽃으로 바비큐를 한다. 기름은 땅에 떨어지고 양념과 향료가 고기 속까지 스며든다. 잘 익은 낙타를 세로로 잘라 접시에 담으면 낙타, 양, 칠면조, 닭고기가 형형색색을 이룬 일급 요리가 된다. 마늘, 오이장아찌, 올리브가 곁들여 나온다. 낙타젖으로 만든 걸쭉한 요구르트를 큼직한 구리잔에 가득 채워 준비하고 약간 태운 듯한 진한 향의 모카커피 한 잔을 곁들이면 더욱 좋다.

아랍에서는 낙타를 식용하는 일이 드물기 때문에 낙타 고기의 가치가 단연 으뜸이다. 낙타는 이동과 전쟁에서 없어서는 안 되는 존재이고, 의식주를 제공하며, 사막 생활에서 둘도 없는 동반자이고, 아랍 문학과 예술의 대상이다. 마시고 남은 낙타젖은 발효나 산화시켜 요구르트, 치즈, 버터로 가공한다. 주정 처리하여 낙유술을 빚어 즐기고 유당을 추출하기도 한다. 풍성한 털은 카펫이나 방석을 짜는 데 이용된다. 그뿐이랴, 엄청난 배설물은 말려서 1년 내내 요긴한 연료로 쓰고 낙타 오줌은 머리 감을 때 훌륭한 샴푸가 된다.

사막의 유목인들은 밀가루처럼 부드러운 사막의 흙먼지로 몸을 닦았다. 한 방울의 식수를 위해 광활한 사막을 횡단하는 유목민에겐 지극히 당연한 생존의 지혜인 것이다. 물론 집집마다 깨끗한 물이 공급되는 현대 오만인들에게 이런 관습은 이제 옛날이야기일 뿐이다.

도시로 보는 이슬람 문화

이스탄불 **튀르키예**
인류 문명의 거대한 옥외 박물관

İstanbul / Türkiye Cumhuriyeti

역사학자 토인비는 튀르키예의 역사 도시 이스탄불을 일컬어
'인류 문명의 살아 있는 거대한 옥외 박물관'이라고 표현했다.
최근까지 연구된 결과와 학문적 결실을 종합해보면
토인비의 표현이 결코 과장이 아니라는 것을 확인할 수 있다.
대제국과 수많은 군소 왕국이 거쳐가면서 이스탄불은
그야말로 지구 속의 작은 지구, 고대 – 중세의
코스모폴리턴이었다. 이스탄불 역사지구의
베야지트 광장을 중심으로 반경 1킬로미터 안에
인류가 이룩한 5000년 역사의 문화유산이 그대로 살아 숨쉬고
있기 때문이다. 트로이, 히타이트, 프리기아, 아시리아,
페르시아 같은 고대 오리엔트 문명에서부터
그리스·로마 문화, 초기 기독교 문화, 비잔틴 문화,
그리고 이슬람 문화의 진수가 길 하나를 사이에 두고,
또는 한 점에서 서로 만나고 있다.

○ ○ ○

일생에 딱 한 번 여행할 수 있다면,
이스탄불!

가보고 싶은 곳이 참으로 많은 세상에 살고 있다. 20여 년 전만 해
도 꿈꾸기 어려웠던 세상 구경을 마음만 먹으면 얼마든지 할 수 있
는 세상이 왔다. 그렇다고 가고 싶은 곳에 다 가볼 수도 없다. 일생
에 딱 한 곳을 갈 수 있다면 단연 이스탄불이다. 주저없이 나는 이
스탄불을 추천한다. 그곳은 세상의 축소판이기 때문이다. 인류 문
명의 요람인 메소포타미아에 오리엔트 문화가 깊이 뿌리 내린 곳
이고, 그리스-로마-비잔틴-셀주크-오스만 제국 등이 연이어
화려한 꽃을 피운 무대다. 인류 문명 5000년 역사가 숨 쉬고 있는
곳이다. 과거를 생생하게 만날 수 있는 귀한 공간이다. 유적이 있
고, 자연이 있다.

　게다가 이 세상에서 가장 화끈하게 한국 사람을 좋아하는 친구
들이 있는 나라다. 오랫동안 '알타이 문화'를 공유해온 동족집단이
고 한국전쟁 때는 1만 5000명의 군인을 파병해준 특별한 관계 때

문이리라. 이것만으로도 이스탄불에 갈 이유는 충분하다.

오븐에서 갓 구워내 온기가 가시지 않은 맛있는 바게트를 200원에 살 수 있다. 세상에 어떤 빵과도 바꿀 수 없을 정도로 구수하고 독특한 맛이다. 치즈와 꿀을 살짝 바르고, 까만 올리브와 튀르키예 차 한 잔이 이어지는 튀르키예의 아침식사는 그 자체가 예술이다. 해변의 빌라촌이나 남루한 달동네에서도, 최고급 호텔에서도 아침식사는 똑같다. 튀르키예는 세계 6대 농업 부국으로 대단히 넉넉하고 풍성한 나라다.

비잔티움에서 이스탄불로

그리스시대 비잔티움으로 출발한 이스탄불은 동로마시대에 콘스탄티노플로 불렸고 1453년 이후에 오늘의 이스탄불이 되었다. 동양과 서양, 기독교와 이슬람, 옛것과 새것이 절묘하게 조화를 이루어 가장 환상적인 미항으로 우뚝 솟아 있다. 유럽과 아시아가 1킬로미터 다리 하나로 연결되어 있는데, 유럽 쪽 도시가 이스탄불이고, 맞은편 아시아 쪽이 유명한 민요의 마을 위스퀴다르다. 육상 실크로드의 끝이고 해상 실크로드의 시작이었다. 북아프리카나 로마에서 실려 온 물품이 이곳에서 동방 상인들에게 건네졌다. 떠들썩한 흥정과 환락과 사치가 있었고, 전 세계 미녀들이 몰려들어 흥청거렸다. 그리하여 피부색이 다른 각양의 민족, 수많은 종교와 사상, 신화가 이스탄불이라는 용광로에서 하나가 되어 공존과 화해라는

도시로 보는 이슬람 문화

문화를 일구어냈다.

기원전 7세기 그리스의 지도자 비자스는 오랜 기도 끝에 '눈먼 땅에 새 도시를 건설하라'는 델포이 신전의 신탁을 받았다. 이에 따라 비자스는 앞선 통치자들이 미처 보지 못했던 천혜의 요새인 보스포루스 맞은편 언덕에 새 식민 도시를 건설했다. 이렇게 하여 비자스의 이름을 딴 비잔티움이란 도시가 생겨나게 되었다. 그리스 신화를 머금은 채 풍요와 영화를 누리던 비잔티움은 기원후 196년 로마 제국에 함락되었다. 326년 콘스탄티누스 황제가 이곳을 로마의 새 수도로 정하면서 화려한 도시 콘스탄티노플로 태어나게 된다. 1000년간 종교와 사상의 중심지이자 세계 부의 상징이었던 인구 100만의 콘스탄티노플이 만들어낸 문화유산은 인류가 이룩한 가장 눈부신 업적이었다.

그러나 1453년 5월 29일, 콘스탄티노플은 새로운 운명을 담담히 받아들여야 했다. 동로마 제국의 수도이자 동로마 교회(그리스 정교)의 정신적 구심점이었던 이 도시는 이교도인 오스만 제국의 술탄 메흐메트 2세에게 결국 성문 열쇠를 내주고 말았다. 마지막 황제 콘스탄티누스 11세 팔레올로고스는 처연하게 결사 항전하며 자신의 모든 영예를 마쳤지만 오갈 데 없는 시민들은 새로운 술탄을 맞아 일상을 이어가야만 했다. 역사학자가 그려내는 가장 극적인 역사적 반전도 보통 사람들에게는 별 차이 없는 일상의 연속임을 여실히 보여준다.

정복자 술탄 메흐메트 2세는 그리스 정교의 심장부인 성 소피아 성당에서 이슬람식 예배를 올렸고, 오스만 군대의 오랜 전통에 따라 3일간 병사들에게 정복자의 특권인 약탈을 허용했다. 무질서와 혼란 속에서 서양과 동양은 서로 아프게 섞이고 만났다. 3일 후 도시는 평정을 되찾았으나, 이미 화려함의 대명사 콘스탄티노플은 아니었다. 이슬람의 도시로 새로 태어난 이스탄불은 동서양의 조화로움이 가득 넘치는 독특한 문화를 일구어갔다. 한 문명이 다른 문명을 만나 어떻게 조화롭게 공존할 수 있는지를 이스탄불 역사지구는 인류에게 교훈처럼 들려주고 있다.

비잔틴 건축의 압권, 성 소피아 성당

이스탄불의 역사문화 탐방은 보통 성 소피아 성당에서 시작된다. 1500년의 역사를 증언하는 성 소피아 성당은 그리스 정교의 총본산이라는 영성적 의미뿐만 아니라, 비잔틴 건축의 압권이라는 의미도 갖고 있다. 중앙 돔에 수많은 보조 돔을 얹은 대성당의 비잔틴 양식은 후일 모스크를 비롯한 이슬람 건축술에 지대한 영향을 끼쳤다. 1204년 4차 십자군 전쟁 당시 성 소피아 성당은 이단 교회의 본산으로 지목되어 로마 군대의 무차별 약탈과 침략을 경험하기도 했다. 피정복의 혹독한 대가로 1204~1261년 로마 가톨릭교회로 변신하기도 했다. 성당의 운명은 승리자의 손에 달려 있었다. 1453년부터는 오스만 제국 치하에서 500년간 이슬람 사원으로 사용되는 비운을 겪었다. 그러다가 1935년 튀르키예 공화국이 '성 소피아 성당 특별법'에 의해 박물관으로 선포하면서 정교와 이슬람이 공

도시로 보는 이슬람 문화

성 소피아 성당   성 소피아 성당 내부

존하는 살아 있는 역사의 현장으로 남았다. 아라베스크 문양이 번 뜩이는 꾸란 장식 뒤로 회칠을 벗겨낸 장엄한 기독교 성화들이 찬 연한 금빛을 발하고 있다. 문화를 사랑할 줄 아는 사람들만이 만들 어낼 수 있는 관용의 미덕 앞에 독선에 빠진 현대인은 숙연함을 느 끼게 된다.

성 소피아는 2020년 7월 10일, 또다시 정치적 소용돌이의 희생 양이 되고 만다. 이슬람 성향이 강한 튀르키예 정부가 성 소피아 성 당을 다시 모스크로 개조하고 이슬람식 종교의례를 시작했기 때문 이다. 물론 예배시간 이외에 외부인의 관람을 허용하고 성당 내 기 독교 유물을 보호하고는 있지만 성 소피아 성당은 다시 한번 역사 의 변화를 온몸으로 경험하고 있다.

술탄 아흐메트 사원과 히포드롬

성 소피아 성당 맞은편의 히포드롬에는 이슬람 건축의 대표격인 술 탄 아흐메트 사원이 1000년의 시차를 두고 서 있다. 6개의 아름다운 첨탑에서 울려 퍼지는 꾸란 낭송으로 이스탄불의 주인이 튀르키예 임을 새삼 느끼게 된다. 이슬람 문화의 알맹이는 히포드롬에 있는 이 슬람 문명 박물관에 잘 전시되어 있지만, 오스만 제국의 위용을 느 끼려면 아무래도 토프카프 왕궁 박물관을 빼놓을 수 없다.

세계 최대의 에메랄드와 84캐럿짜리 다이아몬드로 유명한 보석 관은 말할 것도 없거니와, 귀중한 학습장이 되고 있는 복식관, 이슬람의 성물을 전시한 종교관, 주방과 화실 등이 당시 궁정의 실제 구도에 따라 배치되어 있다. 금남의 구역이었던 왕실 안뜰 하렘에서는 한 남자가 가질 수 있는 모든 욕망과 사치를 훔쳐보면서 삶의 허망함을 잠시 느끼게 된다. 세계 3대 컬렉션의 하나로 1만 1000점의 도자기를 소장하고 있는 도자기관은 특히 우리의 눈길을 끈다. 현란한 대형 청화백자가 즐비하게 전시되어 있기 때문이다. 대부분 오스만 제국의 왕실이 중국 경덕진에서 수입한 것들로 당대 최고 품질을 자랑한다. 아라베스크 문양과 튀르크적인 디자인이 가미된 일부 작품도 눈에 띈다. 왕실의 취향에 맞게 주문 제작해서 들여온 것임에 틀림없다. 도자기관은 당시의 왕실 주방 자리에 위치하고 있다. 한 점 한 점이 문화유산인 이 도자기들은 왕실의 식기였다. 중국이나 일본 자기로 분류된 1만 점이 넘는 백자와 청자, 청화백자 속에 한반도에서 실려 온 고려와 조선의 자기가 섞여 있을지도 모르는 일이다.

술탄 아흐메트 모스크에서 옆문으로 나오면 바로 히포드롬이다. 한때 10만 명을 수용했다는 이 로마시대의 U자형 전차 경기장은 4세기에 완공되었다. 지금 그 자리에는 이집트의 카르나크 신전에서 실어온 오벨리스크와 델포이 신전에 있던 뱀기둥, 유스티니아누스 대제의 기념비만이 권력자의 힘을 과시하기 위해 광장을 채우고 있다. 390년 이집트 룩소르의 카르나크 신전에 세워져 있던 오벨리스크를 실어온 것은 로마 황제 테오도시우스 1세였다. 그래서인지 오벨리스크를 떠받치는 기단에는 테오도시우스 황제가 두 왕자와 함께 히포드롬에서 전차 경주를 관람하는 모습이 부조로

활기가 넘치는 실내 시장

잘 남아 있다.

성 소피아 성당 맞은편으로는 007영화의 배경이 되었던 지하 저수 궁전이 있다. 336개의 다양한 석주가 떠받치고 있는 지하 저수지에는 배가 떠다닐 정도로 물이 차 있다. 지금은 관광객이 가장 안쪽 거꾸로 박힌 메두사의 머리 기둥까지 걸어갈 수 있게 목재 난간을 설치해놓았으나, 1980년대 초 내가 유학 왔을 때만 해도 배를 빌려 노를 저어가며 기둥 사이로 다녔다. 어둑하고 운치 있어 환상적인 데이트 코스였다.

무엇보다 이스탄불의 활기를 느낄 수 있는 곳은 실크로드의 대시장인 카팔르 차르시(그랜드 바자르)다. 5000여 개 상점이 모여 거대한 실내 시장을 이루고 있다. 100개가 넘는 출입문에 수백 개의 미로가 얽히고설켜 있어 신경 쓰지 않으면 금방 왔던 길도 잃기 십상이다.

헤어날 수 없는 이스탄불 사랑

1983년 4월 막 봄철이 시작되는 어느 날 유학을 위해 이스탄불 이을드즈 공원에 첫발을 내디딘 이후, 나는 한 해도 거르지 않고 이스탄불을 찾았다. 그리고 이스탄불과 헤어날 수 없는 사랑에 빠졌다. 올해 169번째. 여권에 찍힌 입국 도장 기준이다. 매년 네다섯 차례 다녔나 보다. 대체 무슨 매력이 나를 붙잡고 있는 것일까? 가끔은 스스로에게 묻곤 한다. 나에게 이런 질문을 하는 사람도 많다. 무언가 대답을 준비하고 있어야겠는데, 한마디로 그 매력을 표현할 수가 없다. 사람들이 내 말 한마디에 이스탄불을 그렇게 평가할 가능성이 높기 때문이다. 그런데 이스탄불은 그냥 그런 도시가 아니다.

나는 특히 슐레이마니예 모스크 뒷골목을 좋아한다. 가장 튀르키예적이고 가장 이슬람다운 향취가 가득하다. 모스크 정문 맞은편에는 슐레이마니예 국립고서도서관이 있다. 간판도 잘 보이지 않는 골목에서 인류 역사의 오래된 숨결이 느껴진다. 먼지 냄새와 옛 분위기가 압도하는 낡은 쇠문을 열고 들어가면 어두운 불빛 아래 연구자들이 자신의 일에 몰두하고 있다. 컴퓨터하고는 거리가 멀다. 아랍어, 페르시아어, 옛 튀르키예어인 오스만어로 된 진귀한 필사본을 읽고 있는 이들을 보고 있노라면 인류의 역사는 그들에 의해 기록되고 이어지는구나 하는 안도감을 느끼게 된다. 그들이 허락해준다면 따뜻한 차 한잔이라도 대접하고 싶은 마음이 인다. 내가 오랫동안 공부하던 곳이기도 하다. 모서리가 벗겨져 나간 책상이 그때 그 모습 그대로 옛 주인을 맞아준다.

도서관을 나와 오른쪽으로 모스크를 끼고 돌면 철물상과 의류상, 그릇상가 등이 이어진다. 뚝딱거리며 동판을 조각하고 주물로 틀을 만드는 장인들의 손놀림이 능숙하다. 500년 이상 이어온 실력이고 전통이다. 이곳에는 역사가 살아 있다.

파티지구 쪽으로 내려오면 포도즙으로 유명한 카페가 있다. 100년이 훨씬 넘는 역사를 자랑한다. 포도를 짠 즙을 숙성시켜 내놓는데, 독특한 빛깔과 향과 맛은 지구상 어느 곳에서도 볼 수 없는 것이다.

금방이라도 무너질 것 같은 낡은 이층집 목조건물에 아직도 사람이 살고 있다. 삐걱거리는 발코니에 선 주인이 이방인에게 손을 흔든다. 튀르키예 말로 인사를 건네면 차 한잔 하고 가라며 손을 흔든다. 그저 겉치레 인사가 아니다. 누구와도 형제애를 나눌 수 있는 제국의 여유다. 차를 끓여주며 낯선 세계에 대한 호기심을 다 풀어놓는다. 물론 판단은 자기중심적이지만, 세상을 알려고 하는 지적 욕구 역시 대제국의 유전자라는 생각이 든다.

너무나 인간적인 튀르키예 사람들

끊임없는 외세의 간섭과 정치·경제의 불안으로 인해 오늘날 튀르키예는 크게 주목받지 못하고 있고, 동서 문화의 교차로에 자리하여 동양의 정신에 유럽의 옷을 걸친 어정쩡한 자세로 서 있다. 그러나 그들의 심성과 문화적 바탕에는 우리의 모습이 담겨 있다. 두 민족이 비록 아시아의 동쪽 끝과 서쪽 끝에서 서로 다른 문화를 일구었지만, 오랜 역사적 정통성과 주체적 문화의 계승이 궤를 같이하고 있기 때문일 것이다.

튀르키예 국민의 98퍼센트는 이슬람교를 믿는다. 그들은 일찍이 10세기 이슬람으로 개종한 후, 유목적인 신사도와 동양적인 정신으로 독특한 문화적 전통을 만들어냈다. 하루 다섯 번의 예배를 통해 철저한 도덕적 인간의 틀을 갖추고, 한 달간의 단식을 통해 가난한 자의 배고픔과 약자의 설움을 체험함으로써 공동체의 결속

•
순박하고 용감한
튀르키에 사람들은 세상 누구보다
한국인을 사랑한다.

••
금요 예배 중인
사람들

을 다진다. 수입의 일부를 떼어 종교세로 바치고, 평생에 한 번은 성지인 메카를 순례하여 진정한 회개를 통해 하느님께 다가간다. 세속화와 근대화의 물결이 드세지면서 종교적 가르침의 끈이 느슨해진 것은 사실이지만, 아직도 그들은 문화와 전통의 핵으로서 이슬람을 고집하고 있다. 동시에 그들의 종교적 계율과 관습은 엄격한 도덕률을 바탕으로 하지만, 너무나 인간적인 모습과 손님 접대는 이방인마저 쉽게 친구로 만들어버린다.

나는 튀르키예 시골을 돌아다니면서 숙소 걱정을 한 적이 거의 없다. 물론 언어가 통한다는 득을 많이 보았지만, 한국에서 왔다고 하면 서로 자기 집에서 재우고 싶어 한다. 특히 2002년 월드컵 이후 많은 한국인 배낭여행자들이 공짜로 먹고 잘 수 있었다는 감동적인 글을 블로그에 올리고 있다. 아마 한국인들이 한반도 바깥에서 일등 국민 대접을 받는 유일한 나라가 튀르키예일 것이다. 튀르키예를 다녀온 사람들이 이구동성으로 하는 말이다.

2002년 월드컵 직후 이스탄불에서 서울로 돌아오는 비행기에서 옆에 앉은 대학생이 나를 알아보고는 10시간 내내 튀르키예에서 있었던 감동 스토리를 풀어놓았다.

"요즈가트(튀르키예 중부 도시)를 여행 중이었어요. 버스터미널에 내려 숙소를 물어보는데 대뜸 가게 아저씨가 자기 집으로 초대를 하는 거예요. 처음에는 과잉 친절이라 겁도 나고 해서 망설였죠. 근데 거의 팔을 잡아 끌더라고요. 돈 걱정은 말라면서요. 결국 그 집에 베이스 캠프를 치고 보름 동안 공짜로 먹고

자면서 주변 유적지와 관광지를 돌아봤어요. 요즈가트 여행을 잘 마치고 수도 앙카라로 떠나는 날이었어요. 벼룩도 낯짝이 있지, 너무 미안해서 그 집 초등학생 딸 필통 속에 200달러를 넣어두고 나중에 아버지께 드리라고 당부했어요. 그러고 나니 마음이 조금 편했죠."

"두 시간쯤 지나 휴게소에 들른 버스가 출발하려는데 갑자기 택시 한 대가 우리 버스 앞을 막아서는 거예요. 택시에서 내리는 사람은 내가 묵은 집 주인 아저씨였어요. 너무 놀라 버스에서 내려 인사를 하러 갔어요. 아저씨는 나를 보자 딸에게 들었다며, 보름 동안 저를 식구로 대접하면서 행복한 시간을 보냈는데, 돈을 받을 수 없다고, 자신의 행복을 빼앗아서는 안 된다고 펄쩍 뛰는 거예요. 제가 드린 돈을 내밀면서 말린 살구 꾸러미까지 주시더라고요."

"저는 아저씨를 붙들고 막 울었어요. 세상에 어떻게 이런 사람들이 있을까요. 아마 택시비가 200달러 이상 나왔을 거예요. 평생 다시는 이런 감동은 느끼지 못할 거예요."

그 말을 하면서 그 학생은 눈물을 펑펑 흘렸다. 나도 눈시울이 뜨거워졌다.

그런 사람들이다. 그러니 튀르키예를 다녀오기만 하면 누구든지 열렬한 튀르키예 팬이 되고 만다.

요구르트와 양고기

튀르키예 음식의 기본은 역시 양젖과 양고기일 것이다. 양젖을 발효시켜 요구르트를 만든다. 요구르트의 어원이 튀르키예어라는 것은 튀르키예 사회에서 요구르트의 대중성과 오랜 역사를 잘 설명해준다. 요구르트에 물과 소금을 섞으면 마시는 요구르트인 '아이란'이 된다. 남는 양젖으로는 치즈와 버터를 만들고 유당을 추출한다. 또 젖을 주정 발효시켜 양젖 술인 '수튤루 이츠키'를 빚는다.

양고기는 빵과 함께 튀르키예인의 주식이다. 6년간의 유학 생활을 마치고 귀국한 후, 한동안 온 식구가 일곱 살 난 딸아이의 음식 투정에 시달렸다. 치즈와 검은 올리브, 요구르트는 비싸기는 해도 그런대로 준비할 수가 있었는데, 양고기는 도저히 해결이 되지 않았다. 튀르키예에 살 때 쇠고기 요리는 아예 거들떠보지도 않고 어른 2인분 분량의 양고기 구이를 먹어대던 아이다. 처음에는 양고기 특유의 노릿한 냄새가 거슬리지만, 서너 번 먹어보면 쉽게 그 맛에 익숙해진다. 한동안 부드럽고 담백한 그 맛을 못 잊어 양고기 요리를 잘한다는 서울 시내 음식점을 두루 돌아보기도 했다. 그러나 도무지 제맛을 내는 데가 없었다. 우선 먹는 분위기가 다르고, 육질, 고기 저미는 방법, 향료와 양념의 종류, 불의 성질이 다르기 때문이었다.

튀르키예를 중심으로 한 이슬람 문화권에서 조리되는 양고기 음식은 120여 종이다. 이 중 가장 대중적이고 보편적인 것이 회전 구이인 '됴네르 케밥'이다. 양 한 마리를 잡아 껍질과 내장을 손질하고 뼈를 추린다. 그런 다음 전체 부위를 얇고 널따랗게 썰어 마늘, 양파즙, 박하, 각종 향료로 만든 양념을 뿌려 하루 저녁 재운다. 다음 날 회전판 가운데 일자로 세워진 쇠꼬챙이에 차곡차곡 고기를 끼워 둥글게 원통형으로 쌓아 올린다. 중간중간 기름 덩어리와 채소를 끼우고 소금과 후추를 적당히 뿌린다. 이제 세로로 세워진 세 칸짜리 숯불 화덕 앞에서 서서히 돌리면서 굽는다. 표면이 익을 때마다 가늘고 긴 칼로 위에서 아래로 베어 빵에 싸서 먹는다. 고기 몇 점에 양 한 마리의 모든 부위가 담겨 있는 셈이다. 점심시간 이스탄불 시내 도로변은 인산인해의 장관을 이룬다. 수백 개 됴네르 케밥 집을 중심으로 인근 사무실이나 학교에서 빠져나온 시민들이 한 손에 됴네르 케밥 샌드위치, 한 손에는 아이란 병을 들고 2분짜리 점심을 해결한다.

이스탄불 골목길

이스탄불 골목길에는 사람 사는 정이 넘친다. 골목길 아파트 생활에는 따로 시계가 필요 없다. 일정한 시각에 같은 목소리의 주인공들이 시간을 알려주기 때문이다. 아침 7시, 갓 짠 신선한 양유를 노새 등에 실은 아저씨가 제일 먼저 지나간다. 따로 외치지는 않는다. 노새 목에 달린 딸랑이 소리만으로도 충분하다. 아직 세수도 못한 채 잠옷 차림으로 아파트 입구 골목까지 내려가는 일은 생각만 해도 귀찮다. 그럴 필요가 전혀 없다. 바구니에 줄을 매달아 창문으로 그릇이나 병을 내려주면, 필요한 양을 담아준다. 줄을 당기기만 하면 된다. 골목길 거래는 이렇게 이루어진다. 물론 돈도 바구니에 실려 내려간다. 8시경에는 커다란 빵 바구니를 등에 멘 아이가 지나간다. 갓 구운 기다란 빵을 골목 전체에 배달한다. 10시쯤에는 도시가스 차가 신호음을 내며 골목길에 등장한다. 이어 고물 장수가, 11시에는 플라스틱 리어카 아저씨가, 점심때는 우체부 아저씨가 지나간다. 쪽문으로 내다보고 있으면, 멀리서 알아보고 편지를 흔들어준다. 우리 집에 올 편지가 있다는 표시다. 애타게 고국 소식을 기다리고 있는 유학생의 심정을 헤아려주는 아저씨가 늘 고맙다. 오후 2시에는 긴 장대를 멘 하수구 청소부, 땔감 장작을 파는 아저씨가 지나간다. 저녁 무렵에는 연료통 갈탄을 실은 트럭도 지나간다. 겨울 밤중엔 보자즈가 구슬픈 목청을 돋우며 골목을 깨운다. 골목은 늘 깨어 있고 살아 움직인다. 축제가 열리면 골목 어귀에서 양을 잡는 의식이 벌어진다. 결혼식 행렬도 지나간다.

석양이 에게해의 수평선에 걸리는 시각, 수만 개 사원에서 일제히 '아잔'이라는 은은한 꾸란 소리가 튀르키예 전역에 울려 퍼진다. 하루를 마치는 의식이리라. 동시에 이 소리는 화려한 밤의 세계가 열리는 신호이기도 하다. 가정을 소중히 여기는 튀르키예인들은 일찍 가족 품으로 돌아가고, 풍류를 아는 이방인들은 무희들의 요염한 밸리댄스와 토착 위스키인 '라크'를 즐기며 잠시 술탄이 된다. 이처럼 튀르키예는 유럽과 아시아, 과거와 현재, 낮과 밤이 이어져 하나가 되는 인류 역사의 희망으로 남아 있다.

도시로 보는 이슬람 문화

동서 학문의 산실, 이스탄불대학교

국립 이스탄불대학의 웅장한 정문 위에는 라틴어와 아라비아 숫자로 1453년이라는 설립 연도가 새겨져 있다. 1453년은, 1113년간의 동로마 제국 수도에서 오스만튀르크의 수도 이스탄불로 운명이 바뀐 해다. 1453년 5월 29일, 오스만튀르크가 병든 비잔틴을 멸함으로써 중세가 종식되고 근세가 열렸다. 튀르크인은 유럽과 동양을 동시에 통치하려는 거대한 이상을 가지고 콘스탄티노플의 혼이 어린 옛터에 이슬람식 전문 교육기관을 세웠다. 이것이 초기 오스만 왕궁 터에 자리 잡고 있는 이스탄불대학의 시초다. 그 뒤 오스만 제국이 600년에 걸쳐 세 대륙에 강대한 위세를 떨치면서, 이스탄불대학은 동서양 문화가 만나는 인류 문화 창출의 산실이 되었다.

　이스탄불은 7개 언덕에 형성된 궁성 안의 구시가지와 궁성 밖의 신시가지로 나뉜다. 세 번째 언덕에 자리 잡은 구시가지의 심장부인 베야지트 광장에 이스탄불대학 본관이 우뚝 서 있다. 비둘기가 뒤덮고 있는 대학을 중심으로 반경 수백 미터 내에 수천 년 역사의 고적과 오랜 인류의 문화유산이 밀집해 있다. 토프카프 왕궁을 비롯해 성 소피아 사원, 블루 모스크, 히포드롬, 실크로드 교역의 집산지인 카팔르 차르시(시장) 등이 있고, 대학 주위로 고서 골목, 옥외 카페, 베야지트 국립도서관, 오스만 문서국, 슐레이마니예 고서 도서관, 이스탄불 고고학 박물관이 들어서 있다. 본관 캠퍼스 안에 있는 대형 소방탑 꼭대기에는 내일의 날씨를 예보해주는 신호등이 있다. 이 신호등을 시내 어디에서나 볼 수 있어 대학은 항상 시민의

블루 모스크 일출

142

눈길에서 떠나지 않는다.

현재 튀르키예에는 8500만 인구에 209개의 4년제 대학이 있다. 그중 131개가 국공립대학이고, 나머지는 사립대학이다. 1980년대만 해도 대학 등록금은 전액 무료였고, 지방 출신에게는 공공 혹은 대학 기숙사가 제공되었다. 인재 육성이 국가의 미래라는 정부의 의지가 대단했고, 교육비 예산이 국방비 예산보다 많다고 만나는 공무원들이 자랑삼아 이야기해주었다. 대학생은 버스, 기차, 항공기 이용 시 50퍼센트 할인 혜택을 받고, 박물관이나 유적지 입장료는 10퍼센트 정도만 내면 된다.

튀르키예 최대, 최고 대학인 이스탄불대학은 각지에 분산된 10개 단과대학에서 약 20만 명이 수학하는 세계 최대 규모의 대학이다. 명실공히 튀르키예 지성의 총본산이다. 오스만 제국 말기 이래, 역대 재상과 고위 관리는 모두 이 대학을 거쳤다. 투르구트 외잘과 쉴레이만 데미렐 등 전직 대통령과 네지메틴 에르바칸 전 총리 등은 이스탄불 기술대학교(ITU) 출신이다. 각료와 정치인은 앙카라 정치대학 출신이, 법조계는 이스탄불 법대가, 문학·예술·언론계는 이스탄불 문과대학 출신이 주도하고 있다. 특히 이스탄불대학교가 창설한 학문 분야인 법대와 문과대의 권위와 전통은 더욱 돋보인다. 지금도 법대는 대학 본관 캠퍼스 내에 있고, 학생 수가 2만여 명에 이르는 문과대학은 베야지트 광장 왼쪽 고색창연한 붉은 건물에 자리하고 있다.

학생들은 교수 앞에서 자리에 앉지 못한다. 항상 서서 용건을 말하고 뒷걸음치듯 조용히 밖으로 나간다. 사제 간의 위계는 매우 엄격하나, 교수들은 항상 학생들과 대학 카페테리아에서 식사를 하면서 끊임없는 토론을 벌인다. 불행히도 1980년 좌우 이념 대결과 대규모 도시 게릴라의 테러 공격 이후 학생들의 자율적인 학내 활동은 매우 위축되었다. 각 단과대학 내에 파출소가 들어와 정복 차림의 경찰이 학생들의 출입을 통제할 정도였다. 시위나 데모는 오래전에 사라졌다. 문과대학의 출입구 대리석 돌계단은 가운데가 움푹 들어가 있다. 이 대학에 입학해서 교수가 되려면 그 대리석 돌계단을 만 번은 밟아야 된다고 한다. 15년 이상 걸리는 장구한 학문의 길을 상징적으로 표현해준다.

이스탄불대학 역사학부 교수들이 연구를 주도하는 오스만 공문서국에는 16~20세기에 걸쳐 약 100만 권 이상의 귀중한 사료가 보존되어 있다. 이스탄불대학 역사학부 및 서지학과 출신 수백 명이 현재 이곳에 근무하고 있는데, 분류와 색인 작업에만 앞으로 1세기가 걸린다고 하니, 자료의 방대함과 무궁무진한 연구 분야의 폭을 짐작할 수 있다. 특히 조선 말기 한국 관련 자료가 다소 포함되어 있어 우리의 관심을 끌고 있기도 하다.

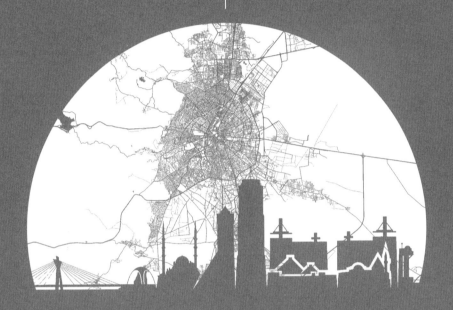

코냐 튀르키예

이슬람 신비주의의 본고장

Konya / Türkiye

튀르키예 중부의 비옥한 평원에 위치한
고대도시 코냐는 11세기 이후(1097~1243) 셀주크튀르크의
룸 술탄국(Seljuk Sultanate of Rum)의 수도였다.
50년경에는 사도 바울이 여러 차례 전도여행을 했던
초기 기독교의 전통이 남아 있는 성지이기도 하다.
지금은 가장 튀르키예다운 도시로 불린다.
중세 이슬람 시기 이후 메블라나라고 불리는
이슬람 신비주의 종단의 총본산으로
종교적 영성이 가득한 정신적 고향이기 때문이다.
그뿐이랴. 비잔틴 제국의 수도 콘스탄티노플에서 출발한
실크로드 대상(카라반)들이 멀리 동방으로 가는 길에 들어서기 전에
반드시 거쳐가는 교역의 중심지였던 곳이다.
이런 점에서 코냐 역시 인류 문명의 본류인
아나톨리아반도의 문명사와 맥락을 같이한다고 볼 수 있다.
유프라테스강과 티그리스강 사이에 번성했던
메소포타미아 상류 문명으로서 고대 왕국은 물론 리디아,
그리스, 페르시아, 로마, 동로마(비잔틴) 등 강대국들의
침략과 지배를 고스란히 경험했다.
코냐라는 명칭도 로마시대 이 도시의 이름인
이코니움(Iconium)에서 비롯되었다.

○
○
○

옛 튀르키예의 정치·상업 중심지

코냐가 자리 잡은 아나톨리아 평원에서는 히타이트와 프리기아, 리디아, 페르시아 제국 같은 고대 오리엔트 문명이 번성했다. 그 토양 위에 그리스·로마 문화가 화려한 꽃을 피웠다. 그런데 이슬람 문화를 향유하는 튀르크인들이 이곳에 터전을 잡으면서 아나톨리아의 운명은 크게 바뀌었다. 물론 튀르크인들이 1만 년 역사의 아나톨리아반도에 뿌리를 내린 기간은 고작 1000년 정도다. 10세기 말, 셀주크튀르크는 중앙아시아에서 조금씩 서쪽으로 이동하면서, 비잔틴 제국이 지배하고 있던 아나톨리아를 넘보기 시작했다. 그 결과 오랫동안 그리스·로마 문명의 요람이라 여겨지던 아나톨리아가 전혀 새로운 문명세계를 구축하게 된다.

그 변곡점은 1071년이었다. 꺾일 줄 모르던 천년 제국 동로마가 중앙아시아에서 진출한 의외의 적에게 허를 찔리는 사건이 벌어진다. 1071년 셀주크튀르크와 동로마 사이에 벌어진 만지케르트(Manzikert) 전투다. 중세 최대 규모의 세계대전이었던 이 전투에서 동로마 제국이 패배하고 말았다. 11세기 들어 점차 세력을 키워가던 셀주크튀르크는 바그다드 압바스 왕조의 보호자로 초대받으면서 이슬람 세계의 가장 강력한 정치세력으로 급부상하고 있었다. 영토 확장을 꾀하던 셀주크튀르크의 주된 관심은 비옥한 아나톨리아반도였다. 동로마 제국의 곡창이었던 아나톨리아 침공은 두 나라 사이에 피할 수 없는 격돌을 불러왔다. 셀주크튀르크의 아나톨리아 침공은 파죽지세였다. 1071년 드디어 중부 코냐의 곡창지대를 노리는 지경에 이르렀다. 셀주크의 술탄 알프 아르슬란(Alp Arslan)은 사절을 보내 전쟁 대신 협상을 제의했지만, 금싸라기 땅을 포기할 수 없었던 비잔틴 황제 로마노스 4세는 이를 단호히 거절했다. 전쟁의 결과는 로마노스 4세 황제를 생포하는 등 5만 셀주크 부대의 완승이었다.

알프 아르슬란은 비잔틴 황제를 처형하는 대신 연공 지급과 크즐으르막크와 타르수스 동부 지역을 양도받는 실리를 챙기면서 전쟁을 마무리했다. 이 승리는 코냐를 수도로 하는 아나톨리아 셀주크튀르크 제국이 발전하는 결정적인 계기가 되었다. 이 제국을 앞선 셀주크 왕조와 구분하기 위해 룸(Rum)셀주크 제국이라 부르기도 한다. 만지게르트 전투 승리는 오늘날 튀르키예 공화국이 아나톨리아에 뿌리를 내리는 역사적 기점이 된 매우 중요한 사건이다.

1076년, 술탄 술레이만 샤는 코냐를 셀주크 제국의 수도로 정한다. 이후 잠시 이즈니크로 수도를 옮긴 적도 있지만 1308년까지 코냐는 터키의 정치·상업 중심지로 이름을 떨쳤다. 그래서인지 코냐를 중심으로 주요 도시로 향하는 길목에 30~40킬로미터마다 대상

숙소인 케르반사라이가 세워졌는데 그 흔적은 지금도 남아 있다. 멀리 중국에서 출발한 대상들이 실크로드를 거쳐 이 길을 따라 진귀한 물품을 실어 날랐고, 콘스탄티노플과 동아프리카의 교역품도 이 길을 따라 동방으로 전해졌다. 12세기에 지어진 케르반사라이를 둘러보면, 원추형 지붕과 투박한 벽면 등 셀주크 시대 이슬람 건축물의 특징이 잘 살아 있다. 정교한 석각 예술로 꾸며진 대문 안에는 감탄사가 절로 나올 만큼 완벽한 시설이 갖춰져 있었다. 침실과 목욕탕은 물론이고 식당과 찻집, 가게와 시장, 세탁소와 휴게실, 마구간과 수리실, 그리고 예배실까지 두었다고 하니, 대상의 권위나 그들에 대한 대우가 얼마나 대단했는지 짐작이 가고도 남는다.

셀주크 제국은 이제틴 케이카부스 1세(Izzettin Keykavus I, 1180~1220)와 알라딘 케이쿠바드 1세(Aladdin Keykuvad I, 1190~1237) 형제 술탄 통치시기에 번성기를 누렸는데, 흑해와 지중해까지 진출해 교역에서 큰 이익을 얻었다. 이슬람 신비주의인 수피즘과 수피 문학이 꽃을 피운 것도 이 시기였다. 이슬람 세계의 새로운 중심지가 되면서 중동은 물론 북아프리카, 중앙아시아 등지에서 뛰어난 학자와 예술가들이 몰려들었다. 바그다드에 이어 새로운 이슬람 르네상스 시기가 열렸다.

그렇지만 룸셀주크 왕조의 전성기는 길지 않았다. 몽골 제국의 아나톨리아반도 공격으로 룸셀주크 시대는 종식되었고, 1442년 오스만 제국 무라트 2세의 손에 넘어간다. 그 이후부터는 아나톨리아반도의 새로운 주인공이 된 오스만 제국 시대로 이어진다.

코냐까지 찾아가는 길은 만만치 않았다. 이스탄불에서 에게해의 상업도시 이즈미르까지 자동차로 11시간, 그곳에서 다시 내륙을 동서로 가로질러 8시간을 달리면 코냐가 우리를 반긴다. 5시간 내내 지평선만 보이는 코냐 평원에는 사탕수수와 밀밭 사이로 이름 모를 들꽃이 제각각의 색을 뽐내며 흐드러지게 피어 있다. 8000만이 넘는 인구를 먹여 살리고도 남을 정도의 농작물을 이곳에서 생산한다고 하니 정말 은총의 땅이다. 풍성한 식탁과 세계 최고라는 튀르키예 사람들의 넉넉한 인정은 모두 코냐 평원에서 솟아나는 듯하다.

인류 최초의 도시 문명 차탈회위크 유적

코냐의 드넓은 아나톨리아 평원은 줄곧 인류 문명의 중심 무대가 되었다. 유프라테스와 티그리스 두 강이 발원하는 상류와 연결되어 있는 이곳은 고대 오리엔트 문명은 물론 그리스·로마 문화와 비잔틴 문명을 일구어낸 산실 그 자체다. 무엇보다 1만 년 전 고대 도시 문명을 창출했던 차탈회위크 유적이 바로 코냐 동남쪽 52킬로미터 지점에 자리하고 있다. 신석기시대 도시라고는 믿기지 않을 정도로 수준 높은 문명을 구가했던 차탈회위크는 인류 최초의 계획 도시이자 도시 문명의 뿌리로 여겨진다. 1958년 영국 고고학자 제임스 멜라트에 의해 처음 발굴이 시작되었으나 진척을 보지 못하다가, 1993년부터 영국 고고학자 이안 호들러의 발굴 작업이

25여 년 만에 성과를 내면서 새로운 모습이 드러나게 되었다. 발굴 지점 옆에 원형을 그대로 재현한 진흙집이 있어서 9000년 전 주민들의 삶을 상상해보기에 충분했다.

복원된 도시는 기원전 7500년에서 기원전 5000년까지 약 2500년의 지층을 갖고 있었다. 벌집 같은 진흙 가옥이 다닥다닥 붙어 있고 방 크기도 거의 일정하다. 가로·세로 2~4미터, 높이 3미터 정도로 규격화되어 있다. 집과 집, 방과 방 사이에는 고개를 숙여야 겨우 지나갈 수 있는 통로가 있다. 집집마다 창고와 부엌, 다양한 디자인으로 꾸민 거실이 있다. 아래층 지반을 토대로 계속 위로 집을 지은 차탈회위크 주민들은 지붕 위로 걸어 다녔고, 방에 들어갈 때는 지붕 아래로 사다리를 놓아 내려갔다.

가장 높은 언덕 지점에서는 각각 다른 시대에 지어진 25개의 집터가 나왔다. 가장 두드러진 특징은 집집마다 북쪽 공간에 뿔 달린 황소 머리를 걸고 흙벽을 채색해 장식했다는 점이다. 벽화에는 별과 태양계, 사람과 여신, 사냥 장면 등이 묘사되어 있어 황소 머리와 함께 자연의 섭리를 숭상하는 초기 자연주의 신앙을 엿볼 수 있다. 그림의 미학적 표현기법이나 색감이 뛰어난 데다 사람들의 두려움과 자연에 대한 인식, 공동체 간의 협업과 활동 내용을 표현하고 있어 과연 그 당시 사람들이 그린 것일까 하는 의구심이 들 정도다. 당시 사람들의 인지구조나 섬세한 표현을 하나씩 살펴보면서 문명이라는 이름의 흉기를 휘두르며 고대인의 맑고 순수한 정신세계를 원시와 야만이란 단어로 폄하하고 무시하려 했던 우리의 모습에 부끄러움을 느꼈다. 특히 독수리와 머리 없는 사람의 형상

차탈회위크 유적지
발굴 현장

차탈회위크 주민들은
집집마다 흙벽을
장식했다.

이 그려진 벽화가 눈길을 끌었다. 정확히 해석하기는 어렵지만 독수리에게 시신을 바치고 하늘과 가까이 다가가려는 하늘 사상을 표현한 것은 아닌지 추측해보았다. 하지만 궁금증이 완전히 풀리지는 않았다.

발굴 현장에서 이안 호들러 교수가 들려준 설명에 따르면 차탈회위크는 한때 8000명 정도가 거주하던 대도시였다. 차탈회위크 남북 양쪽 언덕에 마을이 나뉘어 있었는데 작은 개천을 경계로 통혼이 이루어졌을 것으로 추정했다. 이 도시에는 놀랍게도 평등한 공동체가 형성되었다고 한다. 모든 방의 규격이 거의 동일하고 공회당이나 행정관서 같은 권위적 건물이 존재하지 않는다는 것이 강력한 증거다. 따라서 이 사회에서는 고대 사회에서 흔히 나타나는 카리스마를 가진 공동체 리더의 존재나 위계질서와 계층의 분화가 거의 보이지 않는다. 도시 공동체 운영은 만장일치의 협의체였을 것이고 남녀 차별이나 구분도 없었던 것으로 보인다. 한 방에서 나온 유골의 치아 DNA를 분석한 결과 혈연관계가 확인되지 않았다. 식생활을 조사한 결과에서도 남녀 차이 없이 같은 노동을 담당했고 발견된 유골의 성비도 동일했다. 내 자식에 대한 지나친 집착 없이 공동육아 체제를 갖추었으며 폭력 없는 공동체 생활을 구축했다고 이안 교수는 힘주어 강조했다. 차탈회위크에는 이처럼 대가족제도의 틀 속에서 함께 생산하고 함께 나누는 삶의 방식이 자리를 잡았다. 신이 내린 유한한 자원을 당대는 물론 후세를 위한 자원으로 여겨 적게 욕망하고 적게 생산하며 살아간 차탈회위크의 생태 철학을 엿볼 수 있다. 이들의 삶의 방식은 양극화가 심해지고 있는 천박한 자본주의 사회를 살고 있는 오늘날의 우리에게 결코 가볍지 않은 교훈을 준다.

항상 직면하는 공급 부족과 불안을 극복하기 위해 그들은 강한 종교적 연대의식을 구축했다. 벽면마다 붉은 안료를 사용해 들소와 멧돼지를 그리고 장례의식과 소망을 표현했다. 집집마다 공간이 뚜렷하게 구분되었는데 북쪽은 의례 공간이고, 남쪽은 주거 공간과 취사 공간이었다. 조리와 난방 시설의 흔적이 남쪽에 뚜렷이 남아 있었다. 북벽은 황소뿔로 장식하고 그 밑에 시신을 안치했다. 한 구역에서는 무려 62구의 유골이 발굴되기도 했다. 화장을 한 후 뼈를 수습해 집 안 의례 공간에 안치함으로써 조상의 영혼과 지혜를 이어가고자 하는 신앙 공동체의 성격을 보여준다. 그들은 시신을 바깥에서 화장 처리한 후 유골을 방 안에 모셨다. 사망한 조상을 여전히 기억 속에 살아 있는 존재로 모시는 것이다. 조상들의 경륜과 지혜를 집 안에 보존함으로써 교훈과 가르침을 얻을 뿐만 아니라 후손들에게 전하고자 하는 진정한 역사 공간이었던 것이다. 죽은 조상을 몇 대에 걸쳐 살아 있는 식구로 여기고 매 끼니 식사를 차려놓고 일상적인 대화를 나누며 종족 공동체가 어려움에 처하면 현명한 선택을 자문하던 아프리카 전통사회의 '살아 있는 사자 (Living Dead)'* 개념을 떠올리게 한다.

---

* '살아 있는 사자'란 음부티라는 할아버지가 살아 있을 때 태어난 응고라는 아이가 할아버지 사후에도 할아버지를 기억하고 있다면, 산 사람과 똑같이 할아버지를 대하는 개념이다. 즉, 할아버지와 일상적인 대화를 나누고 공동체의 일을 상의

도시로 보는 이슬람 문화

이안 교수의 특별한 배려로 발굴 현장을 직접 둘러보았다. 20미터 높이의 층위에서 시대를 달리하는 다양한 생활 도구와 토기는 물론 밀·보리 등 곡식 낟알, 소·양·염소 등 가축 사육 흔적이 발견되었다.

현장에서 출토된 유물 대부분은 수도 앙카라에 있는 아나톨리아 문명 박물관에 전시되어 있다. 이 박물관에서 가장 인상적인 차탈회위크 유물로는 테라코타로 만든 모신상을 꼽을 수 있다. 양쪽에 소와 양을 상징하는 동물을 끼고 앉아 출산하는 모습을 형상화한 것이다. 기원전 5750년경의 유물로 인류 최초의 모신상으로 알려져 있다. 후일 오리엔트의 키벨라, 이슈타르, 아르테미스, 아나히타나 비너스, 아프로디테 등 그리스·로마 세계 지모신의 근원이 된 모신상이라 할 수 있다. 차탈회위크는 수렵·채취에 의존하던 인류의 농경 정착 과정을 가장 잘 보여주는 최

기원전 5750년경의 유물로 인류 최초의 모신상으로 알려져 있다.

하면서 할아버지의 지혜와 경륜을 유지하고 계승한다. 응고르가 죽고 그 마을에 음부티를 기억하는 사람이 한 명도 남아 있지 않을 때 비로소 음부티는 '자마니', 즉 과거의 시간, 망각의 세계로 돌아간다.

초의 고대 도시 유적으로 평가된다. 2012년 유네스코 세계문화유산에 등재됐다.

그러나 튀르크인이 1만 년의 역사를 가진 땅 아나톨리아반도에 뿌리를 내린 것은 고작 1000년밖에 안 된다. 1071년의 일이었다. 흉노, 돌궐, 위구르인의 후예로 중앙아시아에서 출발한 셀주크튀르크인은 서진하여 당시 비잔틴 제국이 지배하고 있던 아나톨리아 동쪽 땅을 넘보기 시작했다. 두 제국은 서로 맞붙었고, 반 호수가 있는 만지케르트에서 벌어진 전투에서 셀주크튀르크가 승리하는 대사건이 일어났다. 비잔틴 제국의 황제 로마노스 4세는 포로로 잡혔다. 이 전쟁의 패배로 비잔틴 제국은 아시아 쪽 영토 대부분을 이슬람교도인 튀르크인에게 내어주고 콘스탄티노플로 물러났다. 결국 1453년 셀주크튀르크를 이어 또 다른 튀르크인이 세운 오스만 제국에 의해 콘스탄티노플이 함락당하는 길을 열어준 셈이다.

메블라나를 만나는 시간

코냐 시내에 들어서자 곧바로 메블라나 기념관으로 달려갔다. 메블라나는 코냐 여행의 핵심이다. 메블라나 잘랄레딘 루미(1207~1273)는 종교적 관용과 깊은 사랑을 전한 인류의 대스승이었다. 페르시아 태생의 루미는 셀주크 술탄의 요청으로 튀르키예로 와서 이슬람 신비주의의 중요한 갈래인 메블라나 수피즘을 열었다.

도시로 보는 이슬람 문화

세마춤을 추는 수도자들

아랍어로 쓰인 꾸란은 비아랍권의 일반인이 배우기에는 너무 어려워 신에 대한 접근이 거의 불가능했다. 그래서 많은 이슬람 학자들은 명상, 노래, 염원, 수도 생활 등을 통해 신을 만나는 다양한 대중적 방식을 펼쳐 보였다. 루미가 창시한 메블라나 종단은 세마라는 회전춤을 통해 신과 합일하는 독특한 수피즘이다.

세마 공연을 보러 갔다. 갈색의 긴 모자와 둥글고 하얀 치마 위에 검은 망토를 걸친 수도자들이 등장했다. 그들은 서로 팔을 감싸고 허리를 숙여 몇 차례 인사를 나누고는 검은 망토를 벗어던지고 춤을 추기 시작했다. 두 손을 펼쳐 오른손을 하늘로, 왼손을 땅으로 향하게 하고 고개를 지구 자전축만큼 23.5도 오른쪽으로 기울인 채 회전춤을 추었다. 자전을 상징하듯 각자 돌고, 공전을 상징하듯 함께 돌면서 엑스터시 상태를 경험한다고 한다. 나와 인터뷰를 했던 무스타파라는 수도자는 그 순간 자신이 신과 일체를 이룬다고 했다. 2시간을 계속 돌아가던 수도자들이 어느 순간 군무를 멈추고 빨라진 음악에 맞춰 혼자서 돌기 시작했다. 한 치의 흐트러짐도 없는 동작이 계속되는 동안 얼굴에서 무아의 경지가 느껴진다. 아마 지금쯤 신을 만나고 마음 깊은 곳에 신을 품고 있을 것이다. 그것은 곧 자신을 비우는 과정이리라.

도시로 보는 이슬람 문화

유럽 지성계에도
큰 영향을 미친 루미의 사상

대스승 메블라나 루미는 인류에게 일곱 가지 교훈을 남겼다.

> 남에게 친절하고 도움 주기를 흐르는 물처럼 하라.
>
> 연민과 사랑을 태양처럼 하라.
>
> 남의 허물을 덮는 것을 밤처럼 하라.
>
> 분노와 원망을 죽음처럼 하라.
>
> 자신을 낮추고 겸허하기를 땅처럼 하라.
>
> 너그러움과 용서를 바다처럼 하라.
>
> 있는 대로 보고 보는 대로 행하라.

　루미의 사상과 낮은 곳을 향한 사랑은 유럽 지성계에도 큰 영향을 끼쳤다. 16세기 르네상스 인문주의자 데시데리우스 에라스뮈스, 종교개혁가 마르틴 루터, 17세기 화가 렘브란트, 18세기 작곡가 베토벤, 19세기 대문호 괴테도 직접·간접적으로 루미 사상의 영향을 받은 유럽의 지성이었다.

　루미의 깊은 영성과 삶에 대한 관조를 담은 시는 《마스나비》라는 시집으로 전해진다. 그는 30대부터 시를 짓기 시작해 꾸란 다음으로 많이 읽힌다는 불멸의 작품을 남겼다. 2행시가 2만 5000개, 총 5만 행으로 이루어진 《마스나비》는 일종의 서사시로, 분량으로만 봐도 유럽 고대 문학의 금자탑인 호메로스의 《일리아드》와 《오디세이아》를 합친 분량과 거의 맞먹고, 중세 유럽 문학의 자존심인 단테의 《신곡》을 능가한다. 무엇보다 《마스나비》는 아랍을 제외한 이슬람 세계 전역에서 실천적 신앙의 표본이 되었을 뿐만 아니라 이슬람의 대중화와 세계화에도 핵심적 역할을 했다. 현재 《마스나비》는 여러 언어로 번역되어 읽히고 있으며 우리말로도 부분적으로 번역되어 있다.

《마스나비》 내용의 핵심은 신에 대한 절대적인 사랑을 인간 사회에 은유적으로 표현한 것이다. 신에 대한 사랑, 인간과 인간의 사랑, 신과 인간의 합일에 이르는 다양한 방식을 다양한 소재와 메타포로 풀어내고 있다.

이슬람 신비주의의 고장답게 코냐 시내는 다른 튀르키예 도시들과는 확연히 달랐다. 거리를 다니는 여성들은 대부분 머리에 차도르를 둘렀다. 길가에는 술집이나 유흥 시설이 거의 눈에 띄지 않았다. 이슬람을 철저히 신봉하는 그들은 하루 다섯 번의 예배를 중요한 일상으로 여기고 모스크를 삶의 공간으로 생각한다.

12세기 후반에 건립된 코냐에서 가장 오래되었다는 알라딘 케이쿠바드 모스크를 찾아갔다. 왕궁 터가 있던 언덕에 자리 잡은 고색창연한 모스크가 도심을 내려다보고 있었다. 검은 원추형 석회암 돔은 투박하지만 서민적인 분위기를 풍기면서 우뚝 서 있고, 아무런 조각 장식 없이 가지런히 쌓아 올린 돌담 성벽은 남다른 정감을 주었다. 이른 아침이라 모스크 안에서는 몇몇 사람들만이 조용히 앉아 기도를 드리고 있었다. 수백 개의 돌기둥이 천장을 떠받치고 있는데, 기둥의 조각 양식이 모두 달랐다. 관리자의 설명에 따르면, 고대 그리스·로마의 신전이나 궁전, 심지어 폐허가 된 기독교 교회의 기둥을 가져와 세웠다고 한다. 심지어 이슬람에서는 철저히 금하고 있는 뱀 문양의 돌기둥도 보였다. 자기 것만 고집하지 않고 이교도나 다신교도의 신전 기둥도 필요하다면 아무 거리낌없이 사용한 셀주크인들의 실용적 지혜가 돋보인다. 메카 방향을 표시하는 미흐라브와 천장의 모자이크 장식과 색조는 초기 셀주크 양식의 투박함과 소박함을 담고 있었다.

화합의 문화 전통을 만끽할 수 있는 곳

옆문을 통해 뒤뜰로 나가니 코냐 시내가 한눈에 들어온다. 아래쪽 언덕에는 자동차 물결 사이로 궁전 성벽의 흔적이 남아 있었다. 800년의 역사가 도심 속에서 자연스럽게 공존하고 있는 모습이 아름답다. 뒤뜰에는 이 모스크를 지은 주인공인 술탄 알라딘 케이쿠바드를 비롯해서 일곱 통치자의 묘가 안치되어 있는 묘당이 자리하고 있었다.

모스크를 나와 언덕 위 시민공원을 산책하며 길가로 내려오면 낡은 청색 타일로 꾸며진 큰 돔 하나가 눈에 띈다. 가까이 다가가니 인제 미나레트 메드레세라는 팻말이 보인다. 중세 이슬람 교육을 담당하던 일종의 신학교인 셈이다. 그 문의 화려함은 단순한 알라딘 모스크와는 크게 달랐다. 대리석 벽면에 한 치의 공백 없이 현란한 아라베스크 문양을 수놓았다. 이슬람에서 금하고 있는 새와 인물상도 보인다. 헬레니즘의 영향을 받은 중앙아시아적 예술 전통이 아직 살아 있었다. '이슬람과 그리스 문화가 섞여 있는 화합의 문화 전통이 후일 오스만 제국의 문화 다양성의 근간이 되었구나' 하는 생각에, 한동안 아름다운 메드레세를 바라보느라 자리를 뜰 수 없었다.

오후가 되자 갑자기 모스크 주변 시장에 사람들이 몰려들면서 생기가 살아난다. 바자르(시장)에는 없는 것이 없다고 한다. 그 규모나 분위기, 품목 등에서 1500년을 이어온 실크로드 중심지의 전통이 아직도 살아 숨 쉬는 것 같다.

시장 한구석에서 풍기는 양고기 굽는 냄새가 코를 즐겁게 해준다. 코냐에서는 특히 프른 케밥이 유명하다. 양 한 마리를 잡아 부위별로 숯불에 구워 골고루 담아낸다. 조리법이나 육질이 좋아 다른 지방에서도 일부러 프른 케밥을 먹기 위해 찾아온다고 한다. 코냐식 프른 케밥 한 접시를 비우고 나니 농축된 튀르키예 역사를 온몸으로 체험한 듯한 기쁨이 전해져 온다.

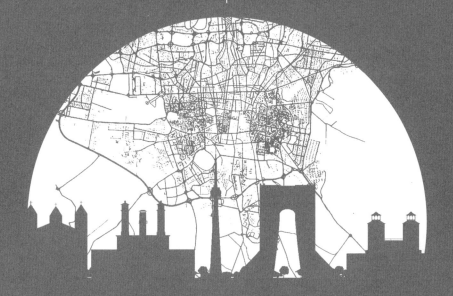

테헤란 _{이란}
위대한 페르시아 문화의 후예들

1979년 2월 1일 테헤란 공항에는 이미 발포 명령이
떨어진 가운데 삼엄한 경비가 펼쳐지고 있었다.
파리를 출발한 비행기에는 15년 긴 망명 생활 끝에
귀국하는 호메이니라는 백발의 노인이 타고 있었다.
테헤란 시민들은 물론 이란 전역에서 몰려든 수백만 군중은
호메이니 옹의 귀국이라는 믿어지지 않는 역사의 증인이 되기 위해
공항과 베헤슈티 자흐라 순교자 공원을 가득 메우고 있었다.
얼마나 기다려왔던 순간인가! 지난 15년 동안
팔레비 왕정의 압제와 극심한 탄압을 견디게 한 힘은 오직 하나,
신에 대한 믿음과 이맘 호메이니에 대한 확고한 신뢰였다.
파리에서 녹음된 호메이니의 메시지는 며칠 만에
수십만 개의 테이프로 복사되어 이란 전역에
생생한 목소리로 전달되었다. 왕정의 매서운 감시에도 불구하고
그들은 호메이니의 육성 명령에 충실히 따랐다.
호메이니가 트랩에 모습을 드러내자 북받치는 흐느낌과
감격의 환호가 교차되었다. 그들은 목메어 외쳤다.
"신은 위대하다! 이맘 호메이니 만세! 이슬람 이란에 영광을!"
경찰은 이미 사태를 수습할 수 없음을 직감했다.
그날 발포는 일어나지 않았고, 호메이니는 향리인 콤시로 향했다.
정부는 즉각 전군을 동원해 24시간 통행금지를 실시하고
호메이니와 그 지지자들을 급습하고자 했다.
이를 눈치챈 시민들은 거리로 나와 탱크 앞을 가로막으며
호메이니 옹의 집을 겹겹으로 에워쌌다.
호메이니는 그들의 마지막 희망이었다.
그가 없는 이란은 아무 의미가 없다고 생각했다.

◦
◦◦
◦

호메이니와 이란 시민혁명

세예드 루홀라 무사비 호메이니(1902~1989)는 이란의 시아파 성직
자이자, 모함메드 샤 레자 팔레비 왕정의 독재에 맞서 민중혁명을
이끈 정치 지도자이다. 그는 시아파 성지 도시 콤에 사는 평범한 성
직자였으나 1963년 팔레비 국왕이 추진한 이슬람 모스크의 토지와
재산 몰수, 여성 참정권 허용 정책에 반대하여 프랑스로 망명했다.
그리고 1979년 2월 이란으로 귀국해 이슬람 민중혁명을 이끌었다.
그가 초석을 다진 이슬람 신정정치 체제는 오늘날까지 이어지고
있다. 1979년 호메이니의 열렬한 추종자인 과격파 학생들은 테헤
란 미국 대사관을 급습해 미국 대사와 대사관 직원들을 인질로 잡
고 444일 동안 억류하면서 강한 반미노선을 표명했다. 이 일은 오
늘날까지 이어지는 미국의 강력한 경제 제재의 빌미가 되었다.

1979년 호메이니의 귀국과 함께 이란 혁명의 막이 올랐다. 독재
정부 군경의 발포가 시작되고 수많은 사람들이 죽어갔다. 테헤란
시내 중심부 할라스 광장에는 피가 강물이 되어 흐르기 시작했다.

6만의 희생자를 내면서도 그들은 물러서지 않았다. 호메이니와 새로운 이란을 위해 기꺼이 목숨을 바쳤다. 군인들의 어머니와 어린 자식들이 탱크 앞에서 울부짖었다. 자신의 어머니를 발견한 군인이 탱크에서 뛰어내려 어머니를 끌어안으며 군복을 벗어던지고 혁명대열에 참여했다. 민심이 떠나가는 상징적인 장면이었다.

결국 25년간 이란을 폭정과 방탕으로 몰아 넣었던 레자 팔레비(왕)는 부인과 함께 이란을 빠져나갔다. 군부는 드디어 발포를 중지하고 호메이니 옹에 대한 충성을 다짐했다. 1979년 2월 11일 이란 시민혁명은 성공했다. 이슬람 정신을 국가의 근본으로 삼고 외세를 배격하는 자주성과 국민 경제의 자립을 표방하는 새로운 이란이 탄생한 것이다.

1984년 2월, 이란-이라크 전쟁이 한창 진행 중이고, 테헤란에서도 포성이 들리는 위기의 순간에 나는 테헤란에 있었다. 이란 문화부의 초청으로 이란 이슬람 혁명 기념 세미나에 참가하기 위해서였다. 아직 어둠이 채 가시지 않은 이른 아침, 테헤란 공항에 도착한 나는 혁명 당시 이란 시민들이 느꼈을 감격을 떠올려보았다. 콧등이 시큰했다. 혁명 전의 이란을 보지 못했으니 비교할 수는 없지만, 당시 내가 만난 대부분의 이란 사람들은 혁명에 만족하고 있었고, 혁명이 제자리를 잡았다는 생각이었다. 그 후에도 시간 날 때마다 수십 차례 테헤란을 찾았다. 성직자들이 다스리는 정치는 많은 우려와 시행착오에도 불구하고 40년 이상을 끌어왔다. 어느 곳에서도 신정체제가 붕괴되리라는 조짐은 보이지 않는다. 이란 정권의 붕괴를 예상하는 서방 전문가도 거의 찾기 힘들다. 물론 젊은

후세인 애도 기간 광장에 모여
기도하는 테헤란 시민들

애도 기간 후세인 복장을 한
아이들과 함께 추모의식에 참여한
이란인 가족들

층과 지식인들의 정부와 성직자를 향한 비판은 매섭지만, 미국을 향한 분노와 적대감이 훨씬 강하기 때문에 폭동이나 투쟁으로 이어지기는 어려워 보인다.

국제정치의 역설이 항상 그렇듯이 이란의 신정체제를 유지시켜주는 가장 강력한 우군은 미국의 극단적인 이란 제재와 고강도 압박 정책이다. 40년 봉쇄와 제재에도 끄떡없이 버티며 내성만 강해진 이란을 꺾을 수 없다는 것을 누구보다 미국이 잘 알고 있다. 그래서 버락 오바마 대통령 시기에는 이란과의 화해와 협력을 통해 상호 윈-윈하는 전략을 채택하고 전격적인 핵 평화 협정을 체결했지만, 트럼프 대통령은 일방적으로 핵 협정 합의를 파기했다. 그로 인해 현재 바이든 행정부는 다시 원점에서 관계 복원을 힘들게 모색하고 있다. 그렇지만 양국 사이의 불신과 적대적 대치 기간이 너무 길어 완전한 신뢰 회복까지는 갈 길이 너무 멀어 보인다.

"동양도 서양도 아닌 이슬람으로!"

이란은 찬연했던 페르시아 문화의 본바탕이고 계승이다. 다리우스 대왕 때 전성기를 누린 고대 페르시아는 기원전 5세기경 오리엔트와 그리스, 인도와 동양의 문화를 고루 받아들여 찬란한 문명을 꽃피웠다. 이란 남쪽 시라즈 근교에 위치한 장대한 페르세폴리스의 궁전은 페르시아 제국의 영화를 그려 보기에 충분하다. 기원전 331년 알렉산드로스에게 멸망한 페르시아 제국은 파르티아와 사산조

도시로 보는 이슬람 문화

페르시아로 되살아났다가, 7세기 이후에는 이슬람교를 받아들이면서 오늘에 이르고 있다.

위대한 페르시아 문화의 후예답게 테헤란 시민들의 표정과 행동에서는 아랍에서와는 다른 여유와 따뜻함이 느껴진다. 무엇보다 동양이나 서양의 모방이 아닌 자신들의 독자적인 문화에 뿌리를 둔 사회 체제를 완성하고자 하는 강한 집념에 공감이 갔다. "라 샤르키야, 라 가르비아, 이슬라미야 이슬라미야!" "동양도 서양도 아닌 이슬람으로!"라는 구호가 어디를 가나 귓전을 때린다.

금요일 정오, 테헤란대학 캠퍼스에는 수십만 시민이 모여 합동 예배를 드리고 있었다. 예배를 집전하는 사람은 현직 대통령이다. 성직자나 군인, 시민이 너나 할 것 없이 한 줄로 나란히 서서 신을 염원한다. 그들의 지상 과제는 피와 생명으로 쟁취한 위대한 이슬람 혁명 정신을 계승하고, 이를 사회운동으로 확산하는 것이다. 대통령의 예배 장소에는 나지막한 방공호가 마련돼 있고, 그 주위를 무장한 혁명 전사들이 삼엄히 경비하고 있다. 벌써 불순분자와 외부 사주 세력에 의한 수십 차례 폭탄 테러로 베헤슈티를 비롯한 혁명 1세대 지도자 상당수를 잃었다. 혁명의 쟁취보다 이를 지키는 것이 얼마나 어려운가를 이란 국민들로부터 배우게 된다.

거리에는 눈만 내놓고 검은 옷으로 전신을 가린 여성들이 많이 눈에 띈다. 이란 혁명으로, 또 8년에 걸친 이란-이라크 전쟁으로 수십만의 건장한 전사들이 목숨을 잃었다. 내가 만난 이란의 한 교수는 이란 혁명은 위대한 여성의 승리였다고 강조한다. 자식이나 남편을 기꺼이 조국을 위해 바친 어머니와 아내가 없었다면 오늘날의 이란은 없었을 것이라는 설명이다. 베헤슈티 자하라의 순교자 묘지에서 남편이나 자식 사진을 들고 오열하는 여성들을 보며, 성공한 혁명 뒤에 숨은 말할 수 없는 고뇌와 갈가리 찢어지는 아픔을 느껴본다. 일몰 예배를 알리는 꾸란 소리가 퍼져가는 테헤란의 하늘에 유난히 붉은빛이 드리워져 있었다.

페르세폴리스, 페르시아 대제국의 심장

테헤란에 온 이상 이란 문명의 진수이자 인류 문명의 자존심이 걸린 아케메네스 페르시아 제국의 면모를 돌아보지 않을 수 없다. 페르세폴리스로 날아갔다. 페르세폴리스는 기원전 2500여 년 전에 건설된 페르시아 대제국의 수도다. 인도－아리안계인 '파르스족'의 아케메네스 가문이 이룬 국가라 하여 아케메네스 페르시아 제국으로 더 잘 알려져 있다. 이란의 수도 테헤란에서 첫 비행기를 타고 남쪽으로 2시간을 날아가면 고대도시 시라즈에 도착한다. 여기서 자동차로 동쪽으로 1시간을 달리면 '타크트 에 잠시드'에 이른다. '잠시드의 도시'란 의미다. 잠시드는 페르시아 신화에 등장하는 전설적인 영웅 지도자다. 타크트 에 잠시드는 페르세폴리스의 현지명이다. 지명조차 페르시아 전쟁의 적대적 당사자인 그리스식 표현이다. 모든 것을 유럽 중심으로 해석하고 "서양사＝세계사/ 서구화＝근대화"라는 편향된 교육이 만들어낸 결과다.

도시로 보는 이슬람 문화

끝이 보이지 않을 정도로 늘어선 열주와 초석, 엄청나게 큰 궁전 터와 성벽 계단, 건물의 잔해. 궁전 규모라기보다는 궁성 대도시였다. 고도 1500미터의 황량한 평원에 끝없이 펼쳐지는 폐허의 잔해에서 묻히고 잊힌 페르시아 제국의 위용을 떠올리기는 힘들었다. 역사의 상처마저 풍화되어 보는 이의 가슴을 친다. 페르시아는 고대 아시아의 마지막 자존심이었고, 힘으로 서양을 실어 날랐던 알렉산드로스의 도도한 행군에 정신적 가르침을 준 마지막 스승이었다. 페르세폴리스는 바로 그 동양 정신의 심장부였다.

장엄한 도시 페르세폴리스는 기원전 518년 다리우스 대제에 의해 건설되었다. 도시가 완성된 것은 100년이 더 지난 후였다. 세계 정부가 있던 곳이며, 당시 지구상에 번성하던 모든 문화의 집결지였다. 외국 사신이 빈번히 내왕하고, 동서양의 상인이 북적거렸다. 중앙아시아에서 연결되는 육상 실크로드와 인도에서 건너오는 해로의 요지에 위치하여 풍부한 물자와 다양한 외국 문물이 페르세폴리스를 살찌웠다. 사치와 향락, 호화로운 파티가 연일 계속되었다.

그러나 페르세폴리스의 운명은 그렇게 길지 못했다. 기원전 330년 페르세폴리스에 도착한 마케도니아의 왕 알렉산드로스는 이 놀라운 아시아의 번영을 감당할 수 없었다. 그는 이 도시를 철저히 파괴하고 불태웠다. 그 후 2260년 동안 도시는 망각 속에 파묻혔다. 1931년부터 시카고대학의 동양연구소 고고학 팀이 본격적인 발굴과 복원을 시작하면서 서서히 페르세폴리스의 역사적 의미는 되살아났다.

아파다나 궁과 크세르크세스 궁

페르세폴리스의 대표적인 건축물은 아파다나 궁이다. 왕의 대접견 장이었던 이 건물은 다리우스 대왕 때 시작해 크세르크세스 대왕 때 완성되었다. 지금은 72개 기둥 중 13개만 남아 당시의 사연을 전해주고 있다. 기둥과 벽면에는 부조가 조각되어 있어 당시의 역사적 편린을 엿볼 수 있다. 상대적으로 조그맣게 새겨진 외국 사신들이 손에 진상품을 가득 들고 커다랗게 묘사된 페르시아 왕들 앞에 서 있는 조각은 정말 사실감이 넘쳐난다. 사신들의 공손한 표정과 왕의 근엄한 태도, 날리는 옷자락에서부터 공물로 바치는 동물들의 몸부림까지 역동적인 한 편의 장대한 서사시가 전개되고 있다. 각 지역과 종족을 대표하는 복식과 장신구에 토산품을 들고 등장하는 사신들은 분주하게 자신을 드러내기에 여념이 없다. 당시의 복식과 장신구, 헤어스타일, 시대상을 보여주는 살아 있는 자료라는 생각이 든다. 어떻게 돌을 쪼아 저토록 선연하고 감동적인 조각을 만들 수 있었을까? 유물 앞에서 늘 그러하듯이 수천 년 전 페르세폴리스 아파다나에서도 숙연하고 겸허해질 뿐이다.

궁전 벽면의 부조 중에는 조공도뿐만 아니라 신년 축제 노우루즈의 철학과 사상을 담은 내용도 군데군데 보인다. 사자가 황소를 공격하고 잡아먹는 장면이 대표적이다. 사자는 선과 신년을 상징하고 황소는 지난 세월, 즉 이제는 생명이 다한 과거 시제로 보면 이 장면도 조로아스터 신화를 표현한 것으로 해석할 수 있다. 나아가 선이 악을 물리치고 새로운 세상을 열겠다는 다리우스 대왕의 포부

아파다나 궁전 벽면 부조

일지도 모른다. 그런데 사자나 황소에게서 사나움이나 저항성은 보이지 않는다. 자연의 법칙에 순응하고 조로아스터의 계율에 복종하는 온순한 태도가 묻어난다. 선과 악, 낮과 밤이 서로 맞물려 순환하면서도 신과 자연의 법칙에 순응하는 이 해학적인 부조의 내용을 나는 페르세폴리스에서 가장 인상 깊은 작품으로 보고 싶다.

페르세폴리스에서 빼놓을 수 없는 화려한 건물 중 하나가 크세르크세스 궁이다. 19.42미터 높이의 100개 열주로 꾸며졌으나, 지금은 몇몇 기둥만이 그 흔적을 전해줄 뿐이다. '만국의 문'이라 불리는 입구의 대문을 받치는 2개의 큰 기둥에는 인간의 모습을 한 황소가 조각되어 있다. 11미터 높이 대문 위에는 엘람어와 아시리아어, 페르시아어로 '전 세계의 문'이라는 글이 새겨져 있다. 세계의 중심이라는 페르시아 제국의 위용을 짐작하기에 충분하다. 복원도를 보면 위에 100개의 열주가 장엄하면서도 정교한 채색으로 치장한 지붕을 받치고 있다. 이 궁전은 이집트 신전의 볼록형 기둥과는 달리 그리스식 오목형 물결로 다듬어진 기둥이 받치고 있어서 마치 파르테논 신전 같은 분위기를 풍긴다. 오랜 전쟁을 통해 페르시아와 그리스가 서로 문화를 주고받았기 때문에 이런 모습이 오히려 자연스러워 보인다. 그리스식 기둥에는 동양풍 이오니아식이나 아테네 코린트식, 투박하고 단순한 도리아식이 아닌 독특한 페르시아 주두 문양을 장식했다. 기둥 꼭대기에는 쌍사자를 올려놓았다. 이 궁전은 파르테논 신전과 거의 같은 시기에 축조되었는데도 디자인이 화려하고 규모도 훨씬 크다. 국력의 크기였을 것이다. 기둥에도 쐐기문자로 새겨진 역사가 숨 쉬고 있다. 왕은 주로 세 가지 모습으로 묘사되었다. 불을 모신 신전 앞에서 기도하는 모습, 옥좌에 앉은 모습, 걷고 있는 모습.

부조의 양식은 아시리아의 니네베 조각 양식을 많이 닮았다. 그러나 자세히 보니 약간의 차이가 보인다. 권력과 신분에 따라 인물 조각의 크기가 다르다. 커다란 왕의 위엄 앞에서 보일락 말락 존재하는 이름 없는 백성의 표정이 아주 인상적이다. 특히 옷자락 묘사에서 니네베 양식은 옷이 사람 몸에 찰싹 들러붙어 있으나, 페르세폴리스 양식은 옷이 펄럭펄럭 날리고 있다. 최고의 조각 기법을 유감없이 발휘하고 있다. 페르시아 조각품에 경의를 표한다.

페르세폴리스의 마지막 날이 밝았다. 마케도니아의 20대 청년 알렉산드로스의 광풍을 견뎌낸 세력은 없었다. 페르세폴리스는 최고의 약탈 대상이었다. 그리고 철저히 불태워졌다. 페르시아 제국의 여름 궁전이었던 페르세폴리스의 '보물창고'(재무성 창고)의 재물 규모가 어느 정도였는지 플루타르코스가 쓴 《영웅전》에 그 기록이 남아 있다. 그 책에 따르면 당나귀 2만 마리와 낙타 5000 마리를 동원해서 보물을 실어날랐다. 고대 역사학자들의 과장과 허풍을 감안하더라도 대단한 부의 규모였던 것 같다.

페르세폴리스를 불태운 알렉산드로스는 군대를 풀어 다리우스 3세를 추격했다. 카스피해 연안까지 쫓긴 다리우스 3세는 박트리아 총독이자 자신의 후계자였던 베소스의 배반으로 비참한 죽음을 맞게 된다. 아시아의 대왕은 온몸이 열 군데 이상 칼에 찔린 채 마케도니아 병사에게 발견되었다. 포로로 잡힌 다리우스는 그 병사에게 물 한 모금을 받아 마신 후, 조용히 눈을 감았다. 기원전 330

년 7월, 막 해가 지는 시각이었다. 페르시아 대제국도, 그 수도였던 화려한 도시 페르세폴리스도 기나긴 망각의 역사 속으로 묻혀갔다.

대제국이 남긴 유산, 다문화 정책과 지방 분권

아케메네스 페르시아 대제국이 남긴 문화적 유산은 그 후에도 계승되었다. 세계 최초 대제국의 거버넌스의 핵심은 로마 제국 성립에도 직접적인 영향을 끼쳤다. 우선 제국의 중앙정부가 광대한 영역에 산재해 있는 28개 국가를 다스리는 건 불가능했기 때문에, 지방 토후나 영주에게 상당한 재량권을 위임하는 정책을 펼쳤다. 중앙정부에 정치적으로 복속하고 조세 납부와 군사적인 통제를 받는 조건으로 각 개별 국가나 군소 공동체의 자치와 자율권을 인정해주었다. 이것이 소위 '페르시아 텐트' 전략이다. 큰 텐트 아래 여러 민족을 두루 품는 다문화 전략의 핵심이다. 각 민족의 고유한 전통과 관습을 인정해주고, 각 공동체 지도자의 명령에 따라 움직이게 하는 제도였다. 이 전통은 초기 이슬람 시대를 거쳐 오스만 제국 시대까지 이어졌는데, 바로 페르시아의 다문화 관리 전략이었다.

다문화 정책의 성공을 위해 다리우스 대왕은 다문화 공용어 정책을 펼쳤다. 따라서 페르시아 제국의 공용어는 3개였다. 페르시아어, 엘람어, 바빌로니아어 등 당시 3대 국제어를 공용어로 채택했

도시로 보는 이슬람 문화

다. 하나를 공식 언어로 정하고 나머지를 제2외국어로 삼는 것이 아니라, 모든 공식 문서를 3개 언어로 작성했다. 자유로운 언어 소통이야말로 제국 통치를 원활하게 하는 핵심 요소였다. 이를 위해 소통 전담 기구를 두고 전문 인력을 양성했다. 신하들에게 외국어를 배우게 하고 대규모 통역관을 양성해서 소통의 어려움이 없게 했다. 국민 소통 시스템을 구축한 것이다. 이런 점이 바로 페르시아 제국의 특징이었고, 번성의 조건이었다.

이 지역의 오랜 언어 전통을 함축한 엘람어와 바빌로니아어로 동시에 기록된 방대한 양의 페르시아 문헌과 비문은 비교언어학적 분석을 통해 고대 오리엔트 왕국들의 실체를 파악하는 데 더없이 소중한 자료가 되었다. 페르시아 제국의 다언어 전통은 방대하고 광범위한 메소포타미아 설형문자를 해독하는 데 큰 도움이 되었다. 덕분에 우리는 3000년 전 오리엔트에서 일어난 일들을 중세 유럽의 사정보다 더 자세하고 흥미롭게 살펴볼 수 있게 되었다.

물론 28개 나라가 복속되어 있으니, 하루가 멀다 하고 소요와 반란이 일어났다. 1년에 아홉 왕을 제압했다는 기록이 있으니 당시의 혼란상을 엿볼 수 있다. 페르시아 대왕들은 전쟁을 통해 제국의 토대를 만들고, 비시툰 비문에 그 과정과 치적을 새겨놓았다. 다리우스 대왕의 치적비에는 1만 5000여 글자로 왕을 칭송하는 내용이 세 언어로 새겨져 있다. 모든 사람들에게 그의 위대한 업적을 알려 자발적 복속을 이끌어내기 위한 홍보수단이었다.

제국 통치를 위한 구체적인 거버넌스를 보면, 우선 제국 전체를 '사트랍'이라 불리는 20개 주로 편성했다. 총독이나 주지사 개념이다. 군사와 외교, 재무 업무만 중앙정부에 귀속시키고, 나머지는 사트랍에게 재량권과 위임권을 주어 통치하도록 했다. 19개 주에서 조공을 받았다는 기록이 있는데, 은 250톤(25만 킬로그램)을 세금으로 받았다고 하니 부의 규모가 실로 엄청나다고 할 수 있다.

도량형 통일도 효율적인 경제 운영에 중요한 역할을 했는데 '다레이쿠스'라는 도량형 단위를 썼다. 1다레이쿠스가 금화 129그램인데, 화폐 단위가 굉장히 컸다는 점에 놀란다. 페르시아는 화폐 주조 시설을 갖추고 본격적으로 화폐를 발행했다. 화폐 주조 기술은 페르시아가 초기에 정복한 리디아로부터 도입했다. 당시 리디아는 최초의 화폐인 일렉트론으로 시장경제를 추구한 나라다. 이들이 보유한 첨단 기법은 곧이어 등장한 이웃 페르시아 신왕조에 그대로 전달되었다.

유일신 종교의 뿌리, 조로아스터교

페르시아인이 이룩한 위대한 정신문명은 조로아스터교다. 이 종교는 페르시아 제국의 국교로서 이후 이란뿐만 아니라 오리엔트 사회의 정신문화에 지대한 영향을 끼쳤다. 특히 선과 악의 투쟁, 천국과 지옥 같은 이원론적인 개념은 후일 기독교와 이슬람교의 교리에도 도입되었다. 테헤란 동쪽 데마벤드산(5671미터)이나 근교의 산 정상에는 침묵의 탑이라 불리는 조로아스터교의 흔적이 남아 있다. 조로아스터교는 자연의 순환과 헌신을 강조해 사람이 죽으면 조장(鳥

葬)을 했다. 산꼭대기에 있는 침묵의 탑에 시신을 놓아두어, 새들이 쪼아먹게 하는 것이다. 이런 풍습은 7세기 이후 이란이 매장을 장려하는 이슬람교를 받아들이면서 사라졌지만, 티베트나 인도, 중국 오지의 소수민족에게 전해졌다.

조로아스터교는 아후라 마즈다라는 최고신과 아흐리만이라는 악신의 대결 구도가 기본이며 선과 악의 투쟁과 갈등에서 결국 선신이 악을 물리침으로써 인류에게 희망과 평화를 가져다준다는 믿음을 설파했다. 선은 밝음을 대표하고 악은 어둠을 대표한다. 낮과 태양, 밤과 어둠의 이원 구도이기도 하다. 어둠의 밤은 악의 영역이고 빛과 밝음이 위협당하는 시기이기 때문에, 불을 밝혀 어둠을 억제하고자 했다. 그래서 그들은 낮이나 밤이나 불을 밝혔다. 선신이 살아 있다는 희망을 꺼뜨리지 않기 위해서 밤에도 불을 피웠다. 중국 사람들이 이를 보고 불을 섬긴다고 해서 '배화교'라고 불렀지만, 실상 조로아스터교는 불을 섬기지 않는다. 불은 빛과 선, 정의와 희망의 불씨를 지키는 상징적 역할을 하는 것이기 때문에 배화교라는 표현은 적절하지 않다.

조로아스터는 기원전 1000년경에 살았던 성인이나 예언자 혹은 조로아스터교의 창시자로 알려져 있지만, 조로아스터 자신은 스스로 선지자나 특별한 존재로 내세운 적이 없다. 그는 철학자에 가까웠다. 그의 출생 시기나 생애, 구체적인 활동은 잘 알려져 있지 않으나 77세에 사망했다는 사실이 전한다. 니체의 철학 소설 제목에 등장하는 자라투스트라는 조로아스터의 페르시아식 발음이다.

조로아스터교에 따르면 정해진 운명이란 없으며 우주의 모든 결과는 미정이다. 모든 인간은 자유로운 선택을 할 수 있고, 그 결과는 전적으로 자신의 몫이다. 다만 바르고 참된 삶을 위해 세 가지 기본 덕목을 강조한다. 좋은 생각(Humata), 좋은 말(Huxta), 좋은 행동(Huvarshta). 좋은 생각을 하게 되면 좋은 말이 나오고 자연히 좋은 행동을 하게 되므로 좋은 삶이 선순환된다는, 단순하지만 깊은 생활 철학을 교리의 중심에 담고 있다.

조로아스터교가 그 후 오리엔트에서 발아한 세 일신교인 유대교, 기독교, 이슬람교에 끼친 영향은 지대하다. 한 예가 우상 숭배에 대한 조로아스터교의 단호한 입장이다. 그들은 성전에 조각상을 두거나 초상화나 상상화를 내걸거나 상징물을 제작하는 행위를 우상 숭배로 단호히 배격했다. 이런 태도는 초기 기독교와 이슬람교에 전파되어 기독교계 내에서 오랜 기간 성상 숭배 논쟁을 불러일으켰고, 8~9세기 성상 파괴 운동으로 이어졌다. 지금도 이슬람교에서는 무함마드를 포함해 특정 인물이나 동물을 그리거나 조각하는 것을 금지하고 있다.

이맘 호메이니 탄생 100주년

한 민족이 의지하고 따를 수 있는 지도자를 갖는다는 것은 얼마나 다행이고 축복인가. 나는 이란 사람들이 호메이니에 대해 마음에서 우러나오는 존경심을 표하는 것을 보고 크게 감동했다. 1999년 10월 1일, 이맘 호메이니 탄생 100주년을 기념하는 전야제, 나는 호메이니 묘당이 있는 기념관 모스크에 있었다. 호메이니와 현 지도자 하메이니의 대형 초상화가 걸린 모스크 안에는 발 디딜 틈 없이 시민들이 빼곡히 앉아 있었다. 호메이니 초상화는 생전의 모습을 그대로 재현해놓았다. 특유의 힘 있는 하얀 수염을 가지런히 한 채 근엄한 얼굴로 지금도 여전히 국민들에게 필요한 지시를 하고 바른 삶을 인도해주고 있는 듯했다. 지도자 하메이니의 초상화는 도수 높은 안경과 눈동자에 비치는 2개의 하얀 점까지 지금의 모습을 빼닮았다. 누군가 이슬람에서는 우상 숭배 금지 때문에 미술, 특히 초상화가 발달하지 못했다고 말했는데, 이 그림을 보고 있노라면 수긍하기가 어렵다.

선전 담당요원이 호메이니에 대한 칭송을 줄줄이 외쳐댄다. 몇 시간을 같은 방식으로 반복해도 사람들은 조금도 지루해하지 않는다. 이맘 호메이니의 이름이 불리고 "살라와트"라고 외치며 그에게 존경을 표하자는 제의가 있으면 모두들 한목소리로 약속된 구호를 외친다. "그에게 평화를, 신의 가호를!" 꾸란 낭송과 군악대의 이란 국가 연주에 이어 추모제 행사가 착착 진행된다. 하얀 천사 복장을 한 어린 세 소녀가 긴 초에 불을 켜고 100개의 초가 꽂힌 대형 케이크에 불을 붙이는 순간 사람들은 저마다 간직하고 있던 크고 작은 호메이니 사진을 치켜들며 환호한다.

물론 개중에는 감정이 북받쳐 과한 행동을 하는 사람도 간혹 보인다. 그러나 광신적인 집단 최면 같은 분위기는 감지되지 않는다. 그의 지도력과 카리스마를 활용해 국론을 통일하고 이슬람 신정체제를 계속 유지하겠다는 집권 울라마의 전략 때문에 호메이니의 역

이란 혁명의 지도자 호메이니와
현 지도자 하메이니의 초상화

할과 이미지가 필요 이상으로 신격화되는 면은 경계하지 않을 수 없다. 그러나 적어도 이란 국민들이 표하는 존경과 흠모의 마음을 보면 이맘 호메이니는 단순한 지도자 그 이상임이 분명했다. 그는 고통과 절망의 시기에 국민들과 함께 있었고, 견디기 힘든 암울한 시절에 그들의 빛이었고, 미래에 대한 희망의 메시지를 던져준 유일한 버팀목이었기 때문이다. 이란 혁명 이후 40여 년, 고달픈 일상과 고립과 제재라는 비상 경제 상황에서 신정체제에 대한 지지와 신뢰는 많이 낮아졌고, 성직자 지도체제에 대한 비판도 갈수록 거세지고 있지만, 호메이니에 대한 평가만은 사뭇 다르다는 느낌이다.

이제 혁명 주도 세력은 또 다른 혁명을 두려워하며 기득권 지키기에 혈안이 되어 있다. 권력의 무상함이 테헤란 시내의 매연처럼 일상의 삶을 무겁게 짓누르고 있다.

이스파한 이란
화려하고 당당했던 ' 세상의 절반'

페르시아 세계의 심장부이자
'이란의 진주'로 알려진 이스파한은 사파비 왕조(1501~1732)의
수도였고, 이 왕국이 시아파를 국교로 받아들이면서
오늘날 이란이 시아파의 종주국이 되는 기틀을 마련했다.
이스파한의 영화는 사파비 왕조를 부흥시킨
압바스 1세(1571~1629)와 떼어놓고 생각할 수 없다.
1598년 사파비 왕조의 전성기를 이끈 압바스 1세는
왕조의 수도를 북쪽 변방 카즈빈에서 이란 대륙의 중심부인
이스파한으로 옮겼다. 뛰어난 외교술과 리더십으로
건국 군벌집단인 키질바시(Qizilbashi) 정예군을 정치적으로 제압하고,
동쪽 우즈베키스탄과 서북쪽 오스만 제국에 맞서
든든한 국경 정비에 성공했다. 학문과 문화를 숭상하는
열린 정책을 펼친 그는 이슬람 세계의 뛰어난 학자들과
장인들을 초청했고, 실크로드를 잇는 교역망을 확충해
세상의 부와 문화를 이곳으로 흘러들게 했다.
당시 기록을 보면, 이스파한은 인구 100만에 160개의 모스크,
학교 48개, 대상을 위한 여관 1800여 개, 공중목욕탕 273개가 있는
세계적인 도시였다. 그래서 17세기에 이스파한은
'네스페이 자한(Nesfe-i Jahan)', 곧 '세상의 절반'이라 불렸다.
얼마나 화려하고 당당한 모습이었을지 상상해보라.

이스파한이 사파비 왕조 때 처음 등장한 도시는 아니었다. 이곳은 찬란한 역사를 간직한 고도였다. 기원전 아케메네스 페르시아 제국 시절에는 '가발'이라 불리며 번성했고, 7세기 이후에도 수많은 왕조와 국가가 거쳐갔다. 이스파한이라는 이름은 군영 도시를 의미하는 세파한(Sepahan)에서 유래했다고 한다. 11세기에 들어서는 셀주크 왕조가 아나톨리아 평원으로 이동하기 전에 이곳을 수도로 삼기도 했다. 하지만 이스파한은 걸프해와 카스피해를 잇고, 콘스탄티노플과 아프리카를 실크로드로 이어주는 지정학적 위치 때문에 번영과 함께 수많은 침략과 약탈을 겪어야만 했다. 13세기에는 칭기즈칸(1155?~1227)의 말발굽에 도시의 많은 부분이 파괴되었으며, 14세기에는 중앙아시아의 새로운 강자인 티무르(1336~1405)에 항거했다가 7만여 명이 학살당하기도 했다. 그 당시 학살당한 사람들의 머리로 언덕을 쌓았다고 하니, 그 참상은 상상조차 하기 힘들다.

신앙과 건축 예술의 정수,
이맘 모스크

수도 테헤란에서 이스파한까지는 비행기로 1시간이 채 걸리지 않았다. 이스파한의 번영을 느껴보기 위해 이맘 광장으로 내달렸다. 수십 개의 분수가 물을 뿜고 있는 거대한 광장 가운데에 서니, 아름다운 모스크와 궁전들이 우리를 감싸는 듯했다. 시선을 어디로 돌려야 할지, 발길을 어디로 향해야 할지 모를 지경이었다. 잠시 인파 속에 파묻혀 그냥 그렇게 서 있었다. 사람들과 함께 줄을 지어 남쪽 모스크로 향했다. 벽면과 미너렛(첨탑)은 물론 돔까지 청색 타일로 장식한, 세련미와 정교함이 푸른 하늘을 찌르는 이맘 모스크가 거기 서 있었다. 이스파한의 상징인 이곳은 압바스 1세의 명령으로 1612년에 공사를 시작해 1638년에 완성된, 세계에서 가장 아름다운 모스크 가운데 하나다. 모스크의 문은 넋을 잃고 바라볼 정도로 아름다웠다. 천국을 상징하는 여러 가지 꽃 모양을 기하학적 문양으로 디자인하여, 은은하고 절제된 색감의 청색 타일로 표현해놓았다. 과연 건축 예술의 금자탑이라 불릴 만했다. 차가운 기운이 도도한 색감을 타고 심장을 파고드는 듯했다.

문을 열고 들어가니 광장이 넓게 펼쳐진 가운데, 사방에 예배를 위한 공간이 마련되어 있었다. 외관의 투박함과 내부의 화려함은 이슬람 건축의 일반적인 특징 중 하나다. 하지만 이맘 모스크는 이러한 기본 구도를 뛰어넘어 내부는 물론 외부도 한 치의 빈틈이나 허술함 없이, 신앙과 예술의 정수를 곳곳에 불살라놓았다. 이 거대

•
이맘 모스크.
내부는 물론 외부도
한 치의 빈틈 없이
신앙과 예술의 정수를
구현해놓았다.

••
이맘 모스크
내부

한 모스크는 1800만 개의 벽돌과 47만 개의 타일로 장식되었다고 한다. 특히 높이가 각각 38미터와 54미터에 이르는 안과 밖의 이중 돔이 완벽한 음향 효과를 이루어내고 있었다. 그 가운데에 서니, 거친 숨소리가 주변에 메아리칠 정도였다. 이 정도의 품격 있는 문화 수준을 접하고 나니 사파비 왕조의 의미를 다시 생각하게 된다.

이스파한의 문화와 예술을 꽃피운 사파비 왕조

사파비 왕조(1502~1736)의 창시자인 이스마일 1세는 1501년 7월부터 아제르바이잔의 샤(국왕)로 왕위에 올랐으며 이듬해 5월경에 이란의 샤가 되었다. 이후 10년 동안 그는 이란의 상당 부분을 복속시키고 바그다드와 모술 같은 이라크 주들을 병합했다. 1514년 8월 이스마일은 찰디란에서 수니파 경쟁자인 오스만 술탄 셀림 1세에게 크게 패했다. 그 후 서쪽에서 오스만, 북동쪽에서 우즈베크 수니파와 계속된 싸움으로 인해 쿠르디스탄·디야르바키르·바그다드 지역을 내놓아야 했다. 또한 사파비 왕조의 수도를 한때 이스파한으로 옮겨야 했으며 17세기 초에는 이곳을 영구히 수도로 정했다.

주변 국가의 약탈로 국력이 약화되고 있던 중 1588년 압바스 1세가 왕위에 올랐다. 군사력의 한계를 깨달은 압바스는 굴람(노예)·토팡치(소총병)·톱치(포병) 세 부대를 조직해 유럽식으로 훈련하고 무장시켰다. 이 새로운 군대로 압바스는 1603년 튀르크를 누르고 그들이 이전에 장악했던 모든 영토를 양도받고 바그다드를 함락시켰다. 또 16세기에 걸프해의 호르무즈 섬을 장악한 포르투갈 상인들을 몰아냈다. 놀라운 군사적 성공을 거두고 효율적인 행정 체계를 세운 샤 압바스의 비상한 통치로 이란은 강대국 지위에 올라섰다. 서구와 무역이 늘어났으며 산업도 번영했고 교통시설도 개선되었다. 수도 이스파한은 사파비 왕조가 이룩한 건축 예술의 중심지가 되었다. 이 시대 건축은 이맘 모스크, 세이흐 로트폴라, 알라카프 등에서 특징적으로 나타난다. 그리고 알리 카푸, 체헬소툰, 메이단이 샤를 비롯해 여러 기념물도 만들어졌다. 사파비 왕조의 시아파적 열정에도 불구하고 그리스도교도 용납되었기 때문에 선교단체와 교회도 몇 개 세워졌다.

이맘 광장의 화려한 진주들

이스파한 시내를 걷다 보면 유난히 골목길이 많다. 이란 영화를 보면 아이들이 좁은 골목을 쉴 새 없이 뛰어다니는 장면이 많이 나온다. 이처럼 이란 전통 마을에는 좁은 골목이 많이 있다. 좁은 골목은 화해의 공간이다. 이웃과 다투었어도 좁은 골목에서 수시로 마주치게 되니 서로 인사를 나누지 않을 수 없다. 시선을 피할 공간이 아예 없는 것이다. 그래서 이란 사람들은 좀처럼 이웃과 언성을 높여 싸우는 일이 없다. 싸우고 난 후의 민망함을 감출 공간이 없기 때문이다. 좁은 골목은 그래서 정겨움이 넘쳐나는 화해의 공간이다.

도시로 보는 이슬람 문화

다시 이맘 광장으로 나왔다. 광장 전체를 내려다보기 위해 입장료를 내고 서쪽 알리 쿠프 궁전 6층 테라스로 올라갔다. 압바스 1세가 외국 사신을 영접했던 테라스에서 내려다본 광장은 규모가 대단했다. 남북이 512미터, 동서가 163미터나 되는 규모로, 완공 당시만 해도 세상에서 가장 큰 광장이었다. 각종 행사나 왕족의 폴로 경기를 위해 지어졌다고 한다. 광장의 원래 이름은 '나그세 자한'으로, '세상의 이미지'(그림)라는 뜻이다. 사파비 왕조의 당당함과 위력을 새삼 절감하는 순간이었다.

그때 맞은편에 있는 황금색 돔의 모스크가 우리를 유혹하는 듯했다. 바로 세이흐 로트폴라 모스크였다. 이맘 모스크보다 먼저 건설되었는데, 압바스 1세의 장인이자 이슬람 종교학자였던 레바논 출신의 로트폴라에게 바친 것이다. 왕족이 사용하는 모스크여서 그런지 첨탑인 미너렛이 없었다. 묵직한 나무 대문을 열고 들어가니, 예배실로 향하는 기다란 벽면에 구멍 뚫린 문이 보였다. 그 구멍 사이로 밝은 햇살이 쏟아져 들어오고, 그 햇살을 받은 벽면의 푸른 채색 타일이 명암에 따라 황홀한 색의 향연을 펼쳤다. 천장은 공작새가 날갯짓하는 장면을 묘사한 웅장하고 화려한 아라베스크 장식으로 가득했다.

이맘 광장에 서면 어디를 돌아보아도 눈이 즐겁고 마음이 안온하다. 그곳에는 언제나 사람들이 모여 있다. 광장 주변에는 카이세리아 바자르(대시장)가 있는데, 1000개가 넘는 가게가 몰려 있는 바자르야말로 이란의 역사와 예술이 전승되는 생생한 현장이다. 낮잠을 즐긴 상인들은 오후 5시가 되면 하나둘 다시 문을 열고 수백

•
광장 주변에
대시장이 있다.

••
망치질하는 노인.
65년 동안 은세공을
하고 있다고 한다.

년의 전통을 이어간다. 이곳에는 카펫, 목공예, 은거울 세트, 칠보 도자기, 세밀화 액자 등 페르시아의 혼이 묻어나는 문화유산이 즐비하다. 10년이나 걸려 완성했다는 정교한 채색 카펫을 보고 있노라면, 그들의 꿋꿋한 노력과 정성에 절로 고개가 숙여진다.

이맘 모스크 왼쪽에 있는 은세공 가게에 들렀다. 얼굴에 주름이 깊은 노인이 도수 높은 안경 너머로 조심스레 망치질을 하며, 동판에 실낱같은 은박을 입히고 있었다. 나와트 압둘 라술이라는 이 장인의 나이는 75세로, 60년간 이 일을 계속해왔다고 한다. 한나절에 두 마리 학이 노니는 작은 액자 2개를 겨우 완성했다. 내 손을 꼭 잡은 그의 손에서 수백 년 페르시아 전통의 맥이 전해지는 듯했다.

연못에 숨은 40개의 기둥, 체헬소툰

이맘 광장을 나와 서쪽에 있는 체헬소툰 궁전으로 발길을 돌렸다. 이맘 광장과 체헬소툰 사이에는 '4개의 정원'이라는 이름을 가진 차하르바그 거리가 이어진다. 사방으로 뚫린 세계 최초의 가로수 길이다. 사파비 왕조가 이스파한을 수도로 정하면서 가장 먼저 도시의 품격과 시민들의 휴식을 위해 설계한 도심의 동맥이다. 차도 중간에 인도와 가로수 휴식 공간, 아름다운 꽃과 유실수, 그늘을 만들어주는 활엽수 등을 심어 천국의 오아시스를 지상에 구현해놓았다. 차하르바그 가로수 길을 따라 이스파한의 자랑거리이자 이스파한에서 가장 아름다운 궁전이라는 체헬소툰으로 발길을 옮겼다. 분수가 있는 연못과 소나무가 울창한 정원 사이로, 동양적인 처마가 돋보이는 소박한 궁전이 우리를 반겼다.

체헬소툰은 '40개의 기둥'이라는 뜻인데, 아무리 세어보아도 기둥은 20개뿐이었다. 의아한 마음에 주변을 둘러보니, 연못에 비친 20개의 기둥이 눈에 들어왔다! 이란 사람들의 문학적 감수성과 낭만에 절로 미소가 떠올랐다. 궁전 안 벽면에는 압바스 1세와 우즈베크족이 전투하는 장면, 투르크메니스탄 왕을 영접하는 연회 장면이 세밀화로 그려져 있다. 화려한 채색과 역동적이고 사실적인 묘사는 소문대로 과연 페르시아 벽화의 압권이었다.

이처럼 사파비 왕조가 뛰어난 문화와 예술을 지닐 수 있었던 데에는 기술과 정보를 받아들이기 쉬운 '실크로드의 요충지'라는 지리적 이점이 큰 역할을 했다. 그리고 이 왕조가 지향했던 관용과 다문화 공존의 정신 역시 커다란 도움을 주었다.

그 덕분에 오래전부터 유대인들은 이스파한에 자리를 잡을 수 있었고, 지금도 기독교를 믿는 많은 아르메니아인이 이스파한 졸파 지역(신 졸파)을 중심으로 자신의 종교를 지키며 살아가고 있다. 오늘날 이스라엘과 이란의 극심한 적대 관계를 고려해보면 의외의 사실이다. 기원전 6세기 바빌론의 유수 때 예루살렘에서 끌려온 많은 유대인이 이스파한에 정착하면서 시작된 역사다. 지금도 소수 유대인이 이스파한 바자르 내 일부 상권을 장악하고 있다.

그뿐만이 아니라 당시 교역망을 통해 경제적 부를 축적해가던 아르메니아인을 이란 북서부 졸파 지역에서 이스파한 자얀데강 남쪽 경제특구로 집단 이주시켰다. 국가 경제를 위해 그들의 경제적

체헬소툰 궁전

노하우와 교역 정보를 활용하려 한 것이다. 압바스 왕과 긴밀한 협력관계에 있던 아르메니아 공동체는 정부의 지원으로 교회를 건립할 수 있었고 외부의 개입이나 간섭을 받지 않고 자신들의 종교적 관습과 율법을 지키며 살았다.

아직도 아르메니아인들은 13개나 되는 교회를 중심으로 공동체를 이루고 있다. 대표적인 교회가 반크 대성당이다. 1606년 졸파에서 이주한 직후 건립된 아르메니아 교회로 이곳 아르메니아 공동체의 구심점 역할을 하고 있다. 이란의 아르메니아인들은 17세기 압바스 1세의 도움으로 이곳에 정착해 350년 넘게 이스파한 시민으로 살아가고 있다. 일반 이란인보다 더 경제적 여유를 누리고 있는 것은 물론, 두 명의 대표를 국회에 보내 종교적 자유를 보장받고 있다. 이슬람 양식과 유럽 르네상스풍이 합쳐진 반크 아르메니아 교회에서는 마침 금요일을 맞아 아르메니아인들이 성호를 그으며 예배를 드리고 있었다.

33개의 아치를 가진
시오세폴 다리

날이 저물 무렵 강가로 나갔다. 이스파한을 가로지르는 자얀데강이다. 이스파한의 밤을 환히 비추는 자그로스 산맥의 만년설이 흘러내린 강 위에는 특별한 다리가 있다. 이스파한 시민들이 아끼고 사랑하는 시오세폴 다리다.

도시로 보는 이슬람 문화

밤 8시가 되자 다리 난간에 일제히 불이 켜졌다. 1602년에 건설된 시오세폴은 '33개의 아치를 가진 다리'라는 의미다. 300미터가 넘는 기다란 2층 다리에서 연인과 가족들이 한가로이 산책을 즐기고 있었다. 다리 양옆 아치에 있는 환상적인 터널은 마치 영화 속 한 장면을 보는 듯했다. 까만 차도르를 곱게 쓴 여성들이 터널 속으로 들락날락하며 연신 카메라 플래시를 터뜨렸다. 아래층 다리 난간에 있는 카페에서는 물담배 연기를 타고 진한 차향이 밤하늘로 아스라이 퍼져 나갔다. 이토록 아름다운 이스파한의 밤까지 보았으니 진정 '세상의 절반'을 품은 것이리라.

더 보기

페르시아라는 말은 수 세기 동안 주로 서구에서 사용해왔으며 그 기원은 과거 페르시스로 알려진 이란 남부 지역에서 유래한다. 페르시스는 파르스Pars 또는 파르사Parsa라고도 불렸으며 현재는 파르스Fars라고 부른다. 파르사는 기원전 10세기경에 이 지역으로 이주해온 인도유럽어족 계통의 유목민을 가리킨다. 파르사인에 대한 기록은 기원전 844년 아시리아 왕인 샬마네세르 3세가 편찬한 연대기에 처음으로 나온다. 고대 그리스인들은 아케메네스 왕조(기원전 559~330)가 영토를 확장하며 페르시아 지역을 다스리던 시절에 이란 고원에서 처음으로 페르시스의 거주민과 접촉했다. 고대 그리스인뿐만 아니라 다른 서구인들도 점차 페르시스라는 말을 이란 고원 전체를 지칭하는 말로 널리 사용하게 되었다. 이란인들은 그들의 조국을 가리켜 '아리아인의 땅'이라 부른다.

11

사마르칸트 우즈베키스탄
지식과 문화가 넘치는 실크로드 핫플레이스

Samarqand / Uzbekistan

중앙아시아에는 실크로드가 있어
항상 우리의 호기심과 낭만을 자극한다.
그곳에는 찬연한 도시 문화가 있었고,
함께 살아 더욱 아름다웠던 인류의 지혜가 번득였다.
고대부터 실크로드라는 문명의 젖줄을 통해
인류가 이룩한 과학기술과 정보, 신화와 종교,
진귀한 물품과 발명품이 몰려들고 재창조되는,
그리고 소중한 결실을 사방팔방으로 실어나르는 문명의 허브였다.
14세기 티무르 제국의 수도였던 사마르칸트도 그런 도시였다.
신라와 중국에서 출발한 비단이나 인삼 같은 동방의 교역품은
사마르칸트를 경유해 콘스탄티노플과 이집트로 향하고,
지중해와 동부 아프리카의 값비싼 물품 역시
사마르칸트를 거쳐 아시아 전역에 전달되었다.
이슬람교를 받아들인 티무르는 한때 세계 최고의 제국이었던
오스만튀르크를 공격해 술탄을 생포할 정도로 강성했다.
티무르는 칭기즈칸 이후 중앙아시아 최대의 제국을 건설하고
사마르칸트를 지식과 문화가 넘치는
독특한 도시로 만들었다.

○
○
○

지금은 우즈베키스탄에 속해 있는 사마르칸트는 부하라와 함께 중앙아시아 실크로드의 가장 오래된 교역 도시다. 지금 남아 있는 대부분의 유적은 14~15세기 티무르 제국 시대의 작품이지만, 이 도시의 역사는 2500년이 넘는다. 1996년 사마르칸트는 유네스코 주관으로 도시 건설 2500주년을 기념하는 성대한 기념식과 축제를 열기도 했다. 이어 2001년 실크로드를 이어주는 문명의 교차로로서의 역사적 역할에 주목해 유네스코 세계문화유산에 등재되었다.

중앙아시아 대제국들의 격전지

아침 일찍 수도 타슈켄트에서 차를 마련해 서쪽으로 4시간을 달렸다. 그 옛날 낙타로 이동했으면 열흘이 걸렸을 길이다. 실크로드가 지나가던 길목 그대로다. 280킬로미터에 이르는 길 양옆으로 군데군데 낙타 대상을 위한 카라반 사라이(대상 숙소)의 폐허가 아직도 남아 있었다. 그 자리에서 지금은 현대판 자동차 대상을 위해 잘 익은 수박과 참외를 팔고 있었다. 목을 축이기 위해 길쭉하게 못생긴 큰 멜론 하나를 5000숨(약 500원)에 사서 입에 넣어본다. 달고 부드럽고 시원한 맛이 입안에 가득하다. 세상에서 가장 맛있다는 사마르칸트의 멜론이다. 수박과 참외, 포도의 원산지가 바로 이곳이란다. 차로 몇 시간 달리는 동안 하얀 목화밭이 펼쳐진다. 그러고 보니 우즈베키스탄은 세계 최대의 목화 산지다. 풍부한 과일과 목화밭, 넓고 비옥한 평원을 바라보니 이곳을 차지하기 위한 수많은 전쟁과 약탈의 역사가 생생하게 다가왔다.

사마르칸트는 푸르름을 머금은 중세의 보석 같은 도시다. 푸른색 보석을 대표하는 에메랄드와 터키석의 도시답게 구시가 어디를 가나 우뚝 솟은 코발트색 돔이 화려했던 실크로드의 옛 영광을 떠올리게 했다. 푸른 돔의 전시장이라고나 할까. 동서 문화를 정성스레 받아들여 빼어난 건축술로 표현한 장인들의 예술혼에 존경심이 솟는다.

사마르칸트는 14세기 티무르 제국의 수도가 되면서 그 명성을 세상에 알렸지만, 2500년 도시의 역사답게 기원전 7세기부터 형성된 고대도시다. 중앙아시아 실크로드 교역의 주인공 역할을 했던 소그드인이 일찍부터 아프라시압에 터를 잡고 소그디아나라는 도시국가를 건설했다. 아프라시압은 소그디아나의 수도로 성장했다. 기원전 6세기부터 이 지역을 점령한 아케메네스 페르시아 대제국 시대에는 사트랍(Satrap)이라 불리는 소그디아나 자치령 총독부에 편성되어 독자적인 정체성을 유지했다. 그러다가 기원전 4세기 알렉산드로스가 페르시아 제국을 무너뜨리고 중앙아시아를 침략하

도시로 보는 이슬람 문화

면서 소그드 지역은 사마르칸트로 알려지기 시작했다. 알렉산드로 스의 짧은 통치 이후 기원전 3세기부터는 파르티아 제국의 영역으로 페르시아 문화의 영향을 강하게 받았다. 소그드인도 페르시아 문명권 종족이고 보면 중앙아시아의 페르시아화는 오랜 전통과 문화적 축적의 결과임을 다시 한번 확인하게 된다. 지금도 사마르칸트의 많은 지역에서는 페르시아 방언을 사용하고 있다.

사마르칸트는 동서 실크로드의 교역 도시로 누구에게나 중요한 거점 지역이었지만, 역설적으로 어떤 국가도 이곳을 오랫동안 차지하기는 어려웠다. 중앙아시아에서 명멸해간 수많은 대제국이 반드시 차지해야만 하는 도시였기 때문이다. 파르티아에 이어 사산조 페르시아, 돌궐국, 중국 당나라의 침략과 지배를 차례로 받았다. 무엇보다 파르티아 통치하에서 기원후 2세기경 비단 교역으로 큰 부를 축적했다. 당시 로마와 당당히 쟁패하던 파르티아는 중국과 로마를 연결하는 중개무역으로 경제적 기반을 구축했으며 중국의 비단을 로마에 팔고 로마의 유리, 금은 세공품, 사치품 등을 중국과 동아시아에 전달함으로써 크게 번성했다. 로마에 대항하는 국가 경제의 원천이었다.

그러다가 8세기 중엽 새로운 정치세력으로 급부상한 이슬람 압바스 제국의 동진으로 이번에는 당나라와 이 도시를 두고 격돌을 벌이게 된다. 751년 탈라스 전투가 그것이다. 이슬람 군대가 완벽한 승리를 거두면서 사마르칸트는 새로운 이슬람의 도시로 거듭나게 된다. 또한 중앙아시아 전역이 중국의 영향권에서 벗어나 오늘날까지 '–스탄' 국가들을 중심으로 이슬람 영역으로 남아 있게 되었다.

전쟁 결과 2만 명에 가까운 중국인 포로가 압바스 제국의 수도 바그다드로 끌려가면서 중세 최대의 실크로드 노예무역의 길이 열렸으며 포로들을 통해 중국의 제지술, 비단 직조술, 나침판, 화약 제조 기술이 이슬람 세계에 전해졌다. 이런 과학적 결실이 후일 유럽 세계로 건너가 르네상스가 일어나는 배경이 된다. 특히 전쟁 직후인 751년 사마르칸트에 세워진 제지공장은 이슬람 세계에 종이 혁명을 가져다주었고, 그 후 2세기 동안 300만 권의 필사본이 편찬되면서 인류 사회는 명실공히 구전 중심의 '기억의 시대'에서 종이에 적는 '기록의 시대'로 전환하는 대전기를 맞게 된다. 종이혁명이 유럽으로 건너가 구텐베르크의 인쇄혁명을 촉진하고 유럽 르네상스의 모티프가 되었다는 것은 잘 알려진 사실이다.

이후 이 도시에 중앙아시아 최초의 모스크가 건립되었고, 튀르크—이란계 이슬람 국가인 사만조 시기(819~999)에 사마르칸트는 최고의 명성을 자랑했다. 사마르칸트는 인근 지역의 수많은 기술자, 상인, 학자들이 몰려들면서 명실상부한 중앙아시아 문명 중심지로 발전했다. 이슬람 세계는 물론 인류 지성사와 과학사에서 커다란 족적을 남긴 페르시아 궁정 시인 루다키(Rudaki), '왕자의 서書'로 불리는 《샤나메(Shāh-nāmeh)》를 집필한 페르시아 문학의 거성 피르다우시(Firdawsī), 유럽 의학의 아버지로 불리는 아비센나(Avicenna) 같은 학자들이 사만조 시대에 배출된 석학들이다.

그러나 1220년 고대도시의 오랜 번성이 막을 내리는 운명의 날이 사마르칸트에 찾아왔다. 당시 호라즘 샤 왕국은 칭기즈칸의 교역과 화해 요청을 거부하고 전쟁을 선택했다. 사마르칸트는 몽골 군의 1차 침공 대상이 되었다. 이때의 참상을 기록으로 남긴 페르시아 역사학자 아타 말레크 주베이니(Atâ-Malek Juvayni, 1226~1283)에 따르면 칭기즈칸 군대는 사마르칸트를 침공해서 성채 내 거주민들을 닥치는 대로 참살했으며, 모스크와 도시 시설을 초토화시켰다. 살아남은 자 중에서 3만 명의 젊은이와 3만 명의 장인을 차출해갔다고 전한다. 이슬람 역사에서는 칭기즈칸의 사마르칸트 및 부하라 침공과 약탈을 이슬람 문화의 뿌리가 송두리째 뽑혀 나간 가장 치욕스러운 사건으로 묘사한다. 철저하게 폐허가 되고 잊힌 사마르칸트가 화려하게 부활한 것은 티무르 제국(1370~1507)이 이곳을 수도로 삼고 새로운 도시를 건설하면서부터였다. 오늘날 사마르칸트는 티무르의 도시로 더 잘 알려져 있다.

학문과 예술을 사랑했던 티무르

먼저 티무르 시대 장군들을 모신 샤 진데 묘당을 찾았다. 국립묘지를 참배하는 심정이라고나 할까? 왠지 그들에게 경의를 표하고 싶었다. 수십 개의 다양한 묘당 건축과 타일 장식이 마치 티무르 건축의 종합 전시장을 보는 것 같다. 언덕 위 좁은 계단과 회랑 사이로 수많은 무명 용사의 묘당이 멀리 동방의 이방인을 맞는다. 그중 특이한 묘당은 쿠샴 빈 압바스의 것이었다. 그는 이슬람교 창시자인 무함마드의 사촌이다. 그래서 지금은 우즈베크인들의 순례지가 되

티무르 시대의 모습을 가장 잘 반영하고 있는
레기스탄 광장

었다. 그가 왜 여기 묻혀 있는지에 대한 정확한 기록은 없다. 물어도 아는 사람이 없다. 결혼을 앞둔 여성들이 기도를 하고 소원을 비는 모습이 진지하다. 중앙아시아의 이슬람은 이처럼 뛰어난 영웅이나 성자를 숭배하는 경향이 강하다. 이를 수피즘이라 하는데 이슬람이 토착종교와 섞인 형태라 할 수 있다. 나를 안내한 관리인은 약간의 돈을 받고 나를 위해 서투른 꾸란 낭송까지 해준다.

순례를 마치고 바로 사마르칸트의 상징이자 티무르 시대의 모습을 가장 잘 보여주는 레기스탄 중앙광장으로 달려갔다. 방사형으로 뻗은 모든 길이 이곳에 모이고, 제국의 정책과 통치자의 칙령이 발표되던 곳이다. 물론 중앙아시아 실크로드의 모든 상품이 몰려들던 교역의 중심지이기도 했다. 넓은 광장 입구에 들어서자 3개의 마드라사(이슬람 신학교) 건물이 과거의 영화를 유감없이 발산하며 서 있다. 화려한 아라베스크 타일 장식을 한 출입문, 일일이 주름을 잡은 듯한 푸른 돔의 자태와 위용에 한참 넋을 잃었다. 마드라사 안뜰에는 수십 개의 방이 있다. 이곳에서 세계적인 천문학자인 울루그베그를 포함한 뛰어난 학자들이 배출되었다고 한다. 지금은 학문의 자취는 간 곳 없고 방은 모두 상점으로 바뀌어 붓과 책 대신 관광용품만이 어지럽게 널려 있었다.

시내로 자리를 옮겨 이번에는 티무르가 묻혀 있는 구르에 아미르 묘당을 찾았다. 60여 개의 주름으로 장식한 장엄한 푸른 돔(반경 15미터, 높이 12.5미터)의 미학적 극치와 조화로움이 한때 세계를 호령했던 통치자의 위용을 보는 듯하다. 좌우 대칭의 돔과 하늘로 솟은 좌우 대칭의 미너렛, 이완이라 불리는 정면 입구의 공간 배치, 색색의 타일이 만들어내는 모자이크의 예술성, 푸른 하늘과 녹색 오아시스 사마르칸트를 묘사하는 듯한 블루와 그린의 절묘한 조화가 이목을 집중시킨다. 시작도 끝도 없는 우주와 신의 섭리를 담은 아라베스크 문양의 독특함은 더 말할 나위가 없다. 묘당 내부도 화려함의 극치를 보여준다. 무엇보다 깊은 공간 아치 위쪽을 벌집형 돋을 조각으로 꾸민 무카르나(muqarna) 양식의 독특함은 탄성을 자아낸다.

이처럼 중세 중앙아시아 건축의 압권으로 회자되는 아미르 티무르 묘당 건축(1403~1404)은 당연히 후대 중앙아시아와 인도 무굴 제국의 건축에 영향을 끼쳤다. 구체적으로는 카불에 있는 바부르 정원, 델리의 후마윤 묘당에 이어 아그라의 타지마할이라는 인류 최고의 건축 예술로 이어졌다.

티무르의 별명은 오랫동안 유럽인들에게 '절름발이'로 알려져 왔다. 실제로 1841년 소련 발굴팀은 티무르 무덤을 조사하면서 그가 이란과의 전쟁 때 부상당해 오른쪽 팔과 오른쪽 발이 부자유스러웠다는 사실을 밝혀냈다. 안에 들어가니 특이하게도 1층에 있는 석관은 가묘이고, 진짜 묘는 바로 5미터 아래층에 똑같이 만들어져 있었다. 앞쪽에 티무르가 존경했던 스승 미르 사이드 베레케티의 묘가 있고, 좌우에 두 아들(샤 루흐, 미란 샤)과 두 손자(울루그베그와 무함마드 술탄)의 묘를 나란히 안치했다. 그가 학문적 스승을 배려했다는 것을 짐작할 수 있다. '잔혹한 파괴자'로 티무르를 묘사한 서구 학자들의 시각과는 달리 실제로 티무르는 학문과 예술의 발전에 심혈을 기울인 통치자였다.

1403년 완공된 티무르 묘당인
구르에 아미르

한국과 사마르칸트 교역사

티무르 묘역 앞뜰에서는 우즈베크 아낙네들이 겨울을 나기 위해 토마토 절임(피클)을 만들고 있었다. 실크로드의 중심지에서 접한 절임문화는 우리 음식문화와 너무나 비슷해 더욱 친근감을 주었다.

토마토 절임을 보자 배가 고팠다. 시장통 한구석에 자리를 잡고 양고기 꼬치구이인 샤슬릭과 막 구워낸 빵으로 식사를 했다. 묽은 요구르트에 오이를 썰어 넣은 자즉과 가지 속에 고기를 다져넣고 삶은 파트리잔도 일품이었다. 무엇보다 나를 감격시킨 것은 사람 사는 여유를 행동으로 보여준 순박한 사마르칸트의 노인들이었다. 옆에 앉은 노인이 처음 보는 나에게 차이(잎차)를 권한다. 향과 맛이 은은한 차이는 바로 이곳 노인들의 정성이자 마음의 표시였다. 파란 줄무늬 둥근 모자를 눌러쓰고 늘어뜨린 하얀 수염을 쓰다듬으며 잘 끓인 차이 한 잔을 건네는 노인의 가녀린 손이 바르르 떨린다. 정이 찰랑찰랑 넘치는 찻잔을 받아든 내 마음에 잔잔한 감동이 물결친다. 중앙아시아 화보집을 펼치면 빠짐없이 등장하는 '실크로드의 노인'은 사마르칸트 여행 내내 나에게 삶의 참맛을 가르쳐 준 스승이었다.

사마르칸트 구시가를 벗어나면 황량한 아프라시압 언덕이 시야에 들어온다. 사마르칸트 초기 역사의 현장이다. 알렉산드로스 왕이 점령하고 아랍이 침공했던 곳, 그리고 1220년 칭기즈칸에 의해 철저하게 약탈과 살육을 당한 회한이 어려 있는 언덕이다. 8세기 중엽에는 고구려 출신 고선지 장군이 당나라 장수로 서역 원정을 떠날 때, 당시 강국이라 불리던 이 도시를 거쳐가기도 했다.

특히 아프라시압 언덕에서 고구려 사절로 보이는 벽화가 발견되었다는 사실이 우리의 관심을 끈다. 소그디아나 왕국 시절의 아프라시압 벽화에는 새 깃털이 달린 모자(조우관)를 쓰고 환두대도(둥근 고리가 달린 큰 칼)를 차고 이곳까지 찾아온 두 고구려 사신의 모습이 선연하게 남아 있다. 벽화는 현재 아프라시압 박물관에 전시돼 있다. 당시(7세기 중엽) 고구려는 중국(당나라)이라는 거대한 적을 마주하기 위해 멀리 소그디아나 왕국에 사절을 보내 상호교역과 동맹을 논의했을 것이다. 여행 중 옛 조상을 만난 반가움에 가슴이 뭉클하다.

아프라시압 벽화.
새 깃털이 달린 모자를 쓰고 큰 칼을 찬
고구려 사신의 모습이 보인다.
(동북아역사재단 제공)

고구려-사마르칸트 교류사에서 또 다른 흥미로운 스토리가 있다. 연세대 사학과 지배선 교수의 논문에서 제기된 바보 온달 장군의 사마르칸트 도래설이다. 오랫동안 고구려와 긴밀하게 상호교류를 해오던 사마르칸트 왕국의 온씨 지배층이 정치적 대격변기를 거치면서 고구려로 이주했고, 그 집단이 바로 온달 집안이었다는 것이다. 사료 부족으로 논란의 여지가 많은 주장이기는 하지만 당시 양국 간의 교류 정황에 비추어 본다면 가능성이 있는 스토리다.

중앙아시아 실크로드의 대표적인 교역 도시였던 사마르칸트는 티무르 제국의 몰락으로 치명적인 타격을 입었다. 하지만 동서 실크로드의 중간 오아시스 도시라는 지정학적 위치와 함께 국제교역의 오랜 경험과 시설이 후대에 더욱 확장되면서 그 기능을 지속해나갔다. 티무르 제국의 와해 이후 공국들이 분열하는 시기에 사마르칸트는 부하라한국에 속했다. 과거만큼의 위상은 아니지만, 17세기에 들어서도 울루그베그 마드라사(대학) 맞은편에 쉬르도르 마드라사를 건립했고, 이어 중앙에 황금색 모자이크와 아라베스크로 유명해진 틸야코리 마드라사를 건립했다. 이로써 오늘날 레기스탄 광장의 3대 마드라사가 웅장한 자태를 뽐내게 되었다.

18세기부터 우즈베키스탄 공국들의 약화와 분열로 사마르칸트도 덩달아 퇴조의 길을 걸었다. 그러다가 1868년 러시아의 동방 점령 정책의 1차 먹잇감이 되면서 긴긴 수탈과 착취 대상으로 전락했다. 1991년 8월 31일 구소련으로부터 우즈베키스

도시로 보는 이슬람 문화

탄이 독립을 쟁취하면서 사마르칸트도 21세기 새로운 실크로드 역할을 담당하고 있다.

시장에서 만난
한인 동포 카레이스키

사마르칸트에 온 이상 실크로드의 낭만과 전설이 살아 움직이는 바자르(대시장)를 빼놓을 수 없다. 1403년 사마르칸트를 방문한 프랑스 사절 클라비호는 "바자르가 성을 가로질러 형성되어 세계의 사방에서 몰려든 물건으로 가득 차고 거래 규모가 얼마나 큰지 그 많은 상품이 금방 동이 나버리곤 했다"라고 묘사했다. 비비하눔 모스크 주변에 중앙아시아 최대 규모의 바자르가 있다. 농산물과 풍성한 과일, 장식 칼과 동제 수공예품, 조잡하게 만든 장난감도 눈에 띤다. 수박, 참외, 오이, 포도, 석류 외에도 참깨, 시금치, 파, 마늘 같은 먹을거리가 모두 이곳 중앙아시아에서 한반도로 건너온 사실을 알고 나니 더욱 애착이 간다.

더욱이 식품을 파는 이들 중에 카레이스키라 불리는 한국계 여성들이 많이 눈에 띤다. 김치와 채소절임, 마늘장아찌를 팔고 있었다. 김치는 우즈베크인의 입맛을 고려해 고춧가루나 젓갈을 넣지 않은 백김치였다. 서울에서 왔다고 하니, 우리말로 인사를 건네고 바쁜 중에도 고국의 소식이 궁금해 차 한잔을 권하며 소매를 잡아끈다. 따뜻한 동포의 정을 나누는 짧은 순간에 김옌나

사마르칸트 시장.
우리가 자주 먹는 수박, 참외, 오이, 참깨, 파, 마늘 등은 모두
이곳 중앙아시아에서 건너왔다.

할머니의 눈가에 물기가 어린다. 85년 전 동부 시베리아에서 한 많은 사연을 안고 강제 이주해와 이제 겨우 자리를 잡았다고 한다.

그들은 우즈베키스탄 시민으로 열심히 살아가면서도 한국의 정신을 잊지 않고 있었다. 동서가 만나고 문화가 섞이던 옛 실크로드의 중심지에서 우리 동포인 카레이스키를 만날 수 있어 사마르칸트는 더욱 정이 가는 도시였다.

12

라호르 **파키스탄**
"라호르를 보지 않으면 세상에 태어나지 않은 것과 같다"

파키스탄의 고도 라호르는 인도의 델리,
아그라와 더불어 무굴시대 이슬람 문화의 중심지였다.
특히 1524년 무굴 제국 창건자인
바부르에게 정복당한 뒤 1584년 아크바르 대제 시기에
제국의 수도로 번성했던 까닭에, 라호르에는 지금도
유네스코 세계문화유산에 등재된 많은
이슬람 문화 유적과 유물이 남아 있다.
세계에서 두 번째로 큰 바드샤히 모스크,
아름다운 궁정 요새인 라호르 성채 등 화려하고 장대한
유물과 유적을 만나다 보면 무굴 제국의 영광이
지금도 계속되고 있는 듯 느껴질 정도다.
무굴 제국은 1526년부터 1857년 영국에 의해 멸망할 때까지
330년 넘게 인도 아대륙에 번성했던 이슬람 왕조다.
라호르는 그 무굴 제국의 중심 도시로 널리 이름을 떨쳤다.
"라호르를 보지 않으면 세상에
태어나지 않은 것과 같다"라는 말이 있을 정도로,
라호르는 문화 유적과 예술품 등
볼거리로 가득하다.

무굴 제국은 바부르(Babur, 1482~1530)가 건국한 것으로 알려져 있다. 튀르크계였던 바부르는 어려서부터 조상들이 세운 티무르 제국의 부흥을 꿈꾸며 자랐다. 바부르의 아버지도 티무르 제국의 옛 수도인 사마르칸트를 회복하는 데 일생을 바쳤다. 바부르는 1491년과 1503년, 두 차례의 전쟁에서 사마르칸트 점령에 실패하자 아예 아프가니스탄의 카불과 간다라 지방을 정복하고 인도 북부로 관심을 돌렸다. 바부르는 1526년 4월 인도 로디 왕국의 마지막 술탄인 이브라힘 왕을 격파하고 사흘 만에 델리를 점령하여, 스스로 파디샤(padishah, 이슬람 국가의 군주)임을 선포했다. 이로써 바부르는 중앙아시아와 인도 아대륙의 광활한 영토를 손에 넣고 무굴 제국의 초석을 다지게 되었다.

이슬람과 힌두 문화의 만남이 이루어낸 성취

무굴 제국은 아크바르(Akbar, 1542~1605) 대제 때 번영기를 맞이했다. 이때 무굴 제국은 북인도 전역을 지배하면서 데칸과 벵골만, 아라비아해에 이르는 대제국을 건설했다. 특히 아크바르 대제는 결혼 정책이나 종족 간의 타협을 바탕으로, 여러 종교와 민족으로 구성된 백성을 나라의 발전에 참여시키는 포용 정책을 썼다. 그리고 이슬람교도나 힌두교도 등 종파를 가리지 않고 능력에 따라 관리로 채용했다.

이렇게 이슬람과 힌두 문화가 만나면서, 누구도 흉내낼 수 없는 화려하고 우아한 무굴 예술이 등장했다. 인도의 타지마할로 대표되는 무굴 예술은 특히 건축에서 뛰어난 기량을 발휘했으며, 세밀화나 세공, 왕궁이나 정원 건축에서도 아름다움을 맘껏 뽐냈다. 바로 아크바르 대제 시대 문화적 번영을 이끌었던 중심 도시이자 수도가 라호르다. 라호르의 찬연한 문화적 성취를 바탕으로 아크바르 대제가 세상을 떠난 뒤 자한기르(Jahangir 1569~1627), 샤 자한(ShahJahan, 1592~1666), 아우랑제브(Aurangzeb, 1618~1707)로 이어지는 시기에 무굴 제국은 전성기를 누렸다.

무굴 제국의 가장 위대한 황제 아크바르 대제

무굴 제국의 발판을 마련한 사람이 바부르였다면 이 왕조를 명실상부한 대제국의 위치로 끌어올린 사람은 아크바르라고 할 수 있다. 그는 무엇보다도 뛰어난 군사 책략가였다. 아크바르는 자신에게 주의를 집중시키는 인간적 흡인력을 지니고 있었을 뿐만 아니라, 전략을 수립하고 결정하는 상황 판단 능력이 뛰어났으며, 나폴레옹에 버금가는 신속한 기동력도 보유하고 있었다. 그의 지도력에 힘입어 무굴 제국은 1605년 그가 죽을 때까지 북인도 전역을 지배하게 되었다. 한편 그는 현명하게도 여러 민족으로 구성된 제국의 백성을 위협하여 복종시키기보다는 힌두의 여러 세력을 무굴 제국의 실질적 동반자로 흡수하려는 노력을 게을리하지 않았다. 이 점에서 아크바르는 무굴 제국의 전성기를 연 위대한 황제이자 힌두 문화와 이슬람 문화의 융합을 이끈 인물로 평가받고 있다.

아크바르는 사치스럽고 화려한 궁전에서 호사스러운 의식을 치름으로써 자신의 지위를 과시했지만 궁전 밖 여론을 듣는 데도 주의를 기울였다. 아크바르는 육체가 강건해 전장의 노고에도 끄떡없었다. 키는 168센티미터에 지나지 않았지만 사람들을 압도하는 힘이 있었고, 문맹이었지만 강력하고 창의력 있는 정신의 소유자였다.

바드샤히 모스크,
가장 대표적인 무굴시대 건축

라호르는 어디를 가나 붉은빛으로 가득하다. 붉은색은 무굴 제국의 영화와 권위의 상징이다. 영국 식민지 시대의 붉은 빅토리아식 건물은 물론, 무굴 제국 시대의 궁전과 모스크도 대부분 붉은 사암으로 치장되어 있다. 내리쬐는 건조한 태양에 수만 년간 달구어진 대지마저 붉은색이다.

도시로 보는 이슬람 문화

라호르를 호흡하기 위해 시내로 나왔다. 도시 언저리에는 빛바랜 가난의 흔적이 오랜 역사만큼이나 쓸쓸하게 군데군데 드러나 있었다. 그래도 내가 만나본 라호르 시민들은 대제국의 영광과 역사적 광채를 품은 천년 고도에 대한 자부심과 긍지를 지니고 있었다. 그들은 지구촌 사람들이 라호르를 잘 모르거나 라호르를 보지 못한 채 살아가는 것을 안타까워했다.

라호르를 보는 순간 7세기 중엽 사우디아라비아의 척박한 메카에서 출발한 이슬람 문화와 예술이 어떻게 이곳에서 최고의 경지에 도달했는지 강한 호기심이 든다. 이슬람은 유일신 알라에 대한 절대신앙과 새 종교에 대한 선험적 우월감, 나아가 열정에 불타는 유목 전사들의 정복전쟁으로 급속히 퍼져갔지만, 외관이 튼튼한 용광로만 갖추었을 뿐 문화적 콘텐츠나 성숙도는 미미한 단계였을 것이다. 여기서 반전이 일어난다. 이슬람 집권세력은 장기적이고 지속가능한 국가 통치를 위해 과감하게 피정복지의 문화와 습속을 수용하는 융합과 종교적 관용 정책을 채택했다. 그 결과 메카를 기점으로 동서로 퍼져 나간 이슬람은 다양한 문화를 만나면서 건축에는 세련미가, 미술에는 화려함이 더해져 문화적 풍성함을 얻게되었다. 이슬람의 성공과 위대성은 이처럼 다른 생각을 받아들여새로운 문화를 창출해내는 힘에 있었다.

비잔틴과 페르시아라는 당시 세계 최고 수준의 두 문명을 일시에 제압하고 받아들인 이슬람은, 서쪽으로는 북아프리카를 거쳐에스파냐 땅 그라나다에 알함브라 궁전이라는 걸출한 건축 예술을남겼다. 그리고 실크로드를 따라 동쪽으로 가서는 인도의 토착 문화를 받아들여 타지마할이라는 인류 최고의 건축을 남겼다. 우리는 타지마할만 기억하지만 무굴시대 모스크 건축은 라호르에서 더욱 화려하게 빛을 발한다. 무굴시대 라호르의 대표적인 건축이 바드샤히 모스크다.

라호르에 도착하자마자 바로 바드샤히로 달려갔다. 여행을 하면서 가장 가보고 싶었던 곳을 먼저 찾는 것은 나의 오랜 습관이다. 그래야 원하는 곳을 마음껏 돌아볼 수 있고, 나머지 것들을 포기해도 덜 아쉽기 때문이다.

라호르 성채 서쪽에서 바드샤히 모스크가 핑크빛 모습을 드러낸 채 나를 기다리고 있었다. 1673년, 6대 아우랑제브 대제 때 완성된 바드샤히가 20세기 후반까지도 세계 최대 규모의 모스크였다니 그 장대함을 짐작하고도 남는다. 3개의 하얀 대리석 돔이 그렇게 아담하고 우아할 수가 없다. 문으로 들어가니 사각의 넓고 반듯한 정원이 반겨준다. 전형적인 페르시아 정원의 모습이다. 붉은 사암이 깔려 있고, 정원 한가운데 있는 대리석 분수는 물을 뿜고 있었다. 하얀 아치를 단 아케이드는 세 방향으로 펼쳐져 있었다. 넓은 정원 사방에 작고 하얀 돔이 얹혀 있는 4개의 붉은색 미너렛이 우뚝 서 있는데, 파란 하늘과 기가 막힌 조화를 이루었다. 아치 내부는 벌집형 장식으로 알려진 무카르나 양식으로 치장했는데 타일의 아름다움과 기하학적 배치의 정교함이 라호르 건축이라는 새로운 장르로 분류될 만큼 독창적인 건축미를 뽐내고 있었다. 아우랑제브 대제가 인도 델리에 건축한 동시대 자마 모스크를 닮았지만, 훨씬 규모가 크다. 미너렛의 높이는 60미터로 정확하게 정원

　　　　　　　　　　도시로 보는 이슬람 문화

바드샤히 모스크.
20세기 후반까지 세계 최대 규모의 모스크였다.

한 면의 3분의 1 길이로 설계되었다고 한다.

평일인데도 모스크 안은 기도 드리는 사람들로 가득했다. 종교 축제일에는 10만 명의 예배객을 수용한다고 한다. 화려한 실내 장식과 아라베스크 타일 디자인이 조화를 이룬다. 한마디로 전형적인 페르시아 양식에 인도의 분위기가 절묘하게 조화를 이루고 있으며, 융합적인 무굴 문화 특유의 독특한 색채를 마음껏 뽐내고 있었다. 특히 이 모스크에는 이슬람을 완성한 예언자 무함마드의 머리카락, 그의 딸 파티마와 사위 알리의 유품이 보존되어 있어, 파키스탄에서 중요한 순례지로 꼽힌다. 이맘(이슬람교 예배 인도자)의 허락을 받아 204개의 나선형 계단을 돌고 돌아 미너렛 꼭대기에 올랐다. 라호르 성채를 비롯한 구시가 전경이 손에 잡힐 듯 한눈에 들어왔다.

외부는 투박하게, 내부는 화려하게

미너렛에서 내려와 한숨 돌린 뒤 라호르 성채를 둘러보았다. 라호르 성채 역시 무굴 제국의 전성기를 이끈 아크바르 대제가 라호르에 머물면서 건축을 시작한(1566) 인도 무굴 건축의 또 다른 전형이다. 도시 성곽 전체를 붉은 벽돌담으로 둘렀는데, 한 면의 길이가 자그마치 440미터, 높이가 115미터에 이르고 문은 12개나 된다. 아크바르 대제에 이어 자한기르와 샤 자한 왕이 부속 건물과 묘당, 정원을 증축하여 오늘날의 모습을 갖추었다. 특히 거울 궁전이라

도시로 보는 이슬람 문화

라호르 성

불리는 시시마할 홀이 인상적이었다. 이곳은 왕비가 거주하던 공간으로, 벽면과 천장 전체를 거울 모자이크와 프레스코, 유리, 진주 등으로 꾸며놓았다. 어떤 궁전에서도 본 적이 없는 화려한 아라베스크의 색감과 기하학적 균형이 극치를 이루고 있었다. 이 역시 왕비 뭄타즈 마할을 위해 타지마할을 건설했던 샤자한 왕이 만들었다고 한다.

시내에 나온 김에 서점에서 관심 있는 책을 몇 권 사고, 근처에 있는 차만 아이스크림 가게를 찾았다. 라호르 사람들이 즐기고 자랑하는 차만 아이스크림은 과일을 듬뿍 갈아 넣은 뒤 피스타치오와 아몬드를 버무려 독특한 향과 맛을 가미한 것이다. 아이스크림의 달콤한 맛을 음미하면서 시민들이 즐겨 찾는 무굴 시대 샬리마르 정원(Shalimar Garden)으로 향했다. 입구에서 시작된 기다란 수로와 화단은 3단으로 꾸며져 있는데, 점점 높이가 낮아지면서 왕의 침소에 다다르게 설계되어 있다. 위에서 내려다보는 광경은 참으로 평온했다.

이슬람 사람들은 정원을 꾸밀 때, 항상 천국을 생각한다. 꽃과 나무에 새와 나비가 날고, 풍성한 과일이 열리며, 분수에서는 물이 뿜어져 나와야 한다. 외관의 투박함과 내부의 화려함, 이것이 이슬람 건축의 기본적인 철학이다. 바깥은 속세이고, 내부는 천국인 것이다. 이슬람에서는 이렇게 문 하나를 경계로 두 세상이 만나고 단절된다. 높은 담으로 둘러싸인 샬리마르 정원은 그러한 이슬람 건축 정신의 상징과도 같다. 이 아름다운 정원이 유네스코 세계문화유산에 등재되어 비교적 잘 보존되고 있어서 한결 마음이 놓였다.

서남아시아 영성의 중심지

이슬람과 불교의 깊은 숨결이 스며 있는 도시 라호르. 어디 그뿐이랴. 라호르는 시크교가 싹튼 곳이 아닌가. 라호르 근교에서 농부의 아들로 태어난 나나크(Nanak, 1469~1538)는 힌두교와 이슬람교를 접목한 시크교를 창시했다. 그는 모든 종교는 고행을 통해 하나로 귀일된다는 진리를 깨닫고, 평등과 종교적 관용과 화해를 부르짖었다.

"자비를 너의 모스크로 삼고, 신앙을 너의 기도 방석으로 삼고, 정직한 삶을 너의 꾸란으로 삼고, 겸허함을 너의 율법으로 삼고, 경건함을 너의 예식으로 삼아라."

같은 시대를 살아가는 이슬람 신자들에게 그가 한 충고는 이처럼 진지하고 간절했다. 그러고 보니 라호르야말로 진정한 서남아시아 영성의 중심지라는 생각이 다시 한번 강하게 밀려온다.

파키스탄 최고의 박물관,
라호르 국립박물관

라호르까지 왔으니 꼭 들러야 할 곳이 있다. 라호르 국립박물관
이다. 파키스탄 최고의 박물관이라는 명성을 확인하기보다는 석
가모니의 고행상을 보기 위해서다. 라호르 국립박물관은 파키스
탄에서 가장 오래되고 가장 큰 박물관으로, 영국 식민 시절인
1894년에 지어졌다. 8개 전시실에는 간다라의 불교 미술과 인더
스강 유역의 출토품, 실크로드를 거쳐 들어온 중국 도자기와 비
단, 파키스탄 각지의 민속의상과 무굴 제국의 예술품 등이 가득
전시되어 있다.

라호르 박물관은 또한 간다라 미술의 보고다. 간다라 미술이란
마케도니아 왕 알렉산드로스의 인도 침략으로 그리스와 동양 문
화가 만나서 만들어진 간다라 지방의 융합적 미술양식을 말한다.
신들을 사실적으로 묘사하고 세밀하게 조각하는 그리스 미술의
영향으로 형이상학적이고 은유적으로 표현되던 종교적 상징물이
과감하게 형상화되는 현상을 일컫는다. 부처님의 길을 따르려는
족적, 해탈의 상징인 보리수 잎, 윤회를 의미하는 수레바퀴, 불탑
인 스투바를 종교적 상징으로 삼던 불교문화에서 부처님의 모습
을 형상화하는 새로운 문화가 등장한 것이다. 간다라 문화는 실
크로드를 따라 동쪽으로 전파되면서 결국 한반도 끝에서 석굴암
이라는 걸작을 탄생시켰다.

라호르 박물관의 간다라관에서 압권은 '고행하는 불타상(Fasting Buddha)'이다. 간다라의 방 중앙에 전시된 고행상 앞에서 관람객은 충격과 전율에 빠져든다. 높이 약 80센티미터의 부처님 고행상은 앙상한 뼈와 가죽만 남고 혈관이 간신히 붙어 있는 모습이다. 극도의 고통을 극복한 뒤에 찾아오는 해탈과 열반의 미소는 평온함을 넘어 숙연한 자기성찰의 채찍으로 다가온다. 종교와 사상을 뛰어넘어 이토록 절절하게 인간다움을 가르치는 누군가의 모습을 본 적이 없다.

고행하는 불타상
(라호르 국립박물관 소장)

13

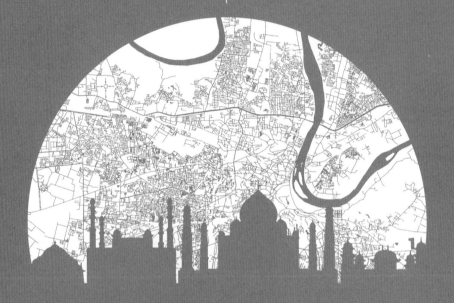

아그라 인도
사랑의 메카, 타지마할의 도시

아그라는 타지마할의 도시다.
무굴 제국이 남긴 찬연한 인류 문화유산이다.
무굴 제국은 중앙아시아 티무르 제국의 후예다.
티무르 제국의 마지막 왕자 바부르가 권력 투쟁에 패배한 뒤
새로운 세상을 찾아 인도 북쪽으로 갔다.
바로 그 바부르 왕자가 무굴 제국의 창건자다.
이전 왕조들도 그러했지만, 무굴 제국은 토착문화와 융합하고
종교 간 화해와 다른 가치에 대한 관용을 바탕으로
독특하고 창의적인 문화를 이룩했다.
이슬람의 가치와 티무르 제국이 남긴 페르시아 문명,
중앙아시아 튀르크인에게 물려받은 역동적인 유목 문화를
힌두적 토양에 이식함으로써 문화의 용광로를 가동할 수 있었다.
수학·천문학·의학 분야는 물론, 건축 분야에서도
타지마할로 대표되는 불멸의 문화를 꽃피웠다.
무굴 제국은 1857년 영국에 항복하고
인도 아대륙에 잔혹한 식민 통치가 시작되면서 끝을 맺었다.
1947년 마하트마 간디의 주도로 인도는 영국으로부터 독립하면서
힌두 중심의 정치체제를 받아들였다.
한편 800년 이상 인도 아대륙의 정치와 경제를 주름잡았던
북부의 이슬람 공동체는 동서 파키스탄으로 떨어져 나가
오늘날의 파키스탄과 방글라데시가 되었다.
오랜 사회적 연결망과 삶의 기반을 포기할 수 없었던
약 2억 명의 인도 본토 이슬람 공동체는 인도 서부를 중심으로
지금도 활발하게 경제활동을 하고 있다.

타지마할을 만나러 가는 길

인도 전역에서 혹은 인도 바깥에서 타지마할이라는 인류 최고의 걸작을 만나기 위해 아그라행을 손꼽아 기다린다. 누구에게는 버킷 리스트이고, 누구에게는 사랑의 메카 순례일지도 모른다. 야무나 강변에 우뚝 선 인류 문명사 최고의 예술 건축은 500년간 그 자리를 지키고 있다. 델리에서 남동쪽으로 약 200킬로미터를 달리면 아그라라는 자그마하고 정감 어린 도시가 나온다. 동쪽으로 갠지스강 유역의 광대한 평야가 펼쳐지고, 북쪽은 야무나강 연안을 따라 델리를 거쳐 펀자브 지방의 평야로 이어진다. 무굴 제국은 델리로 수도를 옮기기 전 1564년부터 1658년까지 약 1세기 동안 이곳을 수도로 삼아 북부 인도를 지배했다.

아그라는 대리석 세공·면직물·융단·제화 등의 제조업이 발달해 생산품을 인도 전역으로 공급하는 허브 포구로 일찍부터 번성을 누렸다. 두 강을 따라 형성된 교통로와 데칸 고원에서 북상하는 교통로가 만나는 곳에 있어, 도로·철도·하천 교통의 요지로서 농

도시로 보는 이슬람 문화

인간이 만든 최고의 걸작, 타지마할

산물과 일용잡화의 집산이 활발하다. 군사·교육 부문에서도 우타르프라데시주의 중심을 이루며, 시내와 근교에는 무굴시대 전성기의 건축·미술 유적이 많이 남아 있다. 그중에서도 붉은색 사암으로 성벽을 두른 광대한 아그라 성과 이슬람 건축의 대표작인 타지마할이 널리 알려졌다.

인도를 떠올리면 왠지 마음이 설렌다. 그리고 타지마할이 인도의 상징처럼 나를 유혹한다. 누더기를 걸치고 쓰러질 듯 여윈 가난한 사람들의 모습은 아무래도 좋다. 인도에는 정신이 있어 좋다. 타지마할을 보는 것으로 이 모든 것을 상쇄하고도 남으리라. 힌두교를 믿는 인도에서 이슬람 문화의 유적인 타지마할이 갖는 의미도 색다르다.

이른 아침 델리에서 출발한 버스는 외국인 관광객과 보따리 상인들을 잔뜩 실은 채 아그라로 향했다. 때마침 아그라 일대에서 벌어지고 있는 이슬람교도와 힌두교도의 유혈 충돌이 완전히 수습되기 전이라 여행을 자제해달라는 한국 대사관 직원의 걱정 어린 충고에도 불구하고 타지마할을 떠올리면 도저히 포기할 수 없는 여행이었다. 차를 세우고 검문하는 군인들의 날카로운 눈초리에 불안감이 커진다. 연신 땀을 닦는 모습이 안쓰러운지 옆에 앉은 중노인이 향료와 색색의 내용물을 나뭇잎에 싸서 건네준다. 맵고 상쾌한 맛이 혀끝에 닿으면서 정신이 번쩍 들었다. 혀가 빨갛게 물들었다. 일종의 씹는 향료인데 마약 같은 효과가 있는 것 같았다. 나이가 쉰이라는 노인 아닌 노인은 이슬람교도였다. 그는 "아그라는 수백 년 동안 이슬람 문화가 지배하던 곳인데 힌두교도들이 기득권

도시로 보는 이슬람 문화

을 내세우며 행패를 부린다"라며 정부의 소극적인 대응과 방관에 불만을 털어놓았다.

델리에서 아그라에 이르는 190킬로미터의 황량한 벌판에는 40도를 웃도는 더위와 끝없이 펼쳐지는 대자연의 위력만 가득했다. 숨 쉬기도 어려운 건조한 더위 속에서 염소를 치고, 밭을 가는 농부들의 모습이 보인다. 이것이 8억 인도인의 저력인가 싶었다. 에어컨도 없이 4시간을 달린 버스는 긴 경적 소리와 함께 아그라에 도착했다. 그토록 그리던 꿈의 도시 아그라에.

인간이 만든 최고의 걸작

곧바로 야무나강 가의 타지마할로 갔다. 순백색 대리석의 조화가 주는 아름다운 자태를 그저 멍하게 서서 몇 시간이고 보기만 했다. 인간이 만든 최고의 걸작품이라는 어느 시인의 말에 공감하는 순간이었다. 인도 최대의 이슬람 제국이었던 무굴 왕조의 5대 술탄 샤 자한에 의해 16세기에 건축된 타지마할은 현존하는 인도 이슬람 건축의 최고 압권일 뿐만 아니라 세계 건축사에 우뚝 선 예술의 결정체. 힌두 왕족의 혈통을 이어받은 샤 자한은 남다른 예술적 재능을 타고났으며 특히 건축을 사랑했다. 타지마할을 비롯해 델리 성, 자마마스지드(이슬람 사원), 아그라 성의 재구축 등은 그의 영감과 애착 없이는 불가능했을 것이다.

그러나 이 모든 것들보다 샤 자한이 진정으로 사랑했던 것은 아름다운 왕비 뭄타즈 마할이었다. 그는 잠시도 왕비 곁을 떠나지 않았다. 전국 순회 여행, 심지어는 정복전쟁에까지 왕비와 동행할 정도였다. 두 사람은 열네 명의 자식을 두었다. 그녀는 결국 출산 후유증으로 서른아홉의 젊은 나이에 세상을 떠났다. 타지마할('왕궁의 왕관'이라는 뜻)은 샤 자한이 사랑하던 왕비 뭄타즈 마할의 죽음을 애도하며 예술적 정열과 국력을 쏟아 완성한 무덤 궁전이다.

예술을 사랑했던 젊고 야망에 찬 샤 자한은 점차 감정적으로 변해갔다. 뭄타즈 마할이 없는 세상은 그에게 아무런 의미가 없는 듯했다. 그는 타지마할이 바라다보이는 언덕에 아그라 성을 재건하고 그곳에 칩거하며 슬픈 말년을 보냈다. 너무나 낭만적이었던 황제의 사랑은 그가 죽은 후 왕비 옆에 나란히 묻힘으로써 저세상으로 이어졌다.

놀라운 기술력과 디테일에 경의를!

타지마할은 무굴 건축가 무함마드 이사와 바그다드의 세계적 돔 건축 기술자인 무함마드 샤리프의 지휘로 1632년에 착공해 약 22년 만인 1654년에 완성되었다. 약 2만 명의 노동력과 1000마리 이상의 코끼리가 동원되었다고 한다. 절대권력자의 사치와 집착으로 결국 국가 재정은 파탄이 났고, 샤 자한은 아들에 의해 폐위되는 비운의 주인공이 되었다.

입구에 들어서자 남북으로 기다란 페르시아풍 분수 정원이 사

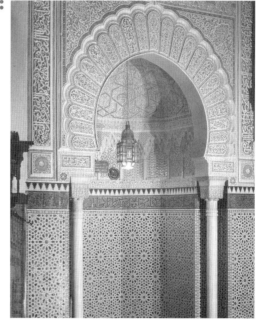

타지마할의
벽면 장식

타지마할의
화려한 실내 디자인

랑의 순례자들을 무덤 궁전으로 인도한다. 흰 대리석 벽돌을 정교히 쌓아올린 중앙 돔과 주위에 4개의 작은 돔이 있고 역시 4개의 원형 미너렛(첨탑)이 네 방향에 솟아 있다. 분수와 정원, 꽃과 과일, 사방으로 뻗은 정원 구조 등은 천국의 모습을 상징한다. 꾸란의 믿음에 따라 천국에 흐르는 4개의 강과 7개의 문을 지상에서 구현하려는 의도였을 것이다. 더 놀라운 점이 있다. 타지마할은 대칭형인데 자세히 관찰해보면 첨탑은 바깥쪽으로 약간 휘어져 있다. 내진 설계의 흔적이다. 놀라운 측량기술과 과학적 안목에도 경의를 표한다.

건물 입구의 벽면과 아치는 대리석으로 꾸며져 있다. 견고한 백색 대리석은 인도의 마캄 지방에서, 흑색 대리석은 남인도, 녹색 대리석은 남아프리카와 러시아에서 온 것이라고 한다. 특히 정문 아치와 내부 벽면은 흰 대리석 바탕에 연꽃과 자스민, 장미 무늬를 음각한 뒤 청옥, 루비, 진주, 산호, 벽옥을 비롯한 42종의 주옥으로 상감 처리했다. 역시 예술적 조각술에 경탄을 금할 수 없다. 타지마할의 디테일을 보고 있노라면 마치 그라나다의 알함브라 궁전에 와 있는 듯한 착각이 든다. 그도 그럴 것이 타지마할은 알함브라 궁전을 참고하여 설계한 전형적인 페르시아-이슬람 건축 양식이기 때문이리라.

더욱이 장식에 인도의 토착 문양인 연꽃을 강조함으로써 인도 이슬람 예술이라는 독특한 영역을 일구어냈다. 외부 벽면은 대리석 양각으로 꾸미고, 사방의 기둥 면은 서로 다른 색깔의 대리석 조각을 V자 연결형으로 정연하게 구성했는데, 바로 앞에서 봐도 평면을 팔각 기둥으로 착각할 정도로 정밀하고 아름답다.

높이가 75미터나 되는 타지마할 내부에는 입구 1층 정중앙에 뭄타즈 마할의 무덤, 그 옆에 샤 자한의 무덤이 나란히 남북으로 안치되어 있는데, 얼굴을 서쪽 메카 방향으로 향하게 한 것은 전통적인 이슬람 묘지 구조다. 1층 무덤은 상징적인 것이고, 실제 무덤은 지하층 똑같은 위치에 놓여 있다. 이는 당시 왕족의 묘실에 일반인의 출입을 금하는 풍속이 있었으므로 똑같은 형태를 이중으로 설치해 애틋한 사랑의 순례자들에게 참배 기회를 주고자 했던 것이리라. 인도 남녀가 뭄타즈 마할 무덤에 장미꽃을 놓고 향을 피우며 힌두식으로 기도하고, 엎드려 불교식으로 절하는 모습에서 국경과 종파를 초월한 아름다운 사랑의 희구를 읽을 수 있었다. 사랑의 메카요 인도 건축의 금자탑인 타지마할을 만난다는 것은 우리가 세상에 태어난 보람을 하나 더 더하는 것이리라.

샤 자한의 비통한 마음을 느껴보고자 야무나강 저편의 아그라 성으로 가보았다. 아크바르 대제가 1566년에 축조한 이래 아우랑제브가 증축한 아그라 성은 완벽한 방어 개념을 보여주는 철옹성 요새였다. 높이가 50미터에 이르는 성벽이 2.5킬로미터가량 이어지고 약 10미터 폭의 해자를 만들어 적의 침입을 막았다. 3면을 봉쇄하고 성의 남쪽에 아마르 싱 게이트(Amar Singh Gate) 하나만을 설치했다. 성안의 팔각탑에서 바라본 타지마할은 마침 석양의 붉은 빛에 긴 그림자를 야무나강 변에 드리우고 있었다. 이곳에서 샤 자한이 뭄타즈 마할을 생각하며 만년을 추억과 비애 속에 보냈다고 생각하니, 천하를 얻은 황제의 너무나 인간적인 모습에 콧등이 찡해진다. 아그라 성은 타지마할로부터 불과 2킬로미터 정도 떨어져 있다. 샤 자한이 아들 아우랑제브 황제에 의해 유폐된 후 딸 자하나라의 도움을 받으며 비극적 말년을 보낸 '무삼만 부르즈(Musamman Burj)'가 인상적이다. 자스민 타워라고도 불리는 유폐의 탑이다.

도시로 보는 이슬람 문화

카이로 이집트
"고대문명에서 인간이 배울 수 있는 것은 겸손뿐"

기원전 3000년경에 발달한 이집트 문명은 피라미드와
스핑크스로 대표된다. 매년 정기적으로 범람하는
나일강 변의 비옥한 땅을 중심으로
세계 최고의 고대문명이 이집트에서 번성했다.
태양력과 측량술, 천문학을 발전시켰으며,
파피루스에 상형문자를 만들어 쓰던 이집트 문명은
사방이 사막과 바다로 고립되어 있어 오랫동안
외적의 침입을 받으면서도 문명의 독자성을 보존할 수 있었다.
"5000년 전 고대문명에서 인간이 배울 수 있는 것은 겸손뿐이다"라는
어느 고고학자의 고백을 떠올리며, 숙연한 마음으로
카이로에 도착했다. 아직 어둠이 짙게 깔린
겨울의 이른 새벽이었다. 짐을 풀고 고층 호텔의
창문 커튼을 열어젖히자 시내 한가운데를 흘러가는
나일강 위로 막 일출이 시작되었다. 이집트 문명은
나일강의 선물이라는 그리스 역사가 헤로도토스의 표현을
굳이 빌리지 않더라도 전 국토의 97퍼센트가 사막인
이집트에서 나일강이 갖는 의미가
피부로 느껴졌다.

아비시니아(에티오피아) 고원에서 그리고 빅토리아 호수에서 아프리카 6000킬로미터를 남에서 북으로 거꾸로 흐르는 나일강이 그 하구에 만들어 놓은 마지막 선물 같은 곳이 카이로다. 카이로를 중심으로 피라미드 시대인 고왕국의 수도 멤피스와 태양신 '라' 신앙의 발상지인 헬리오폴리스가 펼쳐진다. 카이로 일대야말로 고대문명의 요람이요 '문화'라는 인류 최고의 산물을 본격적으로 일구어낸 실험장이었던 셈이다.

그러나 비옥한 델타(삼각주)의 배꼽에 해당하는 이 지역은 역사의 부침에 따라 투쟁과 처절한 생존의 무대가 되었다. 이집트는 기원전 17세기에 힉소스의 침입을 받은 이후 수많은 이민족의 침입과 약탈을 경험했다. 기원전 8세기에 에티오피아의 지배를, 그 뒤에는 페르시아와 알렉산드로스 제국의 통치를, 그리고 기원후 7세기부터는 이슬람 세력의 정복을 받아들여야 했다.

스핑크스는 피라미드의
수호신이 될 수 없다

나일강에 쏟아지는 햇살에 반사되어 기자의 세 피라미드와 피라미드의 수호신으로 알려진 스핑크스가 멀리서 희미하게 모습을 드러낸다. 태양은 고대 이집트인에게 특별한 의미였다. 그것은 어둠과 절망 속에서 거룩한 광명을 약속하는 희망이었고, 나일강의 풍요에 대한 귀중한 은총이었다. 거친 속세에서 빛을 숭상했던 이집트인은 스핑크스라는 거대한 석조물을 만들어 태양신께 바쳤다.

나는 사막의 지평선 너머로 어김없이 찾아오는 첫 햇살이 스핑크스의 두 눈을 정확히 비추고 있음을 확인하고는 스핑크스가 더 이상 피라미드의 수호신이 될 수 없음을 깨달았다. 피라미드보다 훨씬 먼저 세워진 스핑크스는 빛에 대한 열정을 불태운 고대 이집트인의 신앙 작품인 것이다. 이집트 왕족의 무덤인 피라미드가 죽은 생명을 거두기 위해 나일강 서쪽에 자리한 것과 같이, 스핑크스는 다시 태어나는 생명을 맞이하기 위해 동쪽을 향해 놓여 있는 것이다. 지평선 아래로 사라졌던 태양이 다시 하늘 높이 솟아오르는 것처럼 인간 또한 죽지 않고 부활하여 영혼의 세계로 승천하여 삶을 계속 이어가는 것이다. 알 수 없는 신비와 5000년이란 시간의 흐름 앞에서 나는 잠시 할 말을 잃는다.

해가 떠올라 피라미드 사이에 걸릴 때쯤이면 카이로는 금방 1000만 시민이 빚어내는 거대한 시장으로 변한다. 길을 메운 사람들과 자동차, 왁자지껄한 소음과 경적, 남루한 가난, 세속에 찌들

도시로 보는 이슬람 문화

스핑크스

어 시간이라는 중병을 앓고 있는 카이로의 도시 문명을 피라미드
는 그저 묵묵히 안타까운 듯 지켜보고 서 있다.

카이로의 기자에는 이집트 문명의 상징인 3개의 피라미드가 스
핑크스를 앞에 두고 나란히 자리하고 있다. 동서남북 방향의 사면
체 피라미드는 고대 이집트 절대군주인 파라오의 묘다. 4500년 전
에 축조되었으며, 크기는 쿠푸, 카프레, 멘카우레 순이다. 피라미드
축조에만 20만의 인부가 동원되었으며 20년이 소요되었다고 전해
진다. 한 면의 길이가 250미터, 높이가 170미터인 돌 600만 톤이
사용되었다고 한다. 몇 센티미터의 오차도 허용하지 않는 이 완벽
한 축조물 앞에서 나는 몇 시간이고 인간의 지혜와 초월성이라는
숙제를 생각했다.

피라미드에는 강제 노역의 아픔이 서려 있다고 말하는 사람들도
있지만, 압제를 뛰어넘는 인간의 위대한 생명력과 절대적 신앙이
배어 있음도 놓쳐서는 안 될 것이다. 태양신의 아들인 파라오를 신
으로 섬기는 백성들의 믿음과 정성이 파라오의 영원한 안식처인
피라미드를 세운 원동력일 것이다. 그들에게 피라미드는 신전이었
고, 그 속에 모신 파라오를 수호신으로 받듦으로써 불멸의 파라오
와의 일체감을 느꼈을 것이다. 그렇지 않고서야 달리 설명할 방도
가 없다.

　　　　　　　　　　　　　　　　　　도시로 보는 이슬람 문화

"과학으로는 이 신비를 풀 수 없다"

낙타를 타고 근처에 있는 오아시스를 몇 군데 둘러보았다. 원초적인 삶과 가난이 피라미드라는 거대한 인류 유산과 적나라하게 대비되어 이방인의 가슴을 저미게 했다. 토담집 군데군데 박혀 있는 피라미드 벽돌 조각을 보는 순간 5000년의 시간이 문득 한 점에서 정지되는 것 같은 충격을 받았다.

모처럼 맞이하는 관광객이라며 집주인 하산은 2500년이나 되었다는 미라를 보여주었다. 거의 완벽한 형체를 가진 조상을 이제는 불멸의 신앙으로서가 아니라 생계의 방편으로 집집마다 애지중지하고 있었다. 구경을 시켜주고 사진을 찍게 하고는 약간의 돈을 받아갔다. 파라오만이 불멸한다는 믿음이 점차 희미해지면서 귀족이나 일반 서민도 사후 세계를 위해 미라를 만들었다. 미라의 민주화가 이루어지면서 집집마다 한두 개씩 미라를 갖게 된 것이다. 생전의 형체를 간직한 미라와 현대인, 그들은 5000년이라는 시공을 초월해 공존하고 있었다.

미라의 풍습은 사후에도 육신과 영혼이 생전의 모습으로 불멸한다는 오시리스 신앙에서 연유한다. 이러한 영육 부활의 신앙은 디오니소스 신화에 이입되었고, 후일 기독교와 이슬람교의 내세관에도 깊은 영향을 주었다. 미라 연구에 평생을 바친 프랑스 생화학자 모리스 뷔카이유는 한 강연회에서 미라 제작의 신비를 묻는 질문에 "인간의 지식과 과학으로는 이 신비를 풀 수 없다. 이것은 신의 작품임에 틀림없다"라는 말과 함께 자신이 신에 귀의하게 되었노

피라미드 주변 마을

라고 말했다. 신을 믿지 않던 팔순의 자연과학자가 미라의 제작과 약물 처리, 색채의 신비에 대해 입을 다물고 신의 몫으로 돌려버림으로써 미라는 인간의 과학적 지식의 산물이 아니라 신화의 영역으로 영원히 남게 될지도 모른다.

나일의 신 오시리스는 동생 세트에게 살해되어 토막이 난 채 나일강에 뿌려진 뒤, 사자死者의 신 아누비스에 의해 수습되어 부활했다. 그러나 오시리스의 남근만은 물고기가 먹어버려 목근으로 대신할 수밖에 없었다. 그래서 이집트 어부들은 나일강에서 물고기를 잡는 게 금지되었다. 사실 현대 이슬람 공동체 사회에서 이런 터부와 관습은 거의 사라지고 있다. 이슬람 율법에 따르면 모든 생선은 먹을 수 있는 할랄(Halal, 허용)에 해당되기 때문이다.

오늘날 카이로에는 아랍의 이집트 정복을 상징하는 아무르 사원과 동방 기독교 일파인 콥트 교회가 있다. 이슬람 지역에는 세계 최초의 대학인 알−아즈하르가 있고 전통적인 아랍 분위기가 지배적이다. 오스만 시대의 대표적인 사원인 무함마드 알리 모스크에서 일몰 예배를 알리는 꾸란의 낭송이 시작되면 이집트인들은 태양신 라 대신 알라(하느님)께 경배를 드린다. 미처 사원에 자리 잡지 못한 은 세공품 가게 주인은 가게 구석에 예배용 깔개를 깔았다. 라를 형상화해 직접 정성 들여 만든 은제 원반을 향해 알라를 염원하고 있었다. 그의 경건한 기도 속에서 초월자요 절대자인 알라와 라는 하나가 되었다.

이처럼 카이로는 이집트 문명의 요람이고, 과거와 현재를 잇는 역사의 다리다. 그러나 5000년 전 파피루스에 위대한 역사와 신화를 당당히 기록했던 이집트인들은 오늘날 대부분 문맹으로 뜻도 모르는 파피루스를 모사하며 생계를 꾸리고 있다. 나일강의 범람을 예측하던 측량술과 천문학, 관개 기술은 아스완 댐이 대신해주고 있다. 역사가 앞으로 나아가는 것만은 아니라는 사실을 카이로에서 문득 느낄 수 있었다.

이것이 아랍의 상술

여기저기 자리 잡은 수많은 시장이 대도시 카이로의 건조한 삶에 활력을 불어넣고 있었다. 이집트에서는 시장을 수크라 부른다. 카이로는 다양한 수크의 도시다. 카이로 중심부 아타바 광장에 있는 수크 아타바. 주로 육류와 생선, 채소, 과일 등을 취급한다. 직사광선과 먼지를 피하기 위해 옥내시장으로 자리 잡았다. 신시가 번화가의 수크 타우피키야. 잡화와 과일가게가 주류인데, 레바논산 사과와 포도 같은 고급 과일이 낱개로 포장되어 판매된다. 가장 많은 인구가 몰려 사는 신흥 주택가의 수크 도키. 람세스 중앙역 북쪽 슈브라 지구의 수크 등은 비교적 신세대 감각에 맞는 시장이다. 올드 카이로의 대표적인 시장인 수크 무함마드 사기르. 물론 람세스 중앙역 북서쪽 도매시장과 정해진 물품만 취급하는 전문시장도 빼놓을 수 없다. 이처럼 카이로에서는 어디를 가도 크고 작은 수크가 방문

도시로 보는 이슬람 문화

카이로의 알 할릴리 시장에서
'아랍의 상술'을 제대로 확인할 수 있다.

객을 반긴다.

원래 수크는 모스크나 성자의 묘당 주변에 형성되었다. 예배를 드리거나 성자를 숭배하러 온 참배객을 대상으로 수크가 발달했기 때문이다. 따라서 수크는 종교와 생활이 일치된 이슬람적인 삶의 모습을 반영한다. 장사꾼들이 외치는 소리와 손님과 흥정하는 풍경은 우리의 시골 장터나 노점상 분위기와 닮았지만, 그곳에는 아랍 특유의 정취가 숨을 쉰다.

가게마다 가격이 천차만별이다. 도무지 종잡을 수가 없다. 잘 익은 오렌지 한 조각을 맛보라며 내민다. 북아프리카 지중해의 뜨거운 태양이 만든 이집트의 겨울 오렌지 맛은 정말 기가 막힌다. 1킬로그램만 달라고 했다. 일단 값을 부르고 나서 저울을 단다. 무게를 맞추려고 오렌지 서너 개를 올렸다 내렸다 한다. 야속하다는 생각에 울화가 치민다. 좀 넉넉하게 주면 될 텐데 굳이 눈금을 맞추려고 애를 쓴다. 조금 전 맛보라며 오렌지를 내밀던 여유는 어디로 갔나? 이것이 아랍의 상술이다. 손님으로 대접할 때는 아끼지 않고 베풀다가도 일단 장사를 시작하면 부자간에도 봐주는 법이 없다. 이런 이중성을 이해하지 않고서는 아랍의 정서에 다가가기 힘들다는 생각이 들었다. 1970년대 처음 아랍에 발을 디딘 우리 무역회사 직원들이 그들의 이중성에 놀아났다. 그들은 사업과 인간적인 우의를 칼같이 구분하는 천부적인 장사꾼이다. 아랍 상인이란 말이 괜히 생긴 것이 아니다. 그 옛날 통일신라와 고려에까지 진귀한 물건을 싣고 와서 우리의 삶을 휘젓던 저력을 다시금 떠올렸다.

도시로 보는 이슬람 문화

《고려사》에 1024년, 1025년, 1040년경 세 차례에 걸쳐 대식(大食)이라 불리는 대규모 아랍 무역 사절단이 고려로 와서 장사를 했다는 기록이 있다. 기록이 너무나 생생하고 자세하여 교역 품목뿐만 아니라 하산, 라자, 아부 나합 등 그들의 이름까지 정확하게 적혀 있다. 이슬람 사람들은 고려 말에도 대거 한반도로 이주했는데, 그들을 회회(回回, 위구르인)라고 불렀다. 고려가사 〈쌍화점〉에 개경 한복판에서 회회아비(이슬람 사람)가 운영하는 만두가게가 나올 정도니 적지 않은 이슬람 이주자들이 고려사회에 정착했음을 알 수 있다.

이집트 지식의 산실 알렉산드리아를 찾아서

알렉산드리아 하면 클레오파트라가 먼저 떠오른다. 클레오파트라 7세 여왕은 이집트에 뿌리내린 그리스 왕조인 프톨레마이오스 왕가의 마지막 통치자였다. 로마의 영웅 카이사르에 이어 안토니우스를 사랑했던 여왕은 꺼져가는 왕조를 지키려 했으나 악티움해전에서 패전함으로써 종말을 맞았다. 기원전 30년의 일이다. 이제 이집트 역사는 옥타비아누스가 통치하는 로마의 수중에 들어간다.

알렉산드리아를 찾아가는 주된 이유는 프톨레마이오스 왕조의 역사를 만나기 위해서다. 고대 7대 불가사의 중 하나인 파로스 등대가 있던 도시, 종합대학 무세이온(Mouseion)과 세계 최대 규모의 도서관을 갖추고 학문과 과학을 집대성한 도시를 만나러 가는 것이다.

알렉산드리아는 기원전 4세기 마케도니아의 왕 알렉산드로스가 이집트에 건설한 항구 도시다. 아프리카 지중해의 동쪽 끝자락이자, 오리엔트 대륙을 아프리카와 이어주는 길목에 있다. 현재 폼페이 기둥이 서 있는 조그만 어촌 마을 라코티스(Rhakotis)의 터전에 그리스 건축가 디노크라테스(Dinocrates)가 기원전 332~331년에 당대 최고의 도시를 설계했다고 전한다. "없는 것은 눈(雪)뿐이다"라는 말처럼 인구 50만이 거주하는 국제교역과 풍요의 대도시였다. 사실 알렉산드로스의 도시는 아프리카와 유럽, 오리엔트 여러 지역에 그 이름을 남기고 있다. 튀르키예, 이라크, 러시아, 우크라이나, 유고슬라비아, 그리스, 불가리아에도 알렉산드리아가 있다. 아랍에서는 '이스칸다리야', 튀르키예에서는 '이스켄데룬', 그리스에서는 '알렉산드로폴리스' 등 이름만 조금씩 다를 뿐이다. 이 모든 중심은 이집트 지중해 항구 도시 알렉산드리아에 있다.

카이로에서 북쪽으로 출발했다. 고속도로로 들어서자 10분도 채 안 돼 사막이 나타난다. 남서쪽으로는 긴긴 사하라 사막이 시작된다. 수십 년 전만 해도 낙타를 타고 일주일을 꼬박 가야 할 길을 자동차로 4시간 동안 달리는데도 뜨거운 모래바람에 길은 멀어만 보인다. 그래도 이 길은 가장 위대한 이집트 고대문화를 지중해 세계에 전해준 문명의 젖줄이었다. 크레타를 잉태하고 그리스와 로마를 낳은 어머니와도 같은 길이다. 그 길을 따라 아프리카와 이집

도시로 보는 이슬람 문화

트를 힘겹게 등에 지고 오리엔트와 지중해로 실어 날랐다.

　군데군데 행군하는 낙타가 보인다. 모든 것을 말리고 태워버릴 듯한 사하라의 건조한 태양 아래 사람이 물 없이 견딜 수 있는 시간은 만 하루에 불과하다. 사하라에서는 성인 한 사람이 매일 약 10리터의 물을 필요로 한다. 공식적으로 가장 높은 기온을 기록한 곳은 물론 사하라 지방이다. 리비아의 알아지지야에서 1922년 9월 13일에 측정된 기온이 58도다. 그나마 기블리스(ghiblis)라 불리는 사막 바람이 나흘에 한 번꼴로 몰아치면, 말라비틀어진 마른 풀과 남아 있던 물기마저 앗아가 버린다.

　낙타가 열흘 동안 물 한 모금 마시지 않고 사막을 건널 수 있는 것은 한번에 거의 100리터의 물을 마시고 200리터를 3개의 위에 저장할 수 있기 때문이다. 그러고는 500킬로그램의 짐을 싣고 400킬로미터를 걸어간다. 2킬로미터 밖에서 물 냄새를 맡고 정확하게 물 있는 곳으로 찾아가는 천부적인 후각을 갖고 있다. 콧구멍과 귓속에 난 털을 이용해 모래 먼지를 차단하는 놀라운 장치까지 갖고 있는 완벽한 사막의 배다.

2300년 전에 지어진
100미터 높이의 파로스 등대

호수와 갈대숲이 갈증에 지친 여행객에게 오아시스 같은 안도감을 줄 때쯤이면 거의 알렉산드리아에 도착한 셈이다. 무조건 지중해

사막에서 낙타는 완벽한 이동수단이다.

해변으로 차를 몰았다.

보고 싶은 순서대로 맨 먼저 파로스 등대를 찾아갔다. 그 자리에 이제는 아무것도 없는 줄 알면서도, 상상이라도 해보고 싶었다. 지금 등대로 통하는 자리엔 1480년에 축성된 카이트베이 성채가 막고 있다. 선박을 안내하던 등대는 외적의 침입으로부터 해안을 방어하는 요새로 바뀐 셈이다. 보수 중이어서 안 된다는 관리인을 겨우 설득해 성채 꼭대기 전망대에 올라보았다.

지브롤터에서 시작해 해안가를 따라 이어진 아프리카 지중해의 동쪽 끝이다. 비스듬히 오른쪽으로는 소아시아반도(튀르키예)와 키프로스 섬이, 왼쪽 서북 방향으로 크레타 섬으로 연결되는 문명의 삼각지에 자리 잡은 도시가 바로 알렉산드리아다. 페르시아를 멸망시키고 오리엔트를 점령한 알렉산드로스가 또 다른 문명의 한 축인 이집트를 정복함으로써 세계 제국을 완성하겠다는 꿈을 꾸었으리라. 그러나 불행히도 알렉산드로스는 갑작스러운 죽음으로 살아서는 이 도시의 부흥을 볼 수 없었다. 오늘날 남아 있는 영광의 흔적은 그의 후계자들에 의해 이루어진 것이다.

가장 대표적인 것이 기원전 280년경에 완성된 파로스 등대다. 국제교역을 주도했던 알렉산드리아의 번성을 알리는 상징 탑인 셈이다. 그런데 왜 이 등대가 불가사의라는 것일까? 아마 높이가 100미터나 되었기 때문일 것이다. 20세기 초에도 거의 불가능했을 40층 높이 건물을 어떻게 2300년 전에 지을 수 있었을까? 이 의문은 현장에 와서도 쉽게 풀리지 않았다. 전해지는 바에 따르면 등대는 3단 구조로 건설되었다. 기단은 사각형, 중간 단은 팔각형, 상단부는 원형으로 만들어졌다고 한다. 등대 정상에는 조각상이 서 있었고, 등대 위에서는 1년 내내 불꽃이 피어올랐다고 한다. 대형 렌즈로 빛을 반사해 멀리서도 항구를 찾을 수 있게 했다는 기록도 있다. 나무라고는 찾아볼 수 없는 사막 언저리에서 엄청난 연료를 무엇으로 감당했을까? 거대한 렌즈와 유리 기술은 어떻게 설명할 수 있을까? 등대 꼭대기에 세워졌다는 신상의 주인공은 누구였을까? 바다의 신 포세이돈이었을까, 제우스 신이었을까, 아니면 등대를 건설한 프톨레마이오스 왕 소테르였을까?

아쉽게도 파로스 등대는 여러 번의 지진으로 점점 허물어져 내리다가 1303년 8월 4일 지중해 동부를 강타한 대지진으로 영영 자취를 감추고 말았다. 이런저런 추측으로 신비감만 더해진다. 파로스는 미래에도 불가사의 자리를 계속 지키게 될 것 같다.

알렉산드로스 왕의 돌연한 죽음으로 세계 제국의 꿈은 사라진다. 그는 결국 제국을 완성하지 못했다. 힘과 야망으로 거대한 땅을 정복만 했지, 그곳에 영속적인 문화의 뿌리를 내리지 못했다. 그래서 세계 역사는 그를 대왕으로 부르길 주저한다. 마케도니아의 왕 알렉산드로스였을 뿐이다. 오리엔트의 정복지에 셀레우코스와 안티오코스 왕조가 들어서고 서서히 토착문화에 동화되어 갈 때, 이 도시는 300년간 프톨레마이오스 왕조(기원전 305~30)가 이어간다.

무세이온과 대도서관

종합적인 학문의 전당 무세이온과 70만 권의 장서를 갖춘 세계 최대의 알렉산드리아 도서관이 건립된 것도 이 시기였다. 학문의 여신 뮤즈(Muse)를 섬기던 학문의 전당인 무세이온은 고대 그리스 헬레니즘 시대에 유행했는데, 이집트 파라오 프톨레마이오스 1세가 알렉산드리아에 설립한 무세이온이 가장 유명했다. 파라오의 전폭적인 후원에 힘입어 세계 각지의 학자들이 몰려들었고, 첨단 학문의 최고 교육기관으로 후일 인류의 학문 발전사에 불멸의 기초를 제공했다.

알렉산드리아 도서관은 그리스 문헌을 취합하고 지중해, 중동, 인도 등지의 모든 언어를 그리스어로 번역해 보존하는 고대 지식의 보고였다. 특히 이곳에서 히브리어 성서가 '70인의 성경'이라 불리는 그리스어판 구약 성서로 번역되었다. 파피루스에 필사하는 알렉산드리아 도서관은 양피지에 필사하는 소아시아 페르가몬의 도서관과 경쟁하면서 그리스·로마 문화를 꽃피우는 모체가 되었고, 후일 아랍 학문의 기초를 제공했다.

이러한 학문적 배경에서 철학, 수학, 물리학, 천문학, 의학, 지리학 등에서 당시 세계 최고 수준의 연구 성과와 대석학들을 배출해낼 수 있었다. 신플라톤 학파의 창시자 플로티노스, 기하학으로 유명한 유클리드, 지구의 둘레를 놀랄 만큼 정확하게 측정했던 에라토스테네스, 수학자 겸 물리학자 아르키메데스와 같은 대학자들이 활약했다. 파로스 등대와 마주 보는 해안가의 옛 도서관 자리에

알렉산드리아 도서관의 상상화

2002년 10월, 새 도서관이 문을 열었다. 로마에 의해 불탄 지 2000년 만에 다시 복원되어 디지털 시대 이집트와 그리스·로마, 이슬람 학문이 하나로 이어지는 인류 지식의 산실로 다시 태어나고 있다.

역사의 주 무대에서 사라졌지만

로마시대를 맞으면서 알렉산드리아는 가혹한 보복을 당했다. 프톨레마이오스 왕조의 화려한 유산은 무시되고 방치되었다. 도시 동쪽에 신도시 니코폴리스가 로마 도시로 새로 건설되었다. 곧이어 기독교의 회오리바람이 알렉산드리아에도 휘몰아쳤다. 기원후 62년 성 마르코(마가)가 순교하면서 이집트에 새로운 종교의 기운이 시작되었다. 그리하여 순교와 박해에도 불구하고 기원후 200년경 클레멘스가 이끄는 교리문답식 학파를 중심으로 알렉산드리아의 기독교는 교세를 떨칠 수 있었다.

그러나 수천 년간 차곡차곡 다져진 이집트 고대문명의 토양은 그렇게 쉽게 무너지지 않았다. 나일의 주신이고 대중 신앙의 대상이었던 오시리스와 그의 아내 이시스, 그 사이에서 난 호루스 신들은 그리스시대의 프톨레마이오스 왕조에서도 그대로 계승되었다. 오시리스는 세라피스(Seraphis)로 여전히 가장 중요한 그리스 신이 되었고, 호루스도 이시스와 함께 하르포크라테스(Harpocrates)로 살아남아 숭상의 대상이 되었다. 기독교와 세라피스가 충돌하면서도 토착문화는 살아남아 이집트의 콥트 기독교라는 독특한 신앙으로 오늘날까지 남아 있다.

이번에는 아랍으로부터 이슬람 물결이 몰아닥쳤다. 642년 아므르 이븐 엘 아스(Amr Ibn Al-As) 장군은 비잔틴 지배하에 있던 알렉산드리아를 점령했다. 4000개의 궁전, 400개의 목욕탕, 400개의 극장이 있었던 로마 도시는 이제 완전한 아랍 도시로 탈바꿈했다.

아랍 정복자들은 바다보다는 비옥한 내륙의 요충지를 선호했다. 이는 카이로가 아랍의 신도시로 발전하는 계기가 되었다. 이제 알렉산드리아는 역사의 주 무대에서 서서히 잊히게 된다. 뒤이어 오랫동안 맘루크 왕조의 통치를 받았고, 16세기에는 오스만 제국의 영역으로 편입되어 이슬람을 유지했다. 1789년 프랑스 나폴레옹의 침공을 받았고, 독립할 때까지 영국의 침략을 경험했다.

아부키르에서 엘알라메인까지 이어지는 140킬로미터에 달하는 해안을 따라 하얀 요트와 낚싯배가 정박해 있고, 아랍 부호들의 여름 별장이 저마다 개성 있는 건축 양식을 자랑하고 있다. 400만 인구가 붐비는 오늘날의 알렉산드리아는 이슬람의 단단한 사회 구조 속에서도, 다른 도시에 비해 유연성과 다양성이 두드러진다. 아르메니아인, 그리스인, 이탈리아인, 레바논인, 몰타인, 시리아인이 소수집단을 형성해 살고 있으며, 전통적인 아랍 도시와는 다른 개방성과 서구식 자유로움이 시내 곳곳에 흐른다. 지중해 도시의 성격을 예외 없이 보여주고 있는 것이다.

오는 길에 알렉산드로스 묘라고 알려진 시와(Siwa) 지역 발굴 현장을 잠시 둘러보았다. 바빌론에서 갑자기 사망한 후 그의 묘는 그동안 신비에 가려져 있었다. 이제 그의 묘가 확인되었으니 그의 도시 알렉산드리아는 과거의 영광을 되찾을 수 있을까? 막연한 기대를 가져보며 카이로로 돌아온다.

15

트리폴리 리비아
로마시대의 구조를 그대로 간직하고 있는 고대도시

리비아는 북아프리카 지중해의 가장 아름다운
해변을 갖고 있으며 로마시대 유적지를 품고 있는 나라다.
그리고 20세기 역동의 시대, 혁명과 반미노선으로
서방세계를 흔들었던 카다피가 통치하던 나라다.
카다피 제거 이후 새로운 나라 건설을 위해
10년 가까이 내전 중인 혼란과 고통의 현장이기도 하다.
동시에 석유수출국기구(OPEC)를 주도했던
북아프리카 최대의 유전 강국이다.
이처럼 로마시대 역사와 현대사의 파란만장한
질곡의 중심에 수도 트리폴리가 있다.
리비아의 모든 것을 압축해서 볼 수 있는 수도다.
국토 대부분이 사막으로 덮여 있는 가운데 가장
비옥한 지역이기도 하다. 전체 인구의 3분의 1이
트리폴리 주변에 모여 살고, 지중해 해안선을 따라
리비아를 지탱하는 곡물 생산지가 형성돼 있다.
밀, 보리, 토마토, 컬리플라워, 대추야자, 아몬드, 올리브,
감귤 등이 리비아에 주어진 신의 선물이다.

리비아는 2011년까지만 해도 무아마르 알 카다피가 통치하는 독재 국가였다. 나는 대학원 시절 카다피 혁명사상을 연구한 적이 있다. 그 인연으로 1983년 트리폴리의 알파타대학에서 4시간에 걸친 카다피의 연설을 직접 들을 수 있었다. 그는 패기만만한 정열과 뚜렷한 비전을 가지고 미국에 의해 오염된 정신과 제도를 대신할 새로운 세계를 설파했다. 자본주의의 폐해를 줄이고 인민에 의한 인민의 직접 통치를 실현하는 '그린북(Green Book)' 이론을 장황하면서도 자신감 있게 전개했다. 당시 학생들은 열광했고, 트리폴리 시내 그린스퀘어(녹색 광장)를 중심으로 반미 구호와 시위의 함성이 날마다 하늘을 뒤덮었다.

2000년 가을 벵가지 교외 베이다의 한 병원 앞뜰에서 다시 그를 만났을 때, 그는 초췌해 보였고 연설에는 힘이 빠져 있었다. 미국을 향한 독설은 조심스러워졌고, 리비아의 당면 과제에 대해 매우 실용적이고 현실적인 노선을 피력했다.

도시로 보는 이슬람 문화

아랍과 이슬람, 그리고 사회주의라는 세 축

이탈리아 로마를 거쳐 몰타에서 배를 타고 23시간가량 걸려 도착한 트리폴리의 첫인상은 평범한 아랍 현대 도시의 모습이었다. 잘 다듬어진 도심의 대추야자 길을 따라 비교적 깨끗하고 넓은 현대식 고층 건물이 줄을 이었다. 1970년대 오일 붐이 가져다준 아랍의 부를 상징하지만, 색 바랜 콘크리트 건물은 아무런 특색이나 매력이 없어 보인다. 군데군데 솟아 있는 안달루시아형 모스크 첨탑만이 아랍의 도시임을 말해준다.

1951년에 이탈리아에서 독립한 리비아의 역사는 겨우 70여 년 남짓이지만, 오랜 역사 시대의 축적된 문화 토양 위에 우뚝 서 있다. 수도 트리폴리의 이름도 로마시대의 북아프리카 지중해 지역을 일컫던 트리폴리타니아에서 왔다. 또 다른 지중해 지역인 키레나이카의 중심 도시는 벵가지다. 현지인들은 트리폴리를 아랍어인 타라불루스(Tarabulus)로 즐겨 부른다. '대리비아 아랍 사회주의 인민 자마히리야국'이라는 기다란 국명에서도 알 수 있듯이 아랍과 이슬람, 사회주의라는 세 축을 중심으로 새로운 가치를 추구하면서도 여전히 트리폴리타니아와 키레나이카라는 고대 지명을 행정 구역상의 명칭으로 사용하고 있다는 점은 다소 놀랍다.

지금의 레바논에서 출발한 페니키아인은 기원전 1300년경부터 북부 리비아 지중해 연안인 트리폴리타니아에 식민 도시를 건설했다. 지리적 요충지인 트리폴리타니아는 레바논과 에스파냐를 연결하는 지중해 무역의 중요한 기착지로 발돋움하면서 크게 번성했

163년 로마시대
마르쿠스 아우렐리우스 황제를 기리기 위해
세운 개선문

다. 그러나 이웃한 카르타고가 군사력을 증강해 트리폴리타니아를 지배했다. 로마가 성장한 뒤에는 로마의 지배를 받았다. 트리폴리 시내에는 아직도 로마시대의 흔적이 있다. 구시가 서쪽 끝에서 지중해를 내려다보는 하얀 대리석의 개선문 아치가 그것이다.

트리폴리도 다른 북아프리카 도시들처럼 로마시대로 거슬러 올라가는 고대 시가지 메디나에 진가가 숨겨져 있다. 바다를 끼고 있는 도시들이 흔히 그렇듯이 침략에 대한 방어 본능 때문에 성벽은 견고하고 높았다. 도심 전역이 성벽으로 둘러싸인 메디나는 3개의 문을 통해 바깥과 통하게 되어 있었다. 서쪽의 자나타 문, 동남쪽의 하와라 문, 북쪽의 알바흐르 문이 그것이다.

바다로 통하는 알바흐르 문을 통해 메디나로 들어가니, 로마와 아랍이 정겹게 만난 도시 분위기가 확연히 눈에 들어온다. 지금의 성벽은 8세기 아랍에 정복되면서 높게 축성된 것이고, 좁은 골목과 바닥은 아직도 로마시대의 구조를 그대로 유지하고 있었다. 돌을 깊이 박아놓은 바닥 군데군데에도 로마시대의 역사가 담겨 있었

로마시대의
구조를 간직하고 있는
골목길

다. 지도를 들여다봐도 도저히 알 수 없는 미로가 너무 많고, 상식적인 방향 감각으로는 목적지를 찾아갈 수 없을 정도로 교차로가 복잡했다. 우리를 안내하던 관광청 직원은 외적의 도시 점령을 방해하기 위한 전략이라고 설명한다. 그럴듯하다.

소란한 시장 한가운데서 찾아드는 모스크의 정적

메디나 구경은 알바흐르 문과 이어진 알사라야 알하므라에서 시작된다. '붉은 궁성'이란 뜻이다. 벽돌 계단을 따라 붉은 성벽 위로 올라가니 멀리 항구는 물론이고, 트리폴리 시내가 한눈에 들어온다. 바다를 향해 오른쪽으로는 트리폴리 신시가지가, 왼쪽과 뒤로는 메디나의 정겨운 고대도시가 펼쳐진다. 군사적 방어를 위해 만들어진 성채와 도시 덕분에 우리는 가장 편안한 자세로 도시 전경을 감상할 수 있었다. 궁성 안에는 한때 번성했던 지중해 교역 상인들을 위한 숙소와 왕족을 위한 방과 집무실, 여성 전용 공간인 하렘이 넓은 정원을 중심으로 복원되어 있었다.

알사라야 궁성에 들어서면 전통시장인 알무시르 수크가 시작된다. 트리폴리 시민들의 옛 삶이 녹아 있다. 매사에 느릿느릿한 리비아 사람들이 이곳에서만은 팔팔하게 생기가 도는 것 같다. 좁은 골목을 따라 말을 타고, 낡은 소형 트럭을 몰고 짐을 실어 나른다. 철물점에선 망치 소리가 들려오고, 나무 막대기로 카펫 먼지를 털어

내는 소리마저 정겹다. 전통 공예품과 토산품 가게에는 늙수그레 한 노인들이 앉아 있다. 다들 챙 없는 자주색 예배 모자를 쓰고, 하얀 지바 위에 가죽 조끼를 걸치고 있다.

작은 카펫을 사기 위해 가게에 들렀다. 주인은 자리에서 일어나지도 않고 내가 카펫을 이것저것 뒤집으며 고르는 모습을 물끄러미 바라보다가 자기 일을 계속한다. 외국인이라 말이 잘 안 통한다고 생각해서일까, 아니면 하나라도 더 팔려는 의욕이 없어서일까? 가격을 물으니 가격표대로라고 대답한다. 얼마나 깎아줄 수 있느냐고 물으니, 싫으면 그만두라고 무덤덤하게 말한다. 리비아의 나이든 세대는 사회주의 체제의 후유증이라는 중병을 앓고 있다. 사유 재산의 개념에 크게 얽매이지 않고 자족하고 살아가는 그들이기에, 하나라도 더 팔아보겠다고 억지 웃음과 친절을 늘어놓을 필요가 없겠다는 생각이 든다. 어떤 게 좋은 삶인지, 여행을 하다 보면 자주 고민하게 된다.

대시장 옆 하늘로 우뚝 솟은 첨탑 3개가 시선을 끈다. 시장과 모스크의 결합은 아랍 고대도시의 기본 구조다. 우뚝 솟아 있는 오스만튀르크 시대의 화려한 각형 첨탑이나 25개나 되는 작은 돔을 지붕에 얹은 기법이 예사롭지 않은 모스크가 시야에 들어온다. 아흐마드 파샤 카라만리 모스크다. 가까이 가서 보니 에스파냐 지배 시절에 건축된 교회 건물을 1711년에 모스크로 개조했다고 한다. 사각형 구조에 르네상스식 기둥이 아치를 받치고 있고, 벽면을 은은한 채색 타일로 꾸며놓았다. 투박하지만 나염이 잘되어 있는 페잔 지역의 모직 카펫이 깔려 있는 모스크 실내에 가만히 앉아본다. 소란한 시장 한가운데서 찾아드는 정적이라 경건함이 더하다.

카라만리 모스크 옆에는 2개의 모스크가 서로 붙어 있다. 알카루바 모스크와 안나카 모스크다. 아잔을 위해 맞은편 첨탑에 올라간 두 사람이 목소리를 높이지 않고도 대화를 나눌 수 있을 정도로 가깝다. 안나카 모스크는 트리폴리에서 가장 오래된 이슬람 건축이다. 650년경에 처음 건립되었으며, 17세기 초에 지금의 건물 형태로 개조되었다고 한다. 로마시대의 기둥에 42개나 되는 벽돌 돔을 얹은 것이 색다른 분위기를 자아낸다.

모스크를 지키는 이맘 팔라는 모스크에 얽힌 전승을 한참 동안 설명해주었다. 예언자 무함마드의 장인 시디 우마르가 낙타에 금을 싣고 이곳을 지나가다가 낙타가 더 이상 움직이지 않자, 신의 뜻으로 알고 낙타 무게만큼의 금을 희사해서 모스크를 지었다고 한다. 역사적 근거가 확실하지 않아 나중에 알파타대학 역사학과 무함마드 이드리스 박사에게 물어보았더니, 역시 사실 무근이었다. 그의 설명은 달랐다. 7세기 아랍의 정복자 아므르 이븐 알 아스(Amr Ibn Al-As) 장군이 트리폴리로부터 평화로운 항복 조건으로 낙타 한 마리에 가득 실은 조공을 제의받았는데, 그는 이 선물을 거부하고 대신 모스크를 건립하겠다고 하여 안나카 모스크가 세워졌다고 한다. 사실 여부는 알 수 없지만, 모스크 이름이 아랍어로 '암낙타'를 뜻하는 '안나카'이고 보면 낙타와 관련이 있는 것은 분명한 것 같다.

또 다른 실내 대시장인 튀르크 수크의 좁은 골목을 돌고 돌아 서북쪽 끝 해변으로 메디나를 거의 빠져나올 때쯤, 그냥 지나칠 수 없

도시로 보는 이슬람 문화

는 모스크가 나를 유혹한다. 구르기 모스크다. 발코니가 2개인 팔각형 미너렛의 우아함과 아치 위의 스투코, 9개의 기둥이 받치는 16개의 작은 돔, 벽면 타일 장식의 아름다움이 돋보인다. 1833년에 건설된 후대의 모스크이기는 하지만, 트리폴리에서는 놓쳐서는 안 될 명소다. 구르기 모스크 북쪽에는 앞서 언급한 로마 황제 마르쿠스 아우렐리우스(121~180)의 아치가 이슬람 도시인 메디나를 지키고 있었다.

메디나와 구분되는 신시가지는 그린스퀘어를 중심으로 알사라야 궁성과 이어져 있다. 이 광장에는 유네스코의 지원을 받아 자마히리야 박물관이 거창하게 들어서 있다. 선사시대 고고학 유물에서부터 모자이크와 조각을 중심으로 하는 페니키아와 로마시대 유물이 주로 전시되어 있으며, 이슬람 시대의 문화에 이르기까지 리비아 역사를 정리해 보여준다.

카다피와 함께 막을 내린 녹색의 시대

1969년 카다피의 혁명 이후 리비아는 녹색을 국가의 상징으로 삼았다. 국기도 녹색이고 교복도 녹색이다. 원래 녹색은 이슬람의 상징색이지만, 카다피는 이슬람에 충실한 자신의 이념과, 사막을 녹색의 옥토로 바꾸겠다는 강한 신념에서 녹색을 리비아와 카다피의 상징색으로 삼았다. 그래서 트리폴리에서 모든 길은 그린스퀘어로 통한다.

2011년 10월 카다피가 나토군과 반군에 의해 처형되면서 42년간의 녹색시대는 끝이 났다. 왕정 시대를 복원하는 새로운 국기가 제정되고 녹색 물결은 구시대의 잔재로 혐오의 대상이 되었다.

성벽에 갇힌 메디나를 나오면 18세기 초에 건설된 신도시의 모든 거리가 방사형으로 그린스퀘어에서 만난다. 항구 반대쪽 시원하게 뚫린 거리로 들어서본다. 도로 이름이 오마르 목타르(Omar Mokhtar)다. 이탈리아의 식민 통치에 저항해 독립투쟁을 벌인, 리비아에서 가장 존경받는 전설적인 영웅이다.

시리아 출신 명감독 무스타파 아카드가 오마르 목타르를 다룬 영화 〈사막의 라이온〉을 영국에서 제작했는데, 안소니 퀸이 오마르 목타르 역을 맡아 화제가 되었다. 우리나라에는 1982년 광화문 국제극장에서 개봉되었는데 당시 영화를 보고 충격을 받았던 기억이 생생하다. 이슬람 문화에 대한 인식이 거의 전무하던 시기에 이탈리아의 잔혹한 식민 통치에 저항한 이슬람의 종교적 가치와 꾸란 정신에 따라 당당히 저항한 그들의 자긍심이 큰 울림을 주었다. 19~20세기 서구 식민지 시대 이슬람 역사에 관심을 갖게 된 계기였을 것이다.

지금의 오마르 목타르 거리는 온통 상업지구다. 비즈니스센터, 깨끗한 서구식 점포와 부티크, 전자 상가가 도열해 있다. 거리가 끝나는 광장에서 트리폴리 세계 박람회 건물을 끼고 돌면, 다시 그린스퀘어로 되돌아온다. 이번에는 모하메트 마가리에프 거리를 따라 남쪽으로 방향을 바꾸어보았다. 알자자에르 광장에 이르자 특이한 성당 모양의 건물이 나타난다. 에스파냐의 짧은 통치 시절(1510~1530)에 사용된 듯하다. 혁명 이후 식민시대의 잔재는 청산되고 도로명은 모두 아랍어로 바뀌었다. 이 성당도 기독교인들이 떠난 후

모스크로 사용되고 있다.

성당 옆에 있는 식민시대 건축물은 트리폴리 중앙우체국이다. 오른쪽으로 타히티 거리가 나오고, 다시 오른쪽 길을 따라가면 자그마한 아랍식 가게들이 자리 잡은 상점가가 나타난다. 알자자에르 광장으로 돌아와 우체국을 지나 모하메트 마가리에프 거리의 남쪽 끝까지 걸어가면 이드리스 왕궁이 나온다.

우체국에서 곧장 북쪽으로 접어들면 바닷가 항구로 이어진다. 그린스퀘어에서 항구까지 걸어서 30분이 채 안 걸리는 거리인데도 신시가지 중심부가 시야에 들어온다. 트리폴리 관광의 묘미다. 그렇지만 아랍어 도로 표지판과 상점 간판을 읽지 못하는 유럽인이라면 결코 편하지 않으리라는 생각도 든다.

하얀색 건물과 고대 유적, 천혜의 해변으로 '지중해의 하얀 신부'라는 애칭을 가졌던 트리폴리는 이제 카다피 이후의 새로운 삶을 설계하고 있다. 신정부는 무능하고 나약해 치안이 불안하고 전쟁으로 찢어진 부족 간의 갈등과 원한도 여전히 치유되지 않고 있다. 북아프리카의 풍요를 상징하는 트리폴리가 제자리를 찾아가기를 염원해본다.

16

튀니스 **튀니지**

지중해에서 가장 아름다운 아랍 도시

북아프리카 지중해의 중심에 위치한 튀니지는
아름다운 풍광과 함께 고대 로마를 살찌운 젖줄로
우리의 관심을 끈다. 2011년 거대한 민주화 물결과
함성으로 지구촌을 울렸던 '아랍의 봄'
민중 시위의 산실이기도 하다. 아직은 경제적으로 낙후되고
민주화의 목적지까지는 갈 길이 멀지만 북아프리카
이슬람 국가 중에서는 가장 민주화 열망이 강하고
여성의 인권이나 사회참여 수준이 높으며, 개방성과 융합성이
앞서 있는 매력적인 나라다. 아랍 시민혁명 이후에도
대부분의 아랍 국가가 권위주의 군부정권으로 회귀하거나
내전으로 고통받을 때, 튀니지에서는
시민사회단체 4곳이 협력과 대화, 조정을 통해 사태를 수습해
다원적 민주주의 수립에 크게 기여했다.
바로 이 '튀니지 국민 4자 대화기구'가
2015년 노벨평화상을 수상하기도 했다.

튀니지의 수도 튀니스는 이탈리아 남부 시칠리아에서 바닷길로 불과 150킬로미터밖에 떨어져 있지 않다. 지중해가 오랫동안 유럽 남부 바다와 동의어로 쓰였지만, 튀니지를 보고 나면 북아프리카 지중해가 얼마나 아름답고 역사적으로 깊은 사연을 안고 있는지 확연히 깨닫게 된다. 그래서 나는 튀니지를 좋아한다. 6개월간 살아보기도 했고, 시간 날 때마다 튀니스 해변가에서 시간을 보냈다. 무엇보다 튀니지의 수도인 튀니스의 구도시 메디나와 엘자이투나 모스크, 지중해에서 가장 아름다운 아랍 도시 시디부사이드, 산호 속을 헤치고 다니는 환상의 해변가 함마메트, 한니발의 위엄과 포부가 살아 있는 카르타고가 특히 매혹적이다.

여성의 사회참여가 보장된 나라

지중해에서 튀니스의 구시가 메디나로 통하는 관문은 바브엘바하르, 즉 '바다의 문'이다. 아마도 지중해의 바닷물이 이 문을 통해

도시로 보는 이슬람 문화

들락날락한다고 믿었던 시절에 붙여진 이름인 듯싶다. 바브엘바 하르를 통해 시내로 이어지는 숲길이 튀니스 시내 일번가에 해당하는 하비브 부르기바 애비뉴다. 부르기바는 튀니지 독립전쟁의 영웅이자 초대 대통령으로, 31년간이나 통치한 튀니지 현대사의 중심 인물이다. 용기와 지성을 겸비한 그는 오로지 조국 튀니지를 위해 존재한 인물이었다. 아랍 국가 최초로 일부다처제를 폐지하고, 남녀평등과 여성의 사회참여를 제도적으로 보장한 지도자였다. 도시 슬럼가를 방황하는 수천 명의 불량소년을 '부르기바촌'에서 생활하도록 해 미래의 지도자로 길러낸 대통령이기도 하다. 1961년에는 북부 도시 비제르트에 주둔한 프랑스 군대를 무력으로 물리친 용기 있는 애국자였다. 그러나 장기 집권은 스스로가 이룩한 모든 것을 물거품으로 만들었다. 1987년 11월 7일, 그는 이미 오래전부터 치매 증세로 몸도 제대로 가누지 못해 산송장이나 다름없었음에도 의사가 통치 불능 판정을 내릴 때까지 권좌에서 내려오지 않았다.

2001년 여름 다시 튀니스에 갔을 때 거리 이름이 바뀌어 있었다. '11월 7일의 거리.' 그가 권좌에서 물러난 날이었다. 이제 튀니지 사람들은 더 이상 그를 독립전쟁의 영웅으로 받들지 않는다. 절대권력은 민족의 영웅조차 폐기처분해버린다는 비극적인 현실을 마음속에서 정리하기 위해, 잠시 숲길 벤치에 앉았다.

숲길이 시작되는 지점인 독립광장에는 이븐 할둔(1332~1406) 동상이 서 있다. 그 뒤로 짙은 녹음이 우거진 숲길이 펼쳐져 있고, 뜨거운 태양을 받아 싱싱한 원색의 꽃이 가득한 작은 화단이 꾸며져 있다. 벤치에 앉아 지나가는 사람들을 바라보는 재미가 남다르다. 저녁노을이 질 때쯤이면 외출했던 새들이 돌아와 나뭇가지에 앉아 지저귀는 소리에 숲길은 거대한 공연장이 된다. 시내 한복판에서 날마다 공연되는 새떼의 합창도 튀니스에서 빼놓을 수 없는 명물이다.

바브엘바하르를 지나 바닷가 쪽으로 형성된 지역이 튀니스의 원래 모습을 그대로 지니고 있는 메디나다. 모로코의 페즈나 마라케시의 규모에는 미치지 못하지만, 시장과 모스크를 중심으로 아랍의 도시가 살아 숨 쉰다. 메디나는 지중해를 끼고 있다는 사실 하나만으로도 골목이 밝고 청색 포인트가 돋보인다. 1300여 년이 지난 오늘날에도 초기 북아프리카 아랍 도시의 모습을 잘 간직하고 있어 유네스코 세계문화유산으로 보존되고 있다.

여성들은 하나같이 십사리(sifsari)라고 불리는 하얀 복장에 흰색 차도르를 머리 위에 살짝 얹었다. 하얀 이를 드러내고 웃음 짓는 튀니스 여성들은 차도르로 얼굴을 가린 채 곁눈으로 외간남자를 훔쳐보는 여느 아랍 여인들과는 달랐다. 물론 프랑스의 지배를 받으면서 유럽 문화의 영향을 받은 것도 있겠지만, 다른 문화를 쉽게 받아들이고 여성의 노동력과 공동체 역할을 중시하던 북아프리카 지중해 문화의 개방적인 특성도 무시할 수 없을 것이다. 그래서 튀니스 시내 어디를 가나 일하는 여성들을 쉽게 만날 수 있다. 퇴근 시간 오토바이를 타고 시내를 질주하는 젊은 여성도 흔하게 볼 수 있다.

이곳의 이슬람은 폐쇄적이고 고리타분하다는 생각이 들지 않는

도시로 보는 이슬람 문화

다. 현실과의 조화를 이루고 있어 이방인이 편한 느낌을 받는다. 비무슬림 여행객에게도 쉽사리 모스크 내부를 개방해준다.

메디나의 중심인 엘자이투나 모스크로 가보았다. 신앙의 장소인 동시에 한때 아랍 세계에 널리 알려졌던 명문 대학이 있는 곳이다. 아랍 세계 최고의 지성으로 손꼽히는 이븐 할둔을 배출한 곳이 이 자이투나대학이다. 현대 사회학의 아버지이자 독보적인 역사 서술 체계를 확립한 이븐 할둔은 이슬람 세계뿐만 아니라 서양 인문학 계에서도 높이 평가받는 학자다. 엘자이투나는 '올리브나무'라는 뜻이다. 모스크를 지키는 이맘 슐레이만은 모스크가 들어선 자리에서 스승이 올리브나무 그늘에 앉아 제자들에게 이슬람 학문을 전수했다고 들려주었다. 그러나 지금은 한 그루의 올리브나무도 찾아볼 수 없었다.

건축 기법은 그다지 화려하지 않지만 돔을 떠받치는 기둥이 제각각인 것이 인상적이었다. 카르타고의 신전이나 로마 유적지 등에서 가져온 200여 개의 기둥을 사용해 모스크를 지었다고 한다. 실내에는 옅은 황색 카펫이 깔려 있고, 돗자리에 앉아 꾸란을 읽고 있는 노학자의 낭랑한 목소리가 마음을 편안하게 해준다.

신앙의 장소일 뿐만 아니라 학문의 전당이기도 했던 모스크 주변에는 도서관이 있기 마련이다. 시장을 헤집고 꼬불꼬불한 골목을 몇 굽이 돌아가면 튀니지 국립도서관이 나타난다. 누가 안내해주지 않으면 쉽게 찾을 수 없는 곳에 숨어 있다. 커다란 간판도 높은 상징물도 없기 때문이다. 이 도서관에는 수만 권에 달하는 귀중한 아랍어 필사본 서적이 보관되어 있다. 전 세계에서 온 방문 연

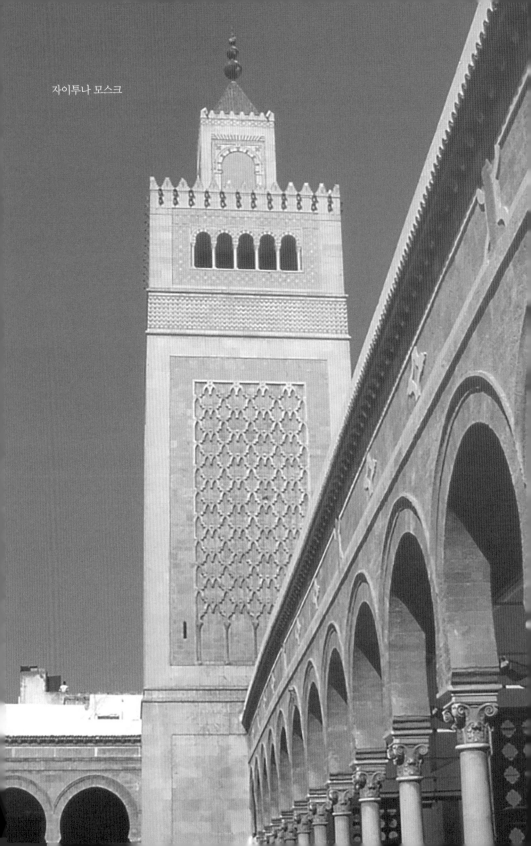
자이투나 모스크

구자들이 공부하는 모습이 인상적이다. 나도 이곳에서 공부하면서 신라에 관한 기록이 담긴 8~9세기 원본 20여 권을 확인할 수 있었다. 당시 튀니지의 높은 문화 수준과 학문적 성과를 짐작해볼 수 있다.

튀니지에서 쇼핑하는 법

여느 아랍 도시와 마찬가지로 모스크 주위에는 전통시장인 수크가 자리 잡고 있다. 거리마다 특산물이 가득하다. 어디선가 강한 향수 냄새가 바람에 실려온다. 그 향기를 따라가면 엘아따리네 향료시장이 나타난다. 색색의 예쁜 유리 호리병에 진귀한 향수와 꽃잎이나 식물에서 추출한 향료 기름을 넣어\ 판매한다.

　모스크 바로 앞뜰 골목은 가죽시장이다. 낙타 통가죽으로 만든 서류 가방 하나를 구입했다. 65달러에 시작해서 약 20분에 걸친 흥정 끝에 12달러에 살 수 있었다. 이곳에서 물건 값은 끈기와 미소를 잃지 않는 여유가 결정해준다. 1분이면 80퍼센트에 살 수 있고, 5분 투자하면 50퍼센트 이하로 살 수 있다. 정말 친구처럼 가까워지면 공짜로 얻을 수도 있다. 겉에 낙타 그림이 양각된 가방을 구매하니 즐거웠다. 주인도 모처럼 흥정다운 흥정을 했는지, 차 한잔을 권하며 흐뭇한 표정이다. '샤이 아흐다르.' 그린티다. 맑은 홍차에 진하게 설탕을 풀고 박하 잎을 띄운 민트차인 셈이다. 북아프리카 전역에서 즐겨 마시는 대중적인 차다.

내가 튀니지에 있는 동안 나와 오랜 시간을 함께 보낸 동료 벤 알리는 일상적인 대화는 아랍어로 하지만, 정치적인 이슈나 학술적인 문제를 이야기할 때는 프랑스어가 편하다고 한다. 프랑스어는 초등학교 때부터 제2외국어로 가르친다. 중학교부터는 프랑스어로 수업이 진행된다. 심지어 국립튀니지대학에서도 신학과 법학, 아랍어 문학 등을 제외한 많은 강의가 프랑스어로 진행된다. 1980년대 내가 공부할 때만 해도 우체국이나 은행 창구에서 마주치는 여성들은 내가 아랍어로 물으면 프랑스어로 대답하곤 했다. 350년간 튀니지를 지배한 오스만튀르크의 영향보다 76년간(1881~1956) 식민 통치한 프랑스의 힘이 더 크다. 프랑스의 문화 이식 정책이 얼마나 철저했는지 알 수 있다.

오랜 프랑스 식민 통치가 남긴 것

지금 튀니지의 모습은 많이 바뀌고 있다. 많은 사람이 구도심인 메디나를 떠나 보다 쾌적한 신도시나 교외로 터전을 옮기고 있다. 새롭게 등장한 부유층 주택가로는 한때 왕궁 정원이 있던 벨베데레 언덕이 대표적이다. 프랑스 식민시대에 조성된 신도시에는 관공서와 깨끗한 길거리는 기본이고, 아름다운 공원과 분수가 있는 정원, 카페와 부티크, 동물원과 올림픽 규격의 옥외 수영장, 로마시대의 유물이 전시되는 박물관과 현대 미술관 등이 자리 잡고 있어 이른바 유럽풍 문화지대로 각광받고 있다.

도시로 보는 이슬람 문화

바로도 박물관도 **빼놓**을 수 없다. 19세기 오스만튀르크 시대의 왕궁에 자리 잡은 바로도 박물관에는 튀니지의 복잡한 역사를 한 눈에 조망할 수 있는 유물이 시대와 문화권별로 전시되어 있다. 페니키아, 로마, 반달족, 초기 기독교, 비잔틴, 아랍, 오스만튀르크, 프랑스의 지배를 차례로 받으며 끊임없는 부침을 겪었던 튀니지의 역사와 문화를 한번쯤 정리해볼 수 있는 곳이다. 박물관에는 세계에서 가장 규모가 큰 로마시대 모자이크가 전시되어 있다. 천장과 벽면을 가득 채운 모자이크를 통해 3세기 북아프리카를 장악한 로마 문화의 영향을 확인할 수 있었다.

이렇게 복잡한 변화와 섞임의 역사를 거친 민족이 오늘날에는 어떤 모습으로 살아가고 있을지 궁금해진다. 거리에서 만난 사람들의 모습이나 표정은 아랍식인데, 생활 방식은 유럽식을 추구하고 있다. 그런데 왠지 어색하고 자연스럽지 못하다. 정체성이 강하기로 소문난 아랍인으로서는 이례적인 모습이다. 그들 스스로도 인정하듯이 프랑스의 영향이 너무나 깊게 남아 있어서 이슬람과 아랍, 프랑스라는 세 축 사이에서 조화와 균형을 찾아가려는 것이 오늘날 튀니스의 본모습인 것 같다. 긴 역사가 그러했듯이 지금 그들도 변화하는 과정에 있다.

시디부사이드,
유럽 대문호들이 사랑한 지중해 해변 마을

시디부사이드는 유네스코 세계문화유산에 등재될 정도로 역사가 깊고 아름다운 지중해 언덕의 푸른 마을이다. 튀니스에서 북서쪽으로 18킬로미터 거리에 있다. 역사 도시 카르타고와 인접해 있다. 기차로 40분이 채 안 걸리는 거리다. 카르타고 역을 지나자마자 멀리 언덕 위로 하얀 집과 푸른 발코니가 보인다. 지중해의 파란 물결에 비친 하얀 집들은 지중해 해변 기슭 어디에서나 볼 수 있는 풍경이다. 돌계단을 따라 시디부사이드 골목을 천천히 오르는 코스는 힐링과 환상 그 자체다. 좁은 골목 양옆으로 하나같이 하얀색 벽과 지붕에 푸른색 대문과 발코니를 걸친 이층집이 도열해 있다. 지중해의 하늘 색깔을 꼭 닮은 푸른 아치형 대문에는 노란색 꽃무늬의 금속 장식을 달았고, 기둥과 아치가 만나는 대문에는 기하학적 무늬를 손으로 그려놓았다. 투박하지만 정감 있는 이 마을의 성격을 그대로 보여준다.

좁은 골목은 전 세계에서 몰려든 관광객으로 발 디딜 틈이 없다. 하얀 집들은 사람이 사는 공간이기도 하고, 가게가 되기도 하고, 관광객을 위한 숙박 시설이 되기도 한다. 집들 사이 좁은 공간에 있는 그늘에서만 간간이 튀니지 사람들을 만날 수 있었다. 주사위놀이를 하거나 담배를 피우거나 책을 읽는 사람들, 그냥 우두커니 앉아서 지나가는 관광객들을 하루 종일 바라보는 터번 쓴 노인들. 가끔은 인파를 헤치고 지나가는 여성들이 보인다. 하얀 치마를 입고

도시로 보는 이슬람 문화

돌계단을 따라
천천히 오르는 코스는 힐링과
환상 그 자체다.

머리에는 하얀 차도르를 둘렀다. 살짝 드러낸 까만 얼굴이 더욱 아름답게 보인다. 골목은 그 자체가 수크다. 가죽 제품에서 카펫 수공예품에 이르기까지 수백 개 가게에 수천 종류의 물건이 손님들을 유혹한다.

하비브 타무르 계단 골목의 정상에 다다랐다. 그곳에서 만나는 자그마한 모스크 하나. 하얀 돔을 올린 자우이야 아부 사이드 모스크다. 시디부사이드라는 지명과 관련이 있는, 이 마을의 사연을 담고 있는 현장이다. 주인공은 바로 아부 사이드 칼라브 번 야프야 엘 타미미 엘 베지라는 긴 이름을 가진 이슬람 성자다. 그는 누구나 명상과 기도를 통해 신을 만날 수 있다는 이슬람 신비주의에 바탕을 둔 민중 신앙을 확립했고, 마을 사람들의 존경과 추앙을 받았다. 16세기에 이르러 그의 묘당이 세워져 신앙의 성지가 되었고, 그것이 바로 오늘날의 모스크 자리가 되었다. 지금도 뱃사람들은 아부 사이드를 풍랑으로부터 자신들을 보호해주는 수호성인으로 여기며, 매년 8월이면 이 모스크에서 성대한 추모 의식이 거행된다고 한다.

모스크를 나오려는데 커피 볶는 구수한 냄새가 난다. 카페 '나테스.' 빨간 제라늄과 부겐빌레아꽃이 흐드러지게 피어 있는 담장을 끼고 좁은 계단으로 올라가 카페 베란다에 앉으니, 마을 전체와 해변이 한눈에 들어온다. 시디부사이드의 진가를 제대로 만끽할 수 있는 풍광이다. 한때 유럽의 대문호들이 예술의 메카라고 예찬하면서 시디부사이드를 찾아와 작품 활동을 하던 심정을 어렴풋이 이해할 수 있을 것 같았다. 프랑스 작가 앙드레 지드, 《보바리 부인》으로 잘 알려진 소설가 플로베르, 스위스 화가 파울클레 등이 그들이다.

카페 나테스를 지나 언덕 아래로 이어지는 골목은 헤디자룩 길이다. 232개 계단을 내려가면 해안가 항구에 닿는다. 담벼락 사이로 진한 향기가 풍겨온다. 자그마한 하얀 꽃들이 방금 꽃망울을 터뜨렸다. 자스민꽃이다. 튀니지 어느 골목에서도 쉽게 만날 수 있는 친근한 아프리카 지중해의 향기다. 항구로 들어서자 소녀 셋이 달려온다. 손에는 한아름씩 자스민 부케 다발을 들었다. 아직 꽃망울이 터지지 않은 자스민을 실에 꿰어 목걸이를 만들어 목에 걸어준다. 며칠 전 밭에서 주운 것이라며 강매하는 아이들… 카펫 가게 점원의 끈질긴 설득과 싸고 시설 좋은 모텔을 소개해주겠다고 떼쓰는 호객꾼들에게 짜증이 났던 차에 자스민 목걸이는 신선한 거래였다. 1달러를 주니 두 다발을 준다. 나이가 위인 듯한 소녀의 왼쪽 귀에 한 송이 작은 자스민꽃이 꽂혀 있다. 그 꽃을 내 귀에 꽂아달라고 하니 금세 소녀의 얼굴이 붉어진다. 옆에 있던 아이가 놀리듯이 거든다.

"아저씨, 총각이에요? 왼쪽 귀에 꽃 한 송이 꽂으면 시집가고 싶은 거래요."

아! 그렇구나!

항구에서 올려다보는 시디부사이드는 또 다른 감회를 준다. 마을 안쪽을 보기 전 기차역에서 올려다본 느낌과 아름다운 돌계단 길을 훑어 내려온 뒤에 바라보는 감정이 사뭇 다르다.

유럽 대문호들이 사랑했던 이 거리는
관광객들로 발 디딜 틈이 없다.

한니발의 도시 카르타고

시디부사이드까지 왔으면 바로 옆 카르타고를 그냥 지나칠 수 없다. 튀니지를 여행하는 사람들의 가장 중요한 목적지일 것이다. 카르타고는 페니키아가 북아프리카에 세운 무역 거점 도시였다. 페니키아는 지금의 레바논, 시리아, 이스라엘 해안가를 무대로 지중해 무역을 독점하던 수준 높은 해상 세력이었다. 그들은 주석과 은, 유리제품과 세다(cedar) 목재를 지중해 여러 지역에 수출하면서 부를 축적했고, 오리엔트의 우수한 문화를 지중해의 여러 거점 도시에 실어 나르는 문화의 전파자 역할을 했다. 페니키아 문자가 유럽으로 건너가 알파벳의 기원이 되었다는 것은 교과서에서 익히 배운 사실이다. 하지만 그것은 페니키아 자체의 문자라기보다는 오리엔트 문자를 페니키아인들이 전달해준 것이다.

튀니지 사람들의 전승에 따르면, 카르타고시의 첫 건설은 페니키아 티레의 공주 디도와 관련이 깊다. 티레의 왕 벨루스의 딸 디도는 오빠 피그말리온이 왕위에 올라 사랑하는 남편 시카에우스를 숙청하자 배를 타고 망명길에 올라 카르타고에 도착했다. 기원전 814년의 일이다. 디도는 소 외양간만큼의 땅만 주겠다는 토후의 제안에 기지를 발휘해 줄을 가늘게 계속 이어 거대한 외양간을 만들었다. 그것이 지금의 카르타고시가 되었다고 한다. 현지 뱃사람들은 그녀를 엘리사-디도라 부르며 항해의 수호여신으로 받든다.

수많은 사연을 뒤로한 채 카르타고 옥외 박물관으로 들어섰다. 유적지에는 로마시대의 흔적이 즐비하다. 카르타고의 영광과 문화

로마시대 안토니우스 목욕탕 유적

유산을 알려주는 흔적은 거의 남아 있지 않다. 카르타고 해안이 내려다보이는 곳에 자리 잡은 안토니우스 목욕탕과 로마 극장, 마곤 지역 귀족들의 거주지와 아무렇게나 흩어져 나뒹굴고 있는 기둥이 카르타고를 지배한 로마의 승리를 말해주고 있을 뿐이다. 유적지 한가운데 자리 잡은 대통령 궁을 지키는 군인들이 내 카메라 포커스를 계속 주시하고 있어 오래 머물 수도 없었다. 유적지를 벗어나 해안가로 나왔다. 지중해 너머로 멀리 로마를 바라보고 있는 포에니 선착장만이 세계 제패를 꿈꾸며 진군했던 한니발의 영광을 어렴풋이 떠올리게 할 뿐이다.

기원전 3세기 초 로마의 팽창으로 지중해 해상권을 둘러싼 두 세력의 다툼은 피할 수 없게 되었다. 카르타고의 무역 거점이던 시칠리아는 물론 코르시카와 사르데냐까지 로마에게 빼앗기자 카르타고는 로마 본토 원정에 나섰다. 기원전 218년 카르타고의 명장 한니발은 시칠리아를 통해 지중해를 가로지르는 길을 택하지 않고, 에스파냐를 거쳐 로마로 진군했다. 2차 포에니 전쟁이다. 한니발은 보병과 기병, 그리고 40마리의 코끼리 부대와 함께 피레네산맥과 알프스를 넘는 과감한 행군을 택했다. 당시로서는 누구도 예상하지 못한 경로였다. 그러고는 로마를 공격해 점령해버렸다.

그러나 한니발의 로마 입성은 그리 오래가지 못했다. 기운을 차린 로마도 스키피오 장군을 앞세워 대반격에 나섰기 때문이다. 에스파냐를 지나 계속 쫓기던 한니발 군대는 기원전 202년 튀니지 남부 자마 전투에서 대패했다. 이제 로마에게는 세계 제국으로 가는 문이 활짝 열렸다. 부하 몇 명과 함께 달아나던 한니발은 지중해 전역을 가로질러 멀리 이스탄불 교외까지 쫓겨났다가 그곳 이즈니크 호수에서 조용히 숨을 거두었다. 지금은 초라한 무덤만이 비통했던 마지막 순간을 희미하게 전해주고 있을 뿐이다.

하지만 카르타고는 호락호락하게 로마의 통치를 받아들이지 않았다. 3차 포에니 전쟁(기원전 149~146)으로 일컬어지는 카르타고의 봉기가 잇달았다. 분노한 로마는 도시를 철저히 파괴했다. 카르타고 시민들의 정신적 안식처였던 디도 여신의 신전까지 쓸어버렸다. 대학살과 추방이 이어졌고, 불에 타 잿더미가 된 땅에는 소금이 뿌려졌다. 다시는 풀 한 포기 자라지 않는 땅이 되리라는 저주와 함께. 철저한 응징을 거쳐 카르타고는 로마의 도시로 다시 태어났다. 로마 유적지 밑바닥에 아직도 하얀 소금 흙이 깔려 있다며, 우리를 안내한 튀니지대학의 예비 고고학자 히디브는 분통을 터트렸다.

물론 로마의 영광이 카르타고에만 스며든 것은 아니었다. 기원 이후부터 튀니지 전역은 화려한 로마시대와 함께 새로운 역사를 맞았다. 도가에 있는 원형극장과 엘젬(El Djem)의 콜로세움은 북아프리카에 남아 있는 대표적인 로마 유적지다. 튀니스에서 서쪽으로 p-5 국도를 따라 2시간 거리에 있는 도가는 원래 누마니아 왕국의 수도였는데, 2세기경에 세워진 원형극장과 농경의 신 사툰의 신전, 유피테르 신전, 포룸과 공중목욕탕 등이 잘 보존되어 있다. 특히 신전과 극장에 이르는 도로에 깔린 정교한 모자이크는 강한 햇빛에 다소 퇴색했지만, 선명한 아름다움을 그대로 유지하고 있다. 엘젬은 튀니스 남쪽 190킬로미터 지점에 있는데, 로마와 카푸아에 이어 세계에서 세 번째로 큰 원형경기장이 이곳에 남아 있다. 당시 밀

엘젬 원형경기장.
전 세계 로마 유적 중 가장 잘 보존되어 있다.

곡창 지대였다고는 하지만 해안가에서 멀고 사막과 이어진 이곳에 3만 5000명을 수용할 수 있는 대규모 원형극장을 세운 배경이 쉽사리 납득이 가지 않을 정도다. 두 도시의 유적지 모두 유네스코 세계문화유산에 등재되어 있다.

마지막으로 카르타고 전체를 조망하기 위해 비르사 언덕을 올랐다. 멀리 포에니 항구가 보였지만 지난날의 페니키아를 떠올릴 수 있을 만큼 상상력을 자극하는 분위기는 아니었다. 언덕에는 1890년에 지어졌다는 세인트루이스 성당이 지나치게 우뚝 솟아 있었다. 성당 뒤편 국립 카르타고 박물관에 전시된 페니키아 유물을 보는 것으로 당시의 화려했던 삶을 잠시 떠올려보는 수밖에 없었다.

북아프리카 지중해의 파라다이스 함마메트

튀니지에 오면 가까운 지중해 해변 도시 함마메트도 빼놓을 수 없다. 수도 튀니스에서 자동차로 동남쪽 해변을 따라 1시간 거리에 있다. 함마메트는 '목욕'을 뜻하는 아랍어 함맘(Hammam)에서 유래한 지명이다. 동성 간에도 치부를 가리고 예를 갖추는 대리석 사우나가 전통적인 아랍의 함맘이었는데, 지금은 외국인들이 나체로 즐기고 있다.

해변을 따라 이어지는 앗드 이븐 엘 푸라트 애비뉴를 따라 대추야자와 오렌지나무가 숲을 이루고, 하늘을 향해 쭉쭉 뻗은 삼나무가 가로수를 이루고 있다. 삼나무 키보다 높지 않게 지어진 나지막

한 리조트와 호텔이 울타리를 치고 전용 해변을 만들어 고객에게만 개방하고 있다. 해변에는 화려한 외관으로 유혹하는 고층 건물이 없어서 좋았다.

루마니아의 억만장자 게오르그 세바스찬이 1920년대에 지은 빌라가 눈에 띈다. 튀니지의 전통이 가미된 이 곳은 당시 세상에서 가장 아름다운 빌라라는 극찬을 받았다. 2차 세계대전 중에는 나치 사령관 로멜의 거처로 쓰였고, 한때 윈스턴 처칠이 회고록을 집필하기 위해 머물기도 했다. 1962년 튀니지 정부가 구입해 지금은 국제문화센터로 탈바꿈했다. 정원에는 세계 각지에서 가져온 300여 종의 화초가 우아한 풀장의 물살에 비쳐 살랑거린다. 빌라 정문은 해변으로 연결돼 있고, 옥외로는 국제 함마메트 페스티벌이 열리는 네오그리스풍의 극장으로 이어진다.

유럽의 예술가들이 품격 있는 해변 도시 함마메트를 가만둘 리 없었다. 시디부사이드를 예찬했던 앙드레 지드, 오스카 와일드, 조르주 베르나노스, 클레 같은 예술가들의 휴양지가 되면서 함마메트는 더욱 유명세를 타게 되었다.

산낙지의 추억

유럽인들을 위한 폐쇄된 해변을 5분만 벗어나면 또 다른 함마메트를 만난다. 놀이 공간을 빼앗긴 튀니스 아이들과 아낙네들이 파도에 부딪히는 바위 위에서 옷을 입은 채 멱을 감고 있다. 바다에 잠수를 해서 문어나 낙지를 잡아 올려 바위에 패대기를 친다. 그러고는 바다에 도로 던져버린다. 그 아까운 산낙지를….

우리 일행 중 몇 명이 용기를 내서 바다에 뛰어들어 낙지를 건져 올렸다. 문어와 낙지, 굴이 바닷속 바위 여기저기에 널려 있을 정도다. 고추장에 산 채로 찍어 먹고 살짝 데쳐 먹기도 하면서 풍성한 별미를 즐기는데, 갑자기 동네 사람들이 우르르 몰려와 우리를 구경했다. 낙지를 산 채로 먹는 희한한 종족이 있다고 아이들에게 전해 들은 모양이었다. 아랍 사람들은 전통적으로 비늘 없는 생선을 먹지 않기 때문에 조개나 굴, 낙지, 오징어 같은 해산물을 금하는 관습이 있다는 사실을 잠시 잊었다. 겸연쩍은 표정으로 서둘러 숙소로 돌아왔다. 문제는 다음 날 아침이었다.

누가 찾는다고 해서 나가보니, 아이들 네댓 명이 저마다 철사줄에 낙지 몇 마리씩을 꿰어 매달고 우리를 찾아온 것이다. 그러고는 5달러를 요구한다. 낙지 먹는 모습을 보고 바다에 널린 낙지를 잡아다가 돈을 벌 셈으로 아침 일찍 들고 온 것이다. 그들이 던져놓고 간 수십 마리 낙지를 며칠 동안 질리도록 먹었던 기억이 생생하다.

해변만 보고 함마메트를 떠나기가 아쉬워 낮에는 구시가인 메디나 전체가 보이는 자그마한 식당 데라포스테를 찾았다. 구시가의 전경과 성채 카스바, 멀리 해변까지 내려다보이는 곳에서 튀니지 지중해의 대표적인 요리 쿠스쿠스를 맛보았다. 밀을 잘게 부수고 향료와 버터, 해물과 생선을 듬뿍 넣어 볶아낸 음식이다. 북아프리카 정서가 담긴 주식으로, 우리 입맛에도 잘 맞았다. 육류를 넣는 쿠스쿠스 라흠이 아니라 생선으로 요리하는 쿠스쿠스 사마크를 주문했다. 주방장은 멀리서 온 동양의 이방인을 위해 직접 담근 올리브 피클과 올리브로만 만든 요리 10여 가지를 테이블에 늘어놓는다. 피클 종류만 여러 가지다. 검은색, 녹색, 황갈색의 다양한 색깔에 올리브 허브와 향료를 넣은 것도 있어 맛과 향이 다 달랐다.

척박한 땅에서 뜨거운 햇살을 받고 자라는 올리브는 지중해 사람들에게 없어서는 안 되는 삶의 동반자이자 생존 그 자체다. 자그마한 올리브나무 그늘은 지나가는 카라반에게 휴식 공간이 되어주었다. 열매로 갖가지 음식을 만들 뿐만 아니라 올리브 기름을 짜고 비누를 만든다. 나뭇가지와 밑동은 귀중한 목재로 쓰인다. 올리브는 아랍 지역은 물론 이슬람 지역 어디에서나 풍요와 사랑의 나무이자 오아시스의 상징이다. 그러니 주방장 하비브가 우리에게 특별히 대접한 올리브는 단순한 음식의 의미를 넘어선 것이었다. 그날 먹은 쿠스쿠스의 맛과 올리브 접시가 아직도 아련히 떠오를 정도로 기억에 남는다.

알제 알제리
카뮈와 지드의 정신적 고향

Alger / Algérie

북아프리카 서쪽에 위치한 알제리는
우리에게 잘 알려진 나라는 아니다. 그 나라의 역사와 문화는
잘 모르지만 우리가 의식하지 못하는 사이에
우리 마음 깊숙이 자리하고 있다.
프랑스 소설가 알베르 카뮈의 고향이고,
《이방인》, 《페스트》의 배경이 된 땅이기 때문이리라.
프랑스의 대문호 앙드레 지드는 알제리를 비롯한
아프리카 일대를 여행한 경험을 바탕으로
소설과 시, 회고록을 쓰기도 했다.
역사적인 대문호들의 활동 무대였던 알제리는 오늘날
그리 좋은 이미지로 다가오지는 않는다.
1962년에 132년간의 프랑스 식민지에서 벗어난 뒤로,
쿠데타가 끊이지 않았고 국가 원수가 수시로 바뀌는 등
하루도 조용할 날이 없었다. 그러나 오늘날 알제리는
아프리카의 투명한 햇빛과 지중해의 푸른 바닷물로
아픈 상처를 치유하고 새롭게 일어서기 위한 준비로 분주하다.
피로 얼룩진 역사를 씻어내고 그동안 가려져 있던
북아프리카 지중해의 깊은 역사와 아름다운 사연이 진주처럼
하나씩 베일을 벗고 우리 앞에 모습을 드러내고 있다.

프랑스 식민지에서 근대 아랍 도시로

알제리로 가는 여정은 그리 쉽지는 않다. 서울에서 11시간을 날아 이스탄불에 도착해서 다시 4시간을 더 가야 알제 공항에 닿는다. 물론 파리를 경유하는 항공편을 택할 수도 있다. 알제에 도착하니 하얀 차도르를 걸친 여성들과 삼각형 고깔모자를 쓴 노인들이 눈웃음으로 반갑게 맞아주었다. 원시의 지중해를 끼고 언덕에는 하얀 집이 있고 그 아래로 하얀 모스크와 성채들이 자리 잡은 모습은 독특한 북아프리카 이슬람의 정취를 물씬 풍긴다.

알제의 첫인상은 밝은 미소지만, 도심 곳곳에는 슬픈 역사의 흔적이 여전히 살아 있었다. 오랜 세월 이민족의 식민 지배를 받았기 때문이리라. 1830년 프랑스 군대가 알제로 들어온 이후 1962년 독립을 쟁취할 때까지 알제리는 무려 132년간 프랑스의 속박에서 숨을 죽이며 처절한 독립투쟁을 벌였다. 그동안 100만 명 이상이 조국 해방을 꿈꾸며 목숨을 바쳤고, 200만 명이 넘는 사람들이 고향을 떠나 멀리 외지로 강제 이주당하는 서러움을 겪었다. 이슬람 모

　도시로 보는 이슬람 문화

스크는 성당으로 바뀌고 알제리의 전통과 역사는 심하게 왜곡되었다. 더욱이 모국어인 아랍어 대신 프랑스어를 강요받았다. 그래서 지금도 어린아이부터 노인에 이르기까지 누구나 프랑스어를 자유롭게 구사한다.

여행자에게는 보통 영어가 생존 무기다. 그런데 알제리에서는 영어가 거의 무용지물이다. 내 뜻을 전혀 전할 수 없고 원하는 것을 얻을 수 없다는 위기감이 밀려온다. 주요 관광지에서도 영어 간판이나 설명서를 볼 수 없었다. 큰 서점에 가면 영어로 된 자료가 있을까 싶었는데, 기대가 너무 컸던 모양이다. 20년 전에 배운 서툰 아랍어를 더듬거리며 위기를 모면할 수밖에 없었다.

알제리 주민들의 삶에는 고대 역사의 숨결이 여전히 묻어나고 있었다. 그 중심지가 수도 알제다. 아랍어로 엘제자이르라 불리는 이곳은 고대 페니키아 시절부터 중요한 항구 도시였고, 10세기경에는 로마와 북아프리카를 연결하는 교역 도시로 성장했다. 그 때문인지 국제교역의 요충지로서 알제 항구는 일찍부터 외세는 물론 해적들의 주된 공격 목표가 되었다. 결국 16세기 오스만 제국의 지배를 받아야 했지만, 발전의 발판으로 삼으며 거듭나기 시작했다. 지금 남아 있는 성채나 모스크, 마드라사(신학교) 등은 이 시기에 건축된 것이 대부분이다.

처절한 독립투쟁의 역사를 가진 순박한 사람들

가까이서 알제를 호흡하기 위해 언덕을 내려와 해안가 구시가로 들어섰다. 알제 시민들이 모이고 시내버스가 집결하는 중심지인 메디나 지역의 순교자 광장에 서니 11세기에 건립된 '제마엘카비르'라 불리는 거대한 모스크가 눈에 들어온다. 겉모습부터 다른 이슬람 국가에서 보던 것과 무척 달랐다. 흰색과 베이지 계통의 밝은 색 돌로 꾸민 중앙 돔은 지중해와 사하라의 두 자연 환경을 보여주며, 미너렛이라 불리는 첨탑을 직사면체로 높이 쌓아 각 면에 정교한 조각을 새겨놓았다. 북아프리카 이슬람 건축의 특징이다. 직사면체 미너렛 건축 양식은 모로코와 지브롤터(아랍어 '자발타리크'에서 유래한 단어로 '타리크의 산'이라는 뜻) 해협을 거쳐 에스파냐 남부 안달루시아 건축으로 이어졌고, 그 뒤 가톨릭 대성당(카테드랄)의 종탑에도 영향을 미쳤다. 이슬람 도시에서 흔히 볼 수 있듯이 이곳에서도 거대한 모스크가 다양한 기능을 발휘하고 있었다. 목욕탕과 도서관, 관공서와 박물관 주변에 큰 시장인 바자르가 자리하고 있었다.

끝없이 이어지는 인파 사이로 여기저기 골목길이 나 있었다. 각양각색의 물건이 손님을 기다리고 있고, 여기저기서 시끌벅적한 흥정이 벌어지고 있으니, 이곳이야말로 역동적인 삶의 공간이라는 생각이 들었다. 아직 외국인 혐오가 남아 있다며 골목길 안으로는 절대 들어가지 말라던 관광 안내원의 당부와 경고는 이미 내 머릿속을 떠난 지 오래였다. 그들도 우리와 똑같은 사람이었다. 다들 친절하

도시로 보는 이슬람 문화

알제 구도심 메디나

고 따뜻했다. 비록 초라한 옷차림이었지만 마음까지 남루하지는 않았다. 겉모습만 보고, 경제 수준만 보고, 그 나라의 역사와 문화를 쉽게 판단해버리는 편협한 사고는 일찌감치 버려야 한다는 진리를 이곳에서 다시 한번 뼈저리게 느꼈다.

골목길을 따라 올라가면 카사바라 불리는 오스만 제국 시대의 마을이 나타난다. 알제에서 가장 오래된 역사 구역이고 가장 가난한 사람들이 사는 곳이다. 순박해 보이는 그들에게서 외국인을 경계하는 눈길은 찾아볼 수 없는데, 왜 이들을 조심해야 하는지 이해할 수 없었다.

사람들이 모여 있는 찻집으로 들어갔다. 여성은 없다. 외국인도 찾아볼 수 없다. 갑자기 들이닥친 동양인에게 사람들의 시선이 집중된다. 맨 먼저 물어보는 것은 국적이다. "꾸리? 친? 야반?" 아마 한국이냐 중국이냐 일본이냐를 물어보는 것 같다. "코리아"라고 대답하면 대뜸 다시 묻는다. "제눕, 쇼말?" 남한이냐 북한이냐? 남한에서 왔다고 하고 아랍어 인사말로 한두 마디 대꾸하면 그때부터 질문 공세가 이어진다. 그들은 집요하다. 잠시도 이방인을 가만히 내버려두지 않는다. 그 대가는 풍성한 대접이다. 차가 떨어지면 어느새 새 차가 나온다. 민트를 넣은 찻주전자가 수시로 바뀐다. 누군가 계산을 했는지, 아니면 주인의 선심인지 알 수 없지만 찻값을 받지 않는다. 멀리 동양에서 온 손님에 대한 최소한의 예의다. 물론 도심에 있는 세련된 찻집에서는 꼬박꼬박 찻값을 받는다. 그것도 환율을 계산하면 실제 가격보다 더 많이 받는다. 혼동하면 안 된다.

도시로 보는 이슬람 문화

찻집을 나오니 모락모락 피어오르는 연기가 보인다. 수백 년 된 목욕탕인 함맘에서는 아직도 따스한 기운이 피어오르고 있었다. 길에서 만난 꼬마는 꼬불꼬불한 골목길을 따라 한참 동안 우리를 안내하더니, 어느 집 앞에서 멈춰 섰다. 알제리 독립을 위해 애쓰던 독립투사들이 1957년 프랑스의 공격을 받고 순교한 곳이라고 했다. 그 앞에서 옷매무새를 고치고 잠시 묵념을 했다. 우리도 독립의 험난한 과정을 거치지 않았던가를 떠올리며….

알제리 독립투쟁은 흔히 20세기 후반의 가장 위대한 민중 저항으로 회자된다. 프랑스 식민시대를 청산하기 위해 국민해방전선(FNL) 등 독립운동가들이 피비린내 나는 독립전쟁을 벌였다. 1954년 11월 1일부터 1962년 3월 19일까지 에비앙 협정으로 양측이 합의할 때까지 무려 8년 이상을 싸웠다. 문제는 프랑스 당국의 잔혹한 진압이었다. 알제리는 8년 독립전쟁에서 프랑스군에 학살당한 희생자 수를 200만 명으로 기록하고 있다. 피해자 숫자가 다소 과장되었다 하더라도 100만 명 이상의 무고한 시민이 목숨을 잃었다. 당시 알제리 인구가 900만 명 정도였다고 하니 20세기 중후반에 인류가 저지른 또 하나의 학살극으로 기억될 수밖에 없다.

더 기가 막힌 현실은 인권과 자유를 내세우는 프랑스 정부가 순수한 알제리 독립운동을 최근까지도 반정부 음모나 내란, 폭동, 게릴라 소요로 보고 있다는 것이다. 1997년 프랑스에 사회당 정부가 들어서면서 오랜 논쟁 끝에 1999년 6월, 독립전쟁이 끝난 지 37년 만에 알제리인의 자결·자립 투쟁을 독립운동으로 인정하고 공식적으로 사과했다. 전쟁 배상 같은 문제는 꺼내지도 않은 채…. 나는 프랑스가 인권과 자유를 지키는 톨레랑스의 나라라고 말하는 담론에 결코 동의하지 않는다.

게다가 프랑스는 132년간 알제리에서 뿌리내리고 살아온 유럽계 백인, 즉 피에누아르(Pied-Noir)와, 프랑스군에 편입되어 2차 세계대전과 베트남 전쟁에서 목숨 걸고 싸웠던 알제리계 병사들인 아르키(Harki)에 대한 차별과 박해도 자행했다. 양측의 전쟁이 잔혹한 살육으로 전개되자 알제리 독립투쟁 조직은 프랑스군의 무차별 학살에 대한 보복으로 자국에 거주하는 피에누아르를 희생양으로 삼아 대규모 학살극을 벌였다. 이때도 알제리에 주둔하던 프랑스군이 적극적으로 개입하지 않고 방관하면서 많은 희생자가 발생했다. 이 때문에 프랑스 내에서도 극심한 비난이 쏟아졌다. 프랑스에는 피에누아르조차 보호대상이 아닌 이방인일 뿐이었다. 아이러니하게도 프랑스 축구 영웅 지단, 소설가 알베르 카뮈, 유명 패션 디자이너 이브 생 로랑도 알제리 출신 피에누아르였다.

아르키의 운명도 크게 다르지 않았다. 알제리가 독립하던 1962년 당시 프랑스 군대에는 약 26만 명의 아랍인 병사가 배속되어 있었다. 독립 협상 당시 아르키를 차별하지 않겠다는 프랑스의 약속은 휴지 조각이 되었다. 많은 아르키가 쫓겨났고, 알제리 전역에서 그들은 매국노가 되어 끔찍한 학살과 보복의 대상이 되었다.

알제 시내를 다니다 보면 화려한 프랑스풍 건물 뒤편 곳곳에 숨어 있는 슬픈 사연을 접하게 된다. 이제는 강대국, 가해자, 식민자가 만든 역사 교과서를 집어던지고 피해자, 당사자의 시각으로 균형 있게 다른 문화권의 역사를 조망하겠다는 새로운 결의를 다지게 된다. 알제에 대해 갑자기 공부할 것이 많아졌다.

독립 영웅 에미르 압둘 카디르 동상과
알제리대학

비가 추적추적 내리는 날이면 사람들은 한 푼이라도 싸게 물건을 사기 위해 시장으로 쏟아져 나온다. 시장을 구경하다가 마침 문을 연 카페에 들러 차 한 잔을 주문했다. 찻잔을 앞에 두고 창밖을 내다보았다. 청과물 시장 맞은편으로 자그마한 모스크가 눈에 들어왔다. 그런데 건축 구조가 무척 생소했다. 주위 사람들에게 물어보니 최근까지 유대인의 예배당이었다고 한다. 1492년 에스파냐에 살던 유대인들은 이사벨 1세(1451~1504)에 의한 인종 청소와 강제 추방을 피해 이곳에 자리 잡았다. 그 뒤 종교는 다르지만 같은 하느님을 믿는 형제로서 평화롭게 공존해왔다. 500여 년의 기나긴 협력과 공존은 1992년 이슬람 과격 세력이 외국인을 표적으로 삼아 공격하면서 깨지고 말았다. 결국 유대인들은 쓸쓸히 정든 땅을 떠나야만 했다.

구시가에서 발길을 돌려 신시가 중심지로 방향을 틀었다. 체 게바라 거리를 따라 해안가로 20분 정도 걸어가다가 서쪽 언덕으로 방향을 바꾸면 넓은 광장에 기마 동상이 서 있다. 에미르 압둘 카디르(Emir Abdul Kadir) 동상이다. 19세기 알제리 서부에서 프랑스에 저항하며 조국 해방을 위해 평생을 바친 독립투사다. 알제리 사람

알제리의 독립 영웅
에미르 압둘 카디르를 기리는 동상

이면 누구나 존경하고 따르는 인물이라고 한다. 한국에서 안중근 (1879~1910) 의사가 받는 대우와 대비된다.

여기서 조금만 벗어나면 10만 대학생이 재학하는 알제리대학이 나온다. 가까이에 대학이 있어서인지 이 일대는 카페와 레스토랑, 패션 명품점까지 들어서 있었다. 그 거리를 지나 알제리대학 도서관으로 들어섰다. 19세기 이전에 편찬된 귀중본만 100만 권 이상을 소장하고 있는 북아프리카 최대 도서관 중 하나다. 그러니 알제에 와서 이곳을 찾지 않을 수 없다. 운이 좋았는지 도서관장의 특별 배려로 전 세계에서 단 한 부만 남아 있다는 1936년 판 카뮈의 《형이상학, 기독교, 신플라톤주의Christian Metaphysics and Neoplatonism》라는 빨간 표지의 책을 볼 수 있었다. 이 책은 카뮈의 알제대학교 학위논문을 단행본으로 펴낸 것이다. 그때의 짜릿한 기분이란, 정말 말로 형용하기 어려웠다.

문화는 섞일수록 발전한다

물론 알제 주변에 이슬람 유적지만 있는 것은 아니다. 로마와 비잔틴 시대의 화려한 유적도 군데군데 숨어 있었다. 그중 가장 대표적인 고대 유적지가 티파사다. 티파사라면, 카뮈의 산문 〈티파사에서의 결혼〉이란 작품이 탄생한 무대가 아닌가. 알제에서 서쪽으로 70킬로미터 정도 떨어져 있는 티파사로 가는 해안길은 풍요와 은총으로 가득했다. 흑갈색 땅에서는 옥수수가 자라고 그 사이로 푸른

티파사 유적지

채소밭이 끝없이 펼쳐져 있었다. 드디어 티파사에 도착했다.

북아프리카 해변에 이렇게 장대한 고대 유적지가 숨어 있으리라고는 상상조차 하지 못했다. 관광객의 편의를 도모하기 위해 길을 잘 만들거나 안락한 숙박 시설을 갖춘 그런 유적지는 아니었다. 잡풀이 무성하고 이름 모를 열대의 붉은 꽃이 어지럽게 널려 있는, 그래서 더 아름다운 고대의 역사 공간이었다. 유네스코는 초라한 이 유적지를 높게 평가해 세계문화유산으로 지정했다.

카뮈가 거닐었을 길을 걸으며 단절된 역사의 향기에 취해본다. 오래된 유적지는 고대 페니키아 시대까지 거슬러 올라간다지만 원형극장이나 신전, 바실리카 등 대부분 비잔틴 시대의 유산이었다. 유적지가 끝나는 막다른 지점에 다다르자 언덕 아래로 세찬 물살이 하얀 포말을 일으키는 바다와 닿아 있었다. 북아프리카의 지중해다. 그 건너편이 바로 프랑스 땅이다.

알제에서 사하라 사막을 가로지르는 알제리 남쪽 도시 타만라세트까지 2000킬로미터에 이르니, 알제에서 파리까지의 거리보다 길다는 사실이 문득 떠올랐다. 사하라를 고향으로 유목 생활을 하는 토착 투아레그족이나 베르베르족의 전통과 관습보다 로마나 유럽의 해양 문화가 더 강하게, 더 빨리 스며들 수밖에 없는 북아프리카 문화의 특성을 이제야 이해할 것 같았다. 문화는 섞일수록 발달하고 다른 문화를 이해하고 수용할수록 더 아름답게 빛난다는 사실을 북아프리카 최고의 해안 도시 알제에서 다시 한번 확인할 수 있었다.

18

마라케시 모로코
엘프나 광장만으로 감동인 도시

Marrakech / Morocco

마라케시에 첫발을 내딛는 순간 와닿은 느낌은
여유로움과 독특한 문화의 향기였다.
괜히 사람을 얼어붙게 만드는 근엄한 이슬람의 눈총도 없고,
사하라의 주인공인 베르베르의 자유분방함과
사막 유목전사의 위엄이 넘치는 도시였다.
마라케시는 참으로 나를 편하게 해주었다.
그렇다고 훌륭한 현대 박물관이나
갤러리, 콘서트홀이 있는 것은 아니다.
살아 있다는 것만으로도 얼마나 감동이 넘치는
나날을 경험할 수 있는지 마라케시는 직접 보여주었다.
문화의 진정한 의미를 느끼게 해주는 곳이다.
아틀라스 산맥 기슭의 하우즈 분지에 있는
오아시스에 들어선 도시가 바로 마라케시다.
예부터 끝없는 사하라 사막이 시작되는 관문이고,
지중해와 대서양으로 나아가는 낙타 대상의
거점 도시였다. 마라케시의 흥망성쇠는
이러한 지정학적 위치에 기인한 바가 크다.

○ ○ ○
○ ○
○

북아프리카 이슬람 왕조의 중심 도시였던 페즈에 도읍을 정한 이
드리스 왕조가 거의 쇠망해갈 무렵, 11세기 초 마라케시를 중심으
로 새롭게 등장한 세력이 알모라비드 왕조다. 사하라 사막의 여러
베르베르족이 연대하여 흥기한 알모라비드 왕조는 독실한 이슬람
지도자 압달라 빈 야신(Abdallah Bin Yassin)의 영도 아래 승승장구하
여 남부 및 동부 모로코를 순식간에 장악했다. 그들은 처음에 베일
을 쓰고 다녔기 때문에, 알 물라타민(al-mulathamin, 베일의 전사)으
로 불렸다. 이 왕조는 1062년 유세프 빈 타치핀(Yousef Bin Tachfin)
시대에 전성기를 맞아 제국을 통일했다. 영토는 아프리카 세네갈
에서 에스파냐 남부의 사라고자까지 이르렀다. 최초로 왕조가 자
리를 잡았던 곳이 바로 오늘날 마라케시를 상징하는 높은 첨탑이
있는 쿠투비아 일대다. 그러나 알모라비드는 1147년부터 1269년
까지 아틀라스 산맥을 무대로 활동하던 또 다른 베르베르족이 세
운 알모하드 왕조에게 수도 자리를 내주었다. 그후 300여 년간 모
로코의 영광과 번영은 페즈로 옮겨갔고, 마라케시가 다시 부흥한
것은 1591년 사디아 왕조 때 수도로 정해지면서였다. 사디아 왕조

　도시로 보는 이슬람 문화

는 노예 무역과 상아, 금 무역으로 번성했고, 이 시기에 무아사신 모스크와 알리 벤 유숩 모스크가 건립되었다. 세 왕조의 수도요, 베르베르족의 활동무대인 마라케시의 상징성 때문에 모로코 왕가는 전통적으로 왕비를 마라케시의 베르베르족에게서 맞이한다고 한다. 이 땅의 원주민에 대한 배려이자, 국가 통합을 위한 정책으로 보인다.

쿠투비아, 안달루시아 건축 양식의 원조

마라케시를 상징하는 이슬람 유적지는 단연 쿠투비아 모스크다. 12세기 알모하드 왕조시대의 이슬람 건축으로, 시내 어디서나 길잡이 역할을 한다. 삶의 중심 공간에 있는 이슬람 도시 구조의 전형을 따르면서도 독특한 건축 양식으로 널리 알려져 있다. 특히 황토색 흙벽돌로 쌓아올린 가로와 세로 높이의 균형비가 1대 5인 직사각형 미너렛은 6층 구조이며 높이가 77미터에 이른다. 북아프리카 이슬람 첨탑의 표준형으로 모로코 수도 라바트의 하산탑, 세비야 대성당의 히랄다탑과 함께 알모하드 왕조의 3대 걸작 미너렛 중에서도 으뜸이다.

그리고 보면 에스파냐 안달루시아 지방에서 흔히 볼 수 있는 무데하르 양식의 대성당 종탑의 원형이 바로 쿠투비아 미너렛이라는 것을 이곳에 와서야 확인했다. 쿠투비아는 안달루시아에서 감탄하며 눈에 익혔던 소박하고 투박한 무데하르 건축 유행의 원조인 셈이다. 그러니 더욱 애착을 갖고 쿠투비아를 응시했다.

붉은빛이 감도는 사암에 일일이 조각을 해서 화초 문양을 새겨 넣었고, 시작도 끝도 없는 기하학적 반복이 단순하면서도 우아하게 미너렛 전체를 감싸고 있다. 벽면 위쪽에는 녹색 파양스를 깔고 노란색 타일선으로 경계를 이어놓았다. 팔각의 공간 안에 사각 장식을 만들어놓았다. 사각 모서리가 팔각의 중심선을 향하고 서로 선으로 이어주니 육각의 공간이 생겨난다. 우주의 순환과 현세와 내세를 이어주는 이슬람 철학을 명료하고 상징적으로 표현한 것이다.

미너렛 벽면조차 닫힌 공간을 거부했다. 벽면에 말굽형 아치를 뚫고, 그 위를 아라베스크로 조각해놓았다. 뚫린 벽면은 강렬한 햇살을 받아 밝게 빛나는 표면에 대비되어 검은 그림자 공간이 자연스럽게 만들어진다. 선과 악, 명과 암의 이원구조를 표현하려 했을까.

모스크 내부는 또 어떤가. 잘록한 허리처럼 뾰족한 끝이 있는 아치 기둥이 좌우로 가물가물하게 이어진다. 카펫이 깔린 바닥에 하얀 기둥의 소박함과 단순함이 멋스럽다. 2만 명이 동시에 예배를 드릴 수 있는 북아프리카 서부 최대의 모스크라는 찬사가 위엄과 크기 때문만은 아니었다.

16세기 사디아 시대의 대표적인 건축물인 벤 유숩 마드라사로 가봤다. 마드라사는 꾸란을 중심으로 이슬람 교육을 전담하는 종합 교육기관이다. 이슬람 대학의 전신이라고 할 수 있다. 오랫동안 페즈에 눌려 쇠락한 마라케시를 부흥시키겠다는 몰라이 압둘라 알 갈립의 의지대로 이 마드라사는 북서 아프리카에서 최대 규모이고 가

쿠투비아 모스크

장 아름다운 마드라사로 꼽힌다. 과연 그랬다. 벽면 하부는 타일 모자이크로 꽃송이가 퍼져 나가는 형태로 장식되었고, 벽면 상단은 아라베스크 문양과 아랍어 서체 조각이 화려하게 펼쳐진다. 채색한 나무 천장도 이색적이었지만, 정원과 분수도 여느 이슬람 왕궁과 비교해도 전혀 부족하지 않았다.

삶의 공간 그 자체가
세계문화유산

쿠투비아 모스크를 돌아 사람들의 행렬을 따라가면 그 유명한 제마 엘프나(Jemaah al-fna) 광장이다. 오전에는 옥외시장이 열렸다가 천막이 걷힐 무렵부터 세계인이 즐기는 광장 무대가 된다. 위치를 물어볼 필요도 없다. 태양의 기세가 한풀 꺾인 오후 느지막한 시각, 그저 인파의 물결을 따라가면 된다. 어느새 자동차와 마차가 뒤섞이고, 왁자지껄한 소리와 함께 군중이 들어찬 광장이 모습을 드러낸다. 장관이었다. 맞은편에 모스크가 보이고 왼쪽 언저리를 오렌지 가게와 포장마차가 차지했다. 잡다한 상점이 들어선 드넓은 공간에는 온갖 색깔과 소품이 살아 꿈틀거린다. 군데군데 무리 지어 있는 관객들의 야유와 고함소리, 그리고 웃음. 언어와 문화의 차이를 훌쩍 뛰어넘어 흥미와 애환과 동질감이 가득하다. 사람들은 광장을 떠날 줄을 모른다.

구경꾼이 가장 많이 몰려 있는 곳으로 가봤다. 노새 한 마리와 평범한 복장을 한 두 사람이 거리 연극을 펼치고 있었다. 성인 에로 코미디 마당극이다. 노새의 바람기와 정력을 빗대어, 막대기로 그 힘을 묘사하고 입에서 물을 품으며 사정 순간을 연기할 때 모두들 폭소를 터트리며 즐거워한다. 한 모로코 중년 여성이 무안한지 갈색 차도르를 끌어내려 살짝 얼굴을 가린다. 아이들이 몰려 있는 곳에서는 전통 복장을 한 할아버지가 커다란 종이에 그림을 그려 동화를 들려주고 있다. 얼굴까지 검은 망사로 가린 여인 앞에 핫팬츠 차림의 젊은 여성들이 진을 치고 있다. 손금과 꾸란을 펼쳐 해당 구절의 숫자를 통해 사랑 점을 보고 있는 것이다. 공연 관람료로 약간의 동전을 통 속에 던지기만 하면 된다. 물론 구경해주는 것만으로도 그들은 신이 난다.

무리에 끼지 않은 관객들은 다른 공연을 구경해야 한다. 붉은 옷에 밀짚모자를 쓰고 놋쇠 물컵을 가슴에 주렁주렁 단 물장수 아저씨들의 묘기가 펼쳐진다. 등에 멘 물통을 앞으로 젖혀 가는 관을 통해 컵에 물을 따르는 솜씨는 거의 신기에 가깝다. 1미터 높이에서 떨어지는 물을 한 방울도 흘리지 않고 그 작은 컵에 가득 채운다. 그 자리를 벗어나자 한 청년이 피리를 불며 따라오다가 갑자기 바구니를 열더니 코브라 춤을 보여준다. 전통 복장을 입은 한 무리의 여성들은 우리가 다가가자 민속춤 공연을 시작한다.

이곳은 모두가 함께 즐기는 곳이다. 잠시라도 혼자만의 시간을 허용하지 않는다. 삶의 역동성과 활력이 살아 숨 쉬는 거대한 무대. 민중 예술의 위대한 현장이다. 주변에 특출난 유적지나 진귀한 예술품이 없음에도 이렇게 삶이 살아 있는 공간을 세계문화유산으로

•• 엘프나 광장에서
점을 보는 여성들

지정한 유네스코의 안목에 찬사를 보낸다.

모스크와 시장이 삶의 중심에 자리 잡은 것은 이슬람 도시의 기본적인 모습이다. 엘프나 광장도 예외는 아니다. 나아가 엘프나는 구도시 메디나와 성채 도시 카스바, 그리고 유대인 거주구역인 멜라를 이어주는 통로 역할을 한다. 그곳에 시장이 자리 잡은 것은 너무나 자연스럽다.

페즈의 메디나처럼 마라케시도 거대한 시장이 거미줄처럼 엘프나 광장을 둘러싸고 있다. 중앙에 위치한 금은 보석시장인 키사리아를 중심으로, 향료와 건과일 시장인 카사빈 수크가 있고, 멀지 않은 곳에 섬유시장인 스마린 수크가 이어진다. 양모시장은 알가잘 수크라 불리고, 베르베르산 카펫을 파는 시장은 알즈라비야 수크다. 알케비르 수크에서는 마라케시의 대표적인 수출품인 가죽이 거래되고, 한때 노예시장으로 유명했던 라흐바알카디마 수크에서는 현재 약종상이 형성되어 있다. 강인한 사막의 전사들이 병을 이기는 비방이 모두 이곳에 숨겨져 있는 셈이다.

이쯤 되면 출구 찾기는 거의 불가능하다. 한 골목을 돌아나가니, 레몬나무와 호두나무 조각품이 진열되어 있고, 알파가린 수크라 불리는 골목 시장에서는 목공예품은 물론 염색제품과 금속공예품이 특이한 디자인을 선보인다. 이 시장에서는 외국인을 위한 관광용품이나 수출품보다는 마라케시 주민들의 일상에 필요한 물건을 만들어 판다.

종교를 뛰어넘는
포용력이 만들어내는 매력

사하라의 전통과 명예를 이어받은 마라케시의 강인함과 포용성은 도시 구석구석에서 보이지 않는 매력을 발산한다. 500년간 대대로 마라케시에 살고 있다는 유대인 보석상 유후디를 만났다. 그의 가게는 멜라 지구에 있었다. 멜라는 북아프리카 최대의 유대인 구역이다. 이스라엘이 건국된 후 많은 유대인이 이스라엘이나 미국으로 건너갔지만, 자신은 마라케시의 상업적 매력과 종파를 뛰어넘는 이곳 주민들의 사랑 때문에 조상이 묻혀 있는 이 땅을 떠날 수 없었다고 한다. 그의 가게를 찾는 고객 대부분은 무슬림 여성이다. 결혼을 앞둔 딸을 데리고 와서 예물 반지를 고르는 한 여성은 유후디에게 루비 가격을 물어보고 러시아에서 지난주 도착했다는 호박 값을 흥정하고 있었다. 유후디가 유대인이라는 사실을 다 알지만, 이곳 무슬림들은 정직하고 성실한 그의 가게를 찾는다.

가게 문을 닫고 그와 함께 멜라 중심부에 있는 시나고그를 찾았다. 앞을 보지 못하는 랍비에게 내가 한국에서 왔다고 말하자, 그는 내 손을 잡고 얼굴을 어루만진다. 따뜻하고 총기가 넘친다며 교수가 될 사람이라고 부추긴다. 종교의식을 어떻게 진행하느냐고 묻자, 모국어는 아랍어이고 대부분 아랍어로 진행한다고 하면서 아마 이스라엘과는 많이 다를지 모르겠다고 대답한다. 젊은 유대인이 모두 미국이나 이스라엘로 떠나버려 앞으로 유대인 공동체를 이끌어 나가는 일이 걱정이라고 했다. 유후디는 나를 데리고 시나

도시로 보는 이슬람 문화

고그에서 얼마 떨어져 있지 않은 유대인 묘지로 갔다. 그곳에서 자신의 조상과 부모님 묘소에 기도를 했다. 약 5000기의 하얀 묘소가 조성되어 있고, 세대가 바뀌면 그 자리에 다시 묻는다고 했다.

마라케시가 토착문화를 품어 안고, 종교를 뛰어넘는 전통을 간직하고 있는 것은 바로 성자 숭배사상 때문이었다. 이슬람 신비주의라 불리는 수피사상이 널리 퍼져 각 마을마다 자신들이 섬기는 이슬람 성자들이 있고, 이들 묘소를 중심으로 공동체를 형성해 상부상조하며 살아간다. 그중 일곱 명의 수피 성자가 특히 중요한데, 마라케시는 일곱 성자의 도시라 불리기도 한다. 가장 대표적인 신앙의 대상은 마라케시의 수호성인인 시디 벨 압바스다. 그는 상인과 농민, 맹인의 수호신으로 지금도 마라케시 시민들로부터 존경을 받는다. 쿠투비아 형식을 닮은 미너렛과 지붕에 청색 기와를 얹은 그의 묘당은 마라케시 곳곳에서 온 참배객들로 붐볐다. 검은 차도르를 쓴 여성들이 그의 묘소 앞에서 꾸란 구절을 외우며 간절히 기도하는 모습이 인상적이었다. 무슨 사연이 있을까 궁금해졌다. 십중팔구 젊은 여성은 아들을 바라는 기도일 테고, 중년 여성은 두 번째 부인을 얻고자 하는 남편의 바람을 재워달라고 하는 기도일 것이다. 노년 여성은 자식의 성공과 병석에 누워 있는 영감의 건강을 위해 두 손을 위로 펼쳐 보이고 있을 것이다.

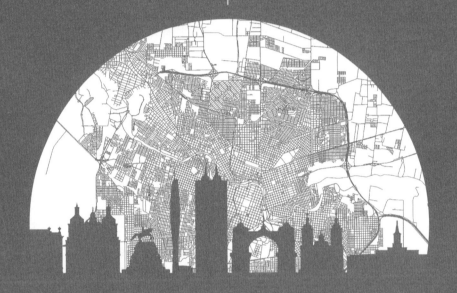

19

코르도바 에스파냐

안달루시아를 꽃피운 이슬람의 지혜와 지식

Córdoba / España

코르도바는 에스파냐 남부
안달루시아 지방의 역사 도시다.
다양한 문화가 아프게 섞이면서 아름다운
조화를 이룬 문명 공존의 현장이다.
152년부터 로마, 572년부터 서고트족의 지배를 받았다,
8세기 이후 약 800년간이나
이슬람 왕조가 이 도시의 주인이었다.
15세기 이후 오늘날까지 600년간 가톨릭이 중심이다.
한때 코르도바는 이슬람의 도시로 세상의 중심이었다.
힘과 권위만을 내세우는 오만한 도시는 아니었다.
로맨스와 예술, 학문과 과학이 최고 수준을 자랑하던
지식과 지혜의 심장이었다. 그리스·로마의 철학과
학문적 성취를 집대성했으며,
이슬람의 수준 높은 과학을 유럽에 전해주었다.
이로써 유럽은 오랜 암흑에서 벗어나
비로소 르네상스의 원동력을 얻게 되었다.
나는 지난 겨울에 코르도바를 다시 찾았다.
중세 도시 코르도바가 내뿜는 깊은 역사의 입김과
진한 오렌지 향에 취해 오랫동안
그곳을 떠나고 싶지 않았다.

○
○
○
○

아라베스크 문양의 신비와 애절함

아라비아반도에서 도도한 새 물결로 출발해 지중해를 따라 북아프리카를 돌아온 이슬람의 파고는 지브롤터 해협을 건너 이베리아반도에 첫발을 내딛는다. 711년이었다. 이슬람은 비잔틴과 페르시아를 껴안고 아프리카 대륙에 상륙해 이집트 신화, 아프리카의 원초적 순수함까지 포용하며 코르도바에 둥지를 틀었다. 그 후 약 800년 동안 이슬람은 유럽 땅에 자리를 잡고 새로운 빛깔의 문화를 만들기 시작했다. 그들은 신이 인간을 위해 창조한 자연의 아름다움을 받아들이고 응용해 신의 가르침으로 표현했던 천재들이다.

우상에게 고개를 숙이지 말고 결코 섬겨서도 안 된다는 지엄한 알라의 가르침에 따라 그들은 인간과 동물을 그리지 못했다. 대신 인간의 눈에 비친 자연을 은유적으로 표현했다. 신의 생각을 디자인한 것이었다. 한 호흡, 한 땀, 혼신을 다해 신의 의지를 새기고 다듬었다. 때로는 몇 세대가 걸리는 지루한 작업도 있었다. 그렇지만 그들은 종교적 열정으로 그 힘든 작업을 계속해나갔다. 이것이 코

　　　　　　　　　도시로 보는 이슬람 문화

아라베스크 문양

르도바에 남긴 아라베스크다.

아라베스크는 사람과 동물을 그리거나 표현하는 행위를 우상숭배로 규정하는 근엄한 종교적 질곡에서 탄생한 예술의 금자탑이다. 회화와 조각이라는 예술의 커다란 두 줄기를 포기해야 했던 이슬람 예술가들에게는 나무와 꽃을 중심으로 한 자연 생태계가 대안이었다. 신의 오묘한 섭리를 예술작품에 담았고, 완고한 종교의 틀 속에서도 창의적인 예술 장르를 개척하고자 했다. 그것이 아라베스크로 나타났다.

그들은 사실적으로 묘사하는 데 만족하지 않고 하느님의 말씀인 꾸란을 덧붙여 조화와 균형을 잡았다. 반복과 대칭을 기본 모티프로 삼고 기하학적인 변형으로 인간과 신의 관계를 다양한 모습으로 표현했다. 이슬람 예술가들에게 건축만큼 좋은 캔버스는 없었다. 넓디넓은 캔버스인 천장, 벽, 바닥에 한 줌의 여백도 남겨둘 여유가 없었다. 허용된 캔버스에 온 기량을 쏟아부었다. 천장에는 꾸란 서체 벽화를 그려넣고, 벽에는 아라베스크 타일을 붙이고, 바닥에는 아라베스크 카펫을 깔았다. 그래서 아라베스크 문양을 바라보면 신비와 절절함이 묻어난다.

유럽 르네상스 탄생의 원동력

시내 곳곳의 유적에서 지금도 이슬람 도시 코르도바를 느낄 수 있다. 9~10세기경 코르도바에는 콘스탄티노플이나 바그다드에 버금

가는 대도시로서 대학과 도서관, 튀르키예식 공중목욕탕과 대시장은 물론 모스크만 600여 개에 이르렀다고 전해진다.

에스파냐의 코르도바는 이베리아반도의 이슬람 제국의 수도로, 1600개의 모스크가 들어섰고, 8만 개의 상점에 1만 3000명의 직공이 일하는 대도시로 발전했다. 이처럼 이슬람은 역사 초기부터 서구와 직접 접촉하는 전선을 형성했다. 그 후 이슬람 왕국은 지중해를 중심으로 서아시아, 아프리카, 남유럽, 세 대륙에 이르는 대제국을 건설했다. 서유럽에서는 이베리아반도를 넘어 파리 근교 푸아티에까지 진격했으나 732년에 프랑크 왕국의 카를 마르텔(690?~741)이 지휘하는 유럽 연합군에게 패해 피레네 산맥 남쪽으로 물러났다. 지중해에서도 이슬람의 팽창이 계속되었는데, 9세기 말에는 튀니지가 시칠리아 섬을 공격해 200년 이상 이슬람이 지배했다. 10세기에는 시칠리아의 중심 도시 팔레르모에 300개 이상의 모스크가 세워지고, 150개 이상의 이슬람식 정육점이 있었다고 하니 이슬람 문화나 세력의 크기를 짐작할 수 있다. 그래서 14세기 아랍 역사학자 이븐 할둔은 "지중해는 유럽인이 배 한 척 띄울 수 없는 이슬람의 바다가 되었다"라고 호기롭게 말했다.

이슬람 세력권이 된 에스파냐 남부의 안달루시아는 무슬림과 유대인, 기독교도가 함께 조화롭게 살던 사회였다. 세 종교의 공존은 800년 가까이 지속되었다. 아랍인, 베르베르인, 토착 에스파냐인은 말할 것도 없고, 이슬람으로 개종한 사람이나 유럽에서 이주한 외국인 병사들까지 한데 어울려 살았다. 떠나는 사람은 적고 수많은 사람이 몰려들었다. 무슬림, 기독교도, 유대인들은 일상생활에서 안달루시아 아랍어와 뒷날 에스파냐어로 발전한 로맨스어를 함께 썼다. 아랍인은 고전 아랍어를, 기독교도는 라틴어를, 유대인은 히브리어와 아랍어를 함께 사용하면서 학문과 문학을 발전시켰다. 이는 안달루시아 문화 특유의 공존 정신인 '콘비벤시아Convivencia' 전통의 결과였다. 이런 분위기였으니 주변 문화를 쉽게 받아들였고, 수준 높은 과학 기술과 절충의 미가 빛을 발하면서 새로운 문화를 꽃피웠다.

이슬람 세계에서 이븐 루시드로 알려진 아베로에스, 이븐 밧자, 이븐 알아라비, 이븐 투파일 같은 대학자들이 안달루시아에서 배출되어 잠자는 중세 문명을 흔들어 깨운 건 결코 우연이 아니었다. 이들 학자들은 중세 암흑시대 유럽이 버리고 배척했던 그리스·로마시대의 학문 전통과 과학적 성취를 취합해서 아랍어로 번역하고 자신들의 생각과 지식을 보태 업그레이드했다. 톨레도 번역소가 큰 역할을 했다. 전 세계에서 초대된 수백 명의 전문 번역가가 아랍인 학자들이 이룩해놓은 학문적 결실을 라틴어로 번역했다. 그 결과물이 고스란히 유럽으로 전해졌다. 유럽 르네상스가 태동하는 중요한 견인차 역할을 한 것이다.

메스키타, 세계에서 가장 아름다운 모스크

여러 겹의 회랑과 말굽 모양의 대리석 기둥으로 이루어진 코르도바의 모스크는 절제를 강조하는 고딕 정신과 자유로운 예배 공간을 존중한 이슬람 정신이 어우러진 문화 합작품이다. 안달루시아의 기념비적인 건축물인 그라나다의 알함브라 궁전도 문화의 섞임과 조화가 만들어낸 걸작이다.

그 대표적인 건축물이 메스키타라 불리는 이슬람 사원이다. 785년에 지어지기 시작해 11세기에 완공된 세계 최대 이슬람 사원의 하나로 유네스코 세계문화유산으로 지정되었다. 메스키타를 보기 위해 서둘러 과달키비르강 언덕으로 발걸음을 재촉했다. 지금은 코르도바 주교좌 대성당이 되어 있는 곳이라 유럽 관광객이 이른 아침부터 줄을 잇고 있었다.

메스키타 정원으로 들어서니 오렌지나무 사이를 뚫고 알미나르라 불리는 첨탑이 푸른 하늘에 닿아 있다. 47.5미터에 달하는 이 첨탑은 현재 대성당의 종탑으로 쓰이고 있다. 오렌지 향이 가득한 정원은 틀림없이 이슬람 시대에는 예배를 드리기 전에 손발을 씻고 정화하던 모스크 앞뜰인 파티오였을 것이다.

메스키타 안으로 들어가 보았다. 지금까지 이렇게 화려하고 장대한 모스크를 본 적이 없었다. 붉은 벽돌을 끼워 아치를 올린 856개의 코린트식 기둥이 받치고 있는데, 동서남북으로 끝이 보이지 않을 정도로 열주들이 늘어서 있었다. 기둥의 모양과 장식도 제각각이었다. 여러 지방에서 운반해온 석재는 물론 심지어 그리스나 로마 신전 기둥을 그대로 사용한 것도 보인다. 2만 5000명을 수용할 수 있는 예배실 내부는 가로 175미터 세로 128미터나 되는 거대한 공간이다. 벽면에는 정교하고 화려한 조각이 빼곡하다. 무슬림이 예배를 드릴 때, 메카 방향을 표시하는 모스크 내부의 핵심 시설인 미흐라브가 남동쪽 45도 방향에 보존되어 있었다. 모스크의

메스키타 내부 모습.
가톨릭과 이슬람교가 한곳에 공존한다.

중앙을 표시하는 7개의 아치 사이 벽면에 꾸란 글귀가 새겨져 있다. 이곳이 모스크였음을 금방 알 수 있다. 벽감은 팔각형의 별 모양으로 되어 있으며, 둥근 돔 천장은 기도 소리가 모스크 내부 전체에 골고루 퍼지는 음향 효과를 내도록 설계되었다.

미흐라브 왼편으로는 성당 채플실이 마련되어 있다. 하얀 모자를 쓴 무슬림이 아니라 미사포를 쓴 가톨릭 신자의 모습만 보인다. 가톨릭 대성당에 이슬람 모스크의 상징이 공존하고 있다는 사실이 놀라웠다.

벽면 한편에는 메스키타 복원 과정에서 발굴된 유물을 전시하고 있는데, 당시 이 모스크를 건립하는 데 공헌한 희사자의 명패도 보였다. "알리, 하미드, 라흐만…." 무슬림의 이름이다. 내 옆에서 손가락으로 일일이 그 이름을 불러 나가던 노부부가 눈물을 글썽인다. 이집트에서 왔다고 한다. 한때 세계 최대 모스크로 이슬람의 영광이고 희망이었던 메스키타가 이렇게 대성당의 일부로 초라한 마지막 빛을 발하는 모습에 슬픔을 가누지 못하는 듯하다.

두 문명과 종교의 화해와 충돌의 현장

1236년 6월 29일, 코르도바는 에스파냐 왕 페르난도 3세에 의해 재정복되었다. 에스파냐 이슬람 왕조의 정신적 요람이었던 메스키타는 성당으로 탈바꿈했다. 그렇지만 500년간이나 세상에서 가장 아름다운 모스크로 사랑받던 메스키타 앞에서 정복자들마저 넋을 잃었다. 에스파냐 국왕 카를로스 5세는 1523년 이교도의 정신적 상징을 헐어 없애는 대신 개조해서 대성당으로 만들고자 했다. 비록 영혼은 뺏겼지만, 메스키타 일부는 극적으로 살아남을 수 있었다.

물론 이슬람의 향기를 담은 구조물은 변형되거나 파괴되었다. 돔이 잘려나가고 세속에서 천국으로 향하는 모스크 입구 아치문은 콘크리트로 막아버렸고, 천국을 상징하던 모스크 내부의 파티오와 정원의 분수도 헐리거나 모양이 바뀌었다. 새로운 천국을 만들기 위해 이교도의 천국을 막아버린 셈이다. 천국은 똑같은 천국일 텐데….

모스크 뜨락으로 나왔다. 오렌지나무가 노란 오렌지를 탐스럽게 매달고 정원을 가득 채우고 있다. 아랍이나 튀르키예 등 중동에서는 오렌지를 '포르타칼'이라고 부른다. '포르투갈'에서 온 말이다. 중국에서 나던 오렌지 씨앗을 포르투갈 상인들이 가져와 유럽 땅에 심었고, 이후 개량을 거쳐 지금의 당도 높은 오렌지가 되었다. 그런데 재미있게도 에스파냐에서는 오렌지를 나랑지로 부른다. 감귤을 뜻하는 아랍어. 종탑 꼭대기에는 이슬람의 상징인 초승달 대신 코르도바의 수호성인인 라파엘의 조각상이 올려져 있다. 한때는 알라의 부름을 외치던 미너렛이었는데, 아잔 소리는 더 이상 들려오지 않는다. 그 대신 30분마다 울리는 종소리만이 이곳이 가톨릭 땅임을 알려주었다.

메스키타 주변은 과거 무슬림과 유대인이 살던 거주구역이었다고 하는데, 아랍 도시의 기본 구조를 그대로 유지하고 있었다. 모로코의 페즈나 튀니지 뒷골목을 걷는 듯한 익숙한 모습이었다. 미로 같은 좁은 골목 안에 숨겨놓은 색이 바랜 건물에 작고 높은 창문

도시로 보는 이슬람 문화

미로 같은 골목.
아랍 도시의 기본 구조를
그대로 유지하고 있다.

들, 2층 발코니에 심어놓은 꽃과 대화의 공간, 간판조차 아랍어 이름을 그대로 붙여놓았다. 메스키타 호텔, 메스키타 레스토랑, 메스키타 선물가게, 압둘 라흐만 1세 거리 등등. 온통 메스키타 브랜드로 살아가는 듯했다. 이름 없는 자그마한 마을이 번영을 이룬 배경에는 이슬람의 통치와 새로운 기술의 도입을 빼놓을 수 없다.

척박한 땅에 올리브나무를 심어 생활수준을 높이고, 관개 기술을 통해 농업혁명을 이룬 것도 이때였다. 메마른 땅에서 풀이 자라고 양떼가 늘어났으며, 버려진 땅에 물을 대서 밀과 곡식을 키웠다. 세비야와 지중해를 잇는 강과 바다를 이용해 교역과 수공업도 융성했다. 코르도바는 이제 유럽의 학문과 문화의 중심지로 발전했으며 유럽 도시 가운데 가장 부유하고 중요한 도시가 됐다.

무엇보다 코르도바를 살찌운 것은 화해와 관용이었다. 당시 이슬람 왕정은 무슬림은 물론 유대인과 토착민에게도 종교 구분 없이 능력과 생활을 보장해주었다. 다른 생각과 가치를 받아들이는 문명은 번성하고, 자신의 가치만을 고집하며 소수민족을 억압한 문명은 소멸하게 된다는 역사의 교훈을 인류 사회에 가르쳐준 도시가 코르도바였다.

코르도바를 차지한 에스파냐 왕들은 과달키비르 강변에 있는 아랍식 목욕탕 자리에 아랍 궁전을 본떠 알카사르 요새를 짓고, 마지막 이슬람 왕조가 있던 그라나다를 함락했다. 1492년 1월의 일이었다. 이로써 에스파냐의 무슬림과 유대인은 쫓겨나거나 강제로 개종당했다. 바로 그해 콜럼버스가 신대륙을 발견하면서 에스파냐의 시대가 열렸다.

그라나다 에스파냐
그 이름만으로도 황홀한 알함브라의 도시

Granada / España

스페인 남부를 안달루시아라 부른다.

무어(Moor)라 불리는 북아프리카 아랍인들이 이곳에

화려한 이슬람 문화를 남겨놓았다. 약 800년간 이베리아반도에

심어놓은 아랍 문화의 토양에 꽃을 피운 에스파냐 문화를

안달루시아 문화라고 부른다. 두 문화가 공존할 때

얼마나 아름다운 결실을 맺을 수 있는가를 보여주는

인류 역사의 산 교육장이다. 물론 누구에게도 말할 수 없었던

슬픈 역사가 도시 언저리마다 웅크리고 있기는 하지만.

안달루시아 문화의 중심 도시는 세비야, 코르도바,

그라나다 3대 역사 도시다. 지중해 안달루시아 문화를

조금이라도 이해하기 위해 우리는

그라나다를 그냥 지나칠 수 없다.

그라나다라는 이름은 왠지 고급스럽고 꽤 낭만적으로 들린다. 어릴 때 최고급 국산 자동차 이름이었기 때문일까. 7개의 언덕 위에 세워진 도시. 문화의 깊이와 현실의 풍요가 느껴지는 고도. 그 도시 가운데를 다로강이 동서로 흐른다. 아름다운 남부 유럽의 전형적인 풍광이다.

그러나 지금 그라나다 시민들은 외국인 관광객들이 그토록 보고 싶어 하고, 건축가들이 세상에서 가장 아름다운 건축물이라고 입을 모으는 알함브라 궁전과 별 상관이 없다. 북아프리카에서 지브롤터 해협을 건너 정복자로 군림했던 알함브라의 주인공들은 떠나고 없기 때문이다. 그 자리에는 이슬람 유산 대신 가톨릭 문화가 그라나다 대성당을 중심으로 들어서 있다. 이교도 조상들이 남긴 유산이 오늘날 그라나다 시민들의 가장 중요한 수입원이 된다는 데 특별한 의미를 두는 시민은 거의 없는 것 같다. 이미 그라나다 시민들의 재산이고 문화유산이 되었기 때문이다. 최소한 이슬람 문명에 대한 존중이나 이해라도 있으면 좋을 텐데…. 안달루시아에 머무는 동안 아쉬움을 느꼈던 부분이다.

구시가를 형성하는 다로강 북쪽으로는 고풍스러운 멋을 뽐내는 무어풍 빌라와 저택이 잘 가꾸어진 정원과 과수원 사이로 줄지어 있다. 강 반대편 언덕에 보이는 것이 알함브라 궁전이다. 그토록 꿈꾸어왔던, 그 이름만으로도 황홀한 알함브라다.

알함브라,
인류 최고의 보석

그라나다는 이베리아반도를 지배했던 마지막 이슬람 왕조인 나스르조(1238~1492)의 수도였다. 13세기에 들어서자 이베리아반도의 이슬람 국가들은 내분과 영토 분쟁으로 점차 세력이 약해졌다. 종교적 단합보다는 개별 권력이 앞서면서 군소 이슬람 국가들은 기독교 국가의 침입에 속수무책이었다. 전세는 점차 역전되어갔다. 이 시기에 무함마드 이븐 알 아흐마르에 의해 나스르조가 세워졌다. 나스르조는 이웃 기독교 국가들과의 대결보다는 교역과 화해로 실용적인 노선을 취했고, 남쪽 모로코의 마린(Marinid) 왕조와도 협력하면서 외교적 역량을 극대화했다. 이것이 나스르조의 존속과 번영의 기초 자산이 되었다. 당시 국제언어였던 아랍어를 공용어로 사용하면서, 학문적 후원과 함께 문화 창달에도 관심을 쏟았다. 이 왕조는 무함마드 5세 시기(1362~1391)에 인구 40만의 대도시로 절정기를 맞았다. 오늘날 그라나다에 남아 있는 알함브라 궁전은 나스르 왕조가 남긴 가장 눈부신 유산이다. 특히 나스르조는 북아프리카의 이슬람 문화권과 유럽의 기독교 문화를 연결하는 문화적 교량 역할을 수행했다. 이베리아반도의 마지막 이슬람 세력이었던 나스르조는 카스티야-아라곤 왕국의 침략을 받아 1492년에 멸망했다.

기독교 세력에 함락되어가던 무슬림들이 이길 수 없을 것이라는 위기감 속에서도 모든 역량을 쏟아부어 완성한 이슬람 문명의 결정체가 알함브라 궁전이다. 그래서 그라나다는 알함브라의 도시다. "그라나다라는 에메랄드에 알함브라라는 빛나는 오리엔트산 진주가 박힌 인류 최고의 보석." 15세기 한 아랍 시인의 표현이다.

1492년 1월 1일, 역사가 새롭게 시작되는 새해 첫날 밤, 알함브라 궁전은 조용히 눈을 감는다. 에스파냐의 이사벨 여왕과 아라곤의 왕 페르난도 2세가 궁전의 새 주인으로 모습을 드러냈다. 두 사람의 결혼으로 아라곤과 카스티야 왕국은 통합되고, 이베리아반도에서 이슬람의 지배를 끝내겠다는 거룩한 사명을 천명했다. 그라나다에 도읍했던 이슬람의 나스르 왕조의 마지막 왕 보아브딜은 자신의 가련한 시민들을 보호해준다는 조건으로 금화 3만 냥과 궁전을 바치고 항복을 결심했다. 그러나 약속은 지켜지지 않았고, 그라나다 주민들은 무참한 학살과 추방을 당했다. 예술을 사랑하고 유난히 눈물이 많았던 보아브딜은 약자의 비애를 처절하게 절감하며 정든 알함브라 궁전을 떠났다. 이베리아반도에서 이슬람 지배가 종말을 고하고 가톨릭 에스파냐가 새롭게 뿌리를 내리는 순간이었다. 망명길에 나선 보아브딜은 멀리 궁전이 내려다보이는 라스 알푸하라스 언덕에서 다시는 돌아오지 않을 영광을 찬찬히 눈

알함브라 궁전

에 담고 가슴에 심었다. 그러고는 애끓는 심정으로 마지막 작별인사를 고했다. 역사는 보아브딜과 알함브라의 작별을 "무어인의 탄식(El Suspiro del Moro)"으로 기록하고 있다.

레콩키스타(재정복)를 완성한 페르난도 왕과 이사벨 여왕이 알함브라 궁전을 차지했을 때, 그들은 감격과 감동을 억누르지 못했다. 그들은 모스크를 헐어 그 자리에 가톨릭 성당을 지음으로써 기독교의 승리를 상징적으로 새겼다. 그러나, 너무도 아름다운 알함브라에 매료된 이사벨은 "내 생애보다 더 귀한 궁전"을 더 이상 손댈 수가 없었다. 이후 그의 손자 카를로스 5세가 알함브라 내부에 지은 투우 경기장 같은 조잡한 르네상스풍 궁전을 제외하면 알함브라는 원래의 모습을 그대로 뽐내고 있다. 카를로스 5세도 알함브라 예찬론자였다. "알함브라를 잃은 자여, 불쌍하도다. 나 같으면 알함브라를 버리고 알푸하라스 언덕에서의 삶을 택하기보다는, 알함브라를 지키며 내 무덤으로 삼았을 텐데"라며 보아브딜의 운명을 안타까워했다고 한다.

알함브라가 풍기는 비감함과 퇴폐미

겉으로 언뜻 보면 여느 아랍 궁성이나 성채와 크게 다르지 않다. 알함브라는 아랍어 의미대로 붉은빛이 도는 견고한 돌 조각을 쌓아 만든 밋밋하고 조악한 궁성처럼 보인다. 건축 양식이 특별하거나 장식이 화려한 것도 아니다. 그러나 이 궁전은 승승장구하던 기독교 세력이 시시각각 침략의 손길을 뻗쳐올 때, 최후를 앞두고 유언 장을 쓰듯 비감한 손길로 빚어낸 이슬람 문화의 결정체다. 그래서 인지 알함브라를 세세히 살펴보면 비감함과 퇴폐적인 아름다움이 묻어난다.

언덕을 오르고 계단을 따라가면 첫 번째 관문인 알카사바 정상 에 다다른다. 알함브라에서 가장 오래된 부분으로 군사적 방어기 능을 하던 성채다. 가장 높은 부분인 벨라탑에 오르니 멀리 그라나 다 시내가 한눈에 들어온다. 서쪽으로는 알바이신 마을이 내려다 보인다. 여름인데도 높은 산꼭대기에 남은 잔설이 햇빛을 받아 은 빛으로 빛난다. 시에라네바다 산이다. 궁성 입구에 도착하니 냉수 를 파는 아이가 다가온다. 시에라네바다의 눈 녹은 물을 알루미늄 통에 담아 무화과 잎으로 둘렀다. 길에서 갈증에 시달리는 여행자 에게 신선한 냉수를 파는 것은 아랍 사회의 오랜 전통이다. 물 한 잔에 오아시스를 찾은 것 같은 생기가 돈다.

코끼리 모양으로 나무를 가꾸고 남국의 원색 꽃으로 화단과 정 원을 꾸민 긴 입구를 지나 왕궁, 팔라치오 레알 안으로 들어선다. 실망은 곧 환희로 바뀐다. 분수가 있는 전형적인 아랍식 실내정원 과 천국에서의 휴식을 구현한 시원한 공간 구조, 아라베스크 벽면 장식과 조각 예술의 극치에 나는 한참 동안 할 말이 떠오르지 않았 다. 과연 알함브라구나. 그 이름만으로도 충분하구나.

왕궁 입구로 들어서면 두 벽 사이로 긴 아라야네스 안뜰이 이방 인을 맞는다. 비로소 술탄의 집무실과 거처가 시작된다. 하얀 대리 석 바닥과 벽면의 녹색 모자이크가 기가 막힌 대조를 이루고, 아치

아라야네스 안뜰

를 이루는 조각 기둥이 떠받치는 지붕에는 붉은 아도베 기와를 얹었다. 작은 연못에 비친 맞은편 건물의 아치와 기둥 장식이 수중도시처럼 보인다. 술탄이 외국 사신을 접견하던 대사의 방이다.

아치 사이로 맞은편 마을이 훤히 내려다보인다. 풍광이나 바다가 아닌, 이렇게 아름다운 삶의 공간을 성 위에서 바라본 기억이 없다. 그라나다의 정신과 영혼을 담고 있는 알바이신 마을이다. 역사와 가슴 아픈 사연을 품고 있는 마을이다. 이슬람 왕조가 멸망하고, 새로운 주인을 맞이하는 그때, 에스파냐 병사들은 소수민족의 문화와 종교를 보호해주겠다는 약속을 어기고, 마을을 약탈하고 잔혹한 살육을 저질렀다. 이교도를 소탕하고 신성한 하느님의 땅을 새로 세운다는 종교적 사명 앞에 한 문명은 무참히 무릎을 꿇었다. 그들은 끝까지 저항했다. 이교도의 지배를 받느니 차라리 죽음을 택한 이들은 죽어가면서 처참한 역사를 후세에 남기고자 자신의 피를 곳곳에 뿌렸다. 그래서 하얀 집과 벽에는 붉게 물든 핏자국이 아직도 군데군데 남아 있다고 하나, 아무리 둘러보아도 그 흔적을 찾기는 어려웠다. 나지막한 언덕에 옹기종기 모인 하얀 집들 사이로 성당의 종소리가 석양을 이고 나직하게 울린다.

세상에서 가장 아름다운 실내정원

한동안 상념에 젖어 있다가 '사자의 정원'으로 발길을 옮겼다. 여기서부터는 술탄만 드나들 수 있는 금남의 공간 하렘이 있던 곳이다. 세계에서 가장 아름다운 실내정원과 마주하고 섰다. 그냥 서 있기가 민망해 나도 모르게 대리석 바닥에 풀썩 주저앉았다. 열두 마리의 사자가 떠받치는 중앙 분수가 있고 사자의 입에서 물줄기가 품어져 나온다. 그 물은 파놓은 홈을 따라 정원 구석구석을 흐른다. 야릇한 향내를 머금은 앞뜰의 정원수가 작은 그늘을 드리운다. 종유석 조각이 뚝뚝 떨어질 것 같은 역동적 조각을 담은 아치 아래에는 커다란 그늘이 드리워져 있다. 황량한 사막을 뚫고 찾아온 아랍의 오아시스 정서를 그대로 옮겨 담았다. 아니면 꾸란에서 묘사하는 천국을 설계한 것일까? 아치 위 벽면마다 현란한 아라베스크 서체로 신성한 꾸란 말씀을 가득가득 새겨놓았다.

정원을 가운데 두고 술탄의 홀과 아벤세라헤스 홀, '두 자매의 홀'로 명명된 방이 정원을 향해 있다. 두 자매의 홀 안으로 들어섰다. 밝고 뜨거운 햇살 아래 있다가 실내에 들어오니 무척 어둡다. 한참 만에 시야에 들어온 것은 천장이었다. 팔각형 돔은 벌집을 매달아놓은 것 같은 조각으로 꾸며져 있다. 종유석 모양의 작고 정교한 조각이 주렁주렁 달려 있다는 표현밖에 할 수가 없다. 고개를 쳐들고 멍하니 바라보고 있는데, 옆에 있던 그라나다 대학생이 한마디 거든다. 한낮보다는 아침 해가 솟는 시각에 와야 천장에 뚫어놓은 8개의 창으로 들어오는 빛이 만들어내는 진정한 아름다움을 느낄 수 있다고. 지금 이 모습도 내 감각으로 담아내기에 벅찬데.

사자의 정원을 나오니, 아름다운 분수가 바라다보이는 계단에 한 맹인이 앉아 구걸을 하고 있다. 에스파냐어로 팻말을 세워놓았다. "아름다운 여인이여! 자선하세요. 그라나다에서 맹인이 되는

사자의 정원

것보다 더 잔인한 인생이 있을까요." 에스파냐 시인 프란시스코 데 이카자의 시구다. 아! 동전 한 닢을 놓았다. 알함브라에서 만난 맹인의 말 없는 절규는 오랫동안 잊히지 않았다.

알함브라와 작별하기 전에 전체 모습을 보고 싶었다. 동북쪽 술탄의 별장이던 헤네랄리페에서 한참 동안 머문 다음 석양 무렵에 맞은편 알바이신 마을 언덕 꼭대기에 있는 산니콜라스 교회에 올랐다. 알함브라의 영광과 아픔이 한눈에 들어왔다. 유난히 붉은 낙조가 알함브라를 물들인다. 태양이 붉게 지던 그날, 그라나다도 어느 무명 시인의 통곡처럼 목놓아 울었을 것이다.

불운의 왕이여!
죽을 용기가 없어 그라나다를 떠나는 못난 왕이여!
남아 있는 인생이 무어 그리 대단할진데,
그까짓 왕관 하나 벗어던지지 못하고,
그라나다를 떠나가느뇨!

이슬람의 궁성이 함락되던 그해, 1492년 이사벨 여왕이 후원하던 콜럼버스는 신대륙을 발견했다. 무적함대를 자랑하는 에스파냐의 전성기가 열린 것이다. 한편 이슬람의 술탄 보아브딜은 에스파냐에서 쫓겨나 지브롤터 해협을 건너 북아프리카로 건너갔다. 711년, 그의 선조 타리크 이븐 지야드 장군이 이베리아반도를 점령할 때 의기양양하게 건넜던 바로 그 길이다. 모로코의 이슬람 도시 페즈에 정착한 뒤에도 보아브딜은 꿈에도 알함브라를 잊지 못했다. 그가 마지막 시간을 보낸 페즈의 초라한 궁전은 지금도 알함브라를 닮아 있다.

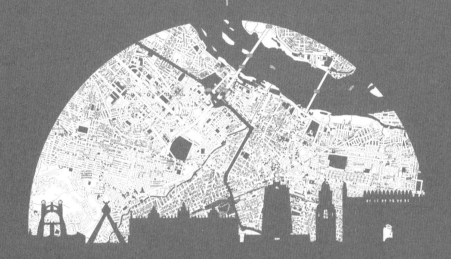

21

팀북투 말리
아프리카 르네상스를 이끈 불가사의한 도시

Timbuktu / Mali

아프리카만큼 총체적 무지와
편견에 갇혀 있는 대륙도 드물 것이다.
아프리카는 아직도 두려운
가상 공간에 머물러 있는 느낌이다.
아프리카 하면 떠오르는 단어를 꼽으라면,
'원시', '미개', '야만', '블랙(black)'처럼
문명의 반대편에 있거나 '말라리아', '에이즈', '에볼라'같이
불편하고 부정적인 단어를 떠올리는 사람이 많을 것이다.
아프리카의 역사와 문화에 대해 아는 대로 설명해보라면,
제법 배운 사람들은 최초의 인류인
오스트랄로피테쿠스를 들먹이고 나서는,
'21세기 인류의 미래를 담보할 무한한 자원의 보고'라는
말을 보탠다. 이런 편견을 바꿔줄 수 있는 곳이
바로 아프리카의 자존심, 팀북투다.

문명(文明)은 18세기 유럽 계몽주의 철학자들이 주창한 개념으로, 인류는 동일한 진보 과정을 겪는다는 지극히 유럽 중심적인 인식 체계를 바탕으로 한다. 이어 19세기 사회진화론자에 의해 '발전' 개념이 문명 담론에 적용되면서 백지 상태에서 '야만(구석기시대) – 미개(신석기시대) – 문명(청동기 이후)'으로 나아간다는 도식이 만들어졌다. 오로지 사회·경제적 조건을 기준으로 인류의 가치와 삶의 수준을 측정했고, 불행하게도 이러한 사고방식은 19세기 유럽 열강의 제국주의적 침략과 식민지 약탈을 정당화하기 위해 무분별하게 퍼져 나갔다.

특히 유럽 학자들이 아프리카 사회의 후진성을 설명하면서 습관처럼 들먹이는 '무문자(無文字) 사회 아프리카'라는 인식은 문명의 본질을 고려하지 않은, 역사 이해가 부족한 데서 비롯되었다고 생각한다. 아프리카는 '기록의 역사'보다는 '기억의 역사' 전통이 강한 사회다. 기록은 처음부터 기록자의 주관이 개입될 여지가 큰 데다가 후일 권력자에 의해 의도적으로 수정되고 미화되고 조작될 수 있지만, 공유된 기억은 가락 하나 숨소리 하나 틀릴 여

지가 없다. 왜냐하면 유형·무형의 유산을 보존하고 전통을 이어
가는 수백 수천만 개의 공유되는 기억이 상존하기 때문이다.

무엇보다 아프리카에도 20세기까지 찬란한 역사와 문화와 전
통이 이어져왔다. 그리스·로마만큼 가르치지 않았을 뿐이다. 나
일강을 따라 북에서 남으로 이집트 문명과 수단 누비아 문명이
일어난 이래, 기원전 1000년경부터 20세기 후반까지 수많은 왕
국이 아프리카 전역에서 흥망을 거듭했다. 이런 왕국들이 20세기
들어 강대국들의 이해관계에 따라 갈가리 찢겨 국민국가라는 괴
물로 독립할 때까지 아프리카를 지켜왔다.

이 장에서는 유럽의 르네상스 시기 가장 아프리카적인 번영을
누렸던 말리 왕국과 송가이 왕국을 중심으로 아프리카 대륙의 역
사와 문화를 소개하고자 한다. 아프리카는 인류 문명의 중심인
중동－오리엔트 지역과 깊은 관계를 지속해왔으며, 결코 주변부
에만 머물지 않았다는 사실을 되새길 필요가 있다.

젠네 대모스크,
서아프리카의 랜드마크

젠네 모스크는 말리 왕국의 중심 도시 젠네에 13세기경에 세워진
이슬람 대사원이다. 말리 왕국의 이념적 성격과 국가 규모, 경제
적 풍요를 짐작할 수 있는 문화유산이다. 젠네 모스크 건립에 관
한 기록은 팀북투의 연대기 작가 아브드 알사디(Abd al－Sadi)가

1655년경에 집필한 《수단의 역사(Tarikh al-Sudan)》라는 책에 처음으로 등장한다. 그러나 유럽인들에게 젠네 모스크가 알려진 것은 19세기에 와서였다. 프랑스 탐험가 르네 카이에(René Caillié)가 1828년 이 지역을 탐험한 후 프랑스로 돌아가서 젠네 모스크를 소개했다. 그 이전까지 유럽인들에게 이 도시는 실제 존재하는 도시라기보다는 전설과 신화 속 환상의 도시로 여겨졌다. 그래서 팀북투라는 말 자체가 '아주 머나먼 곳'이라는 뜻으로 쓰이기도 했다.

젠네 모스크는 참 대단한 건축물이다. 석재가 부족한 환경에서 진흙벽돌로만 이 거대한 모스크를 축조했다는 사실은 아프리카의 역사와 문화에 대한 선입견을 깨뜨리기에 충분하다. 진흙을 햇볕에 말려 구운 뒤 진흙 석고를 씌워 만든 벽돌을 사용했다. 우기에 모스크의 진흙이 비에 쓸려 나가지 않도록 3미터 높이에 가로 세로 각각 75미터에 달하는 기단을 쌓은 후, 그 위에 모스크를 지었다. 미너렛의 높이는 16미터에 달한다. 90개의 흙벽돌 기둥을 올리고, 미너렛 꼭대기에는 타조 알 모양을 장식해놓았다. 흙벽돌 기둥 중간중간에 야자나무를 잘라 만든 막대기 여러 개를 가로로 쌓아 기온이 급격히 떨어지거나 오를 때 건물이 무너지는 것을 방지했다. 이를 토론(Toron)이라 부르는데, 매년 벽을 보수할 때마다 발판으로도 활용된다고 한다. 편의성과 실용성을 미학적으로 마무리한 천재적인 창조성에 탄복하지 않을 수 없다. 모스크 정면은 메카가 있는 동쪽을 향하고 있다. 모스크 내부에서 메카 방향에 면하는 내벽에 설치된 아치형 니치(niche)인

미흐라브가 가장 화려한 건축 공간이다. 실내에는 창을 내어 빛이 모스크 안 모래 바닥에 내리쬐게 설계했다. 원초적이고 소박한 신의 모습을 지상에 구현해놓았다. 젠네 모스크는 말리 왕국의 대표적인 건축물로 세계에서 가장 큰 진흙벽돌 모스크다. 이슬람 문화의 영향을 받은 수단－사하라 양식의 걸작으로 평가받고 있다. 서아프리카에서 가장 유명한 랜드마크이며, 1988년 유네스코 세계유산에 등재되었다.

만사 무사의 화려한 메카 순례

만사 무사는 선대왕인 아부 바크르 2세가 대선단을 구성해 대서양의 끝이 어디인지를 탐험하러 간다며 떠난 후 소식이 끊기자 1312년에 권력을 잡았다. 그는 가오(Gao)와 팀북투 두 도시를 개발해당시 세계에서 가장 부유한 도시로 발전시켰고, 가오에 대모스크를, 수도 팀북투에 거대한 왕궁을 건설했다. 아프리카 최고 학문의전당 상코레(Sankore)대학을 설립하기도 했다. 상코레대학은 아프리카는 물론 이슬람 세계에도 널리 알려진 교육과 학문의 중심지로서, 아프리카 대륙에서는 고대 알렉산드리아 도서관 이후 가장많은 서적을 보유하고 있었다. 한때 2만 5000명의 학생을 수용하고 100만 권의 필사본이 있던 세계 최대 규모의 도서관을 가진 학문의 전당이었다.

만사 무사는 신분과 출신을 따지지 않고 이슬람 세계 각지에서 뛰어난 학자, 예술가, 건축가, 장인들을 불러 모았다. 그리고 금광, 황금, 소금, 코끼리 상아 등을 북아프리카와 중동 전역으로 수출하여 국가 경제의 기틀을 다졌다.

독실한 무슬림이었던 만사 무사는 1324년 메카로 순례를 떠나는데, 대규모 순례 행렬과 부의 과시는 유럽과 이슬람 세계에 커다란 반향을 불러일으켰다. 이 순례 이벤트는 말리 왕국의 존재를 세상에 알리는 대사건이었다. 당시 말리 왕국은 하급 관리나 일반 백성도 금으로 치장하고 다닐 정도로 금이 흔했다고 한다. 메카 순례에 동원된 사람만 노예 1만 2000명을 포함해 6만 명이나 되었다고 한다. 만사 무사가 순례길에 가져간 금은 무게만 10톤에 가까웠다고 하니 다소 과장되었다 하더라도 당시 말리 왕국의 풍요로운 금 경제를 짐작하고도 남는다. 아랍인 역사학자 알 마크리지의 기록에 따르면, 만사 무사 일행이 금을 주고 튀르크나 에티오피아 노예 여성들을 마구잡이로 사들이면서 금값이 폭락해 카이로 경제가 파탄났다고 한다. 또 다른 아랍인 역사학자 이븐 할둔도 금과 보물을 잔뜩 실은 100마리의 코끼리와 수백 마리의 낙타가 행렬을 이루고, 1만 2000명의 노예가 호위하고 있는 모습을 전한다.

1326년 메카 순례를 마치고 돌아올 때, 만사 무사는 알안달루스 출신 시인이자 건축가인 아부 에스 하크 에스 사헬리(Abu Es Haq es Saheli, 1290~1346)를 비롯해 여러 기술자를 왕국으로 데려왔다. 이들에게 모스크와 학교를 짓고 왕궁을 신축하는 등 말리 왕국의 도시를 아름답게 꾸미는 일을 맡겼다.

만사 무사의 메카 순례에 관한 소문은 카이로의 유럽 상인들에
의해 유럽 전체로 퍼져 나갔다. 이것이 유럽과 북아프리카 사람들
이 황금을 찾아 너도나도 말리를 찾게 된 계기였을 것이다. 그러
나 말리 왕국은 15세기 무렵부터 지방 실력자들의 반란과 내분으
로 점차 쇠퇴하기 시작했고, 1473년 송가이 왕국의 공격을 받아
소국으로 전락했다. 이후 명맥만 유지하다가 1670년에 바마나
(Bamana) 왕국에 의해 멸망했다. 말리 왕국의 역사는 1958년 이 지
역에 세워진 말리공화국을 통해 명맥이 이어지고 있다.

말리를 이은 서부 아프리카 문명의 전성기: 송가이 왕국

송가이 왕국(1000~1591)은 원래 말리 왕국의 속국이었으나 말리
왕국을 무너뜨리고 서아프리카에서 번성했던 아프리카 이슬람 국
가다. 말리 왕국을 멸하고 송가이 왕국을 세운 사람은 손니 알리였
다. 그는 사하라 교역의 실권자인 투아레그족을 복속시키고 주변
을 정복해 넓은 영토를 확보했다. 그 결과 정복지에서 나오는 부를
바탕으로 강력한 중앙집권 국가의 틀을 마련했다. 손니 알리 왕은
세금제도를 정비해 국가 안정에 힘쓰는 한편, 이슬람교와 이슬람
상인들을 보호하는 정책으로 대외 교역을 활성화했다. 젠네, 팀북
투, 우알라타와 같은 송가이 왕국의 주요 도시들은 교역·종교·학
문의 중심지로 발전했다. 그를 이은 무함마드 살레 왕은 아스키아

왕으로도 불리는데, 정치개혁과 관료제도를 정비하고 제국을 안정 궤도에 올리는 데 기여했다. 그는 말리 왕국의 만사 무사 왕의 전 승에 따라 메카 순례를 다녀오기도 했다. 그러면서 마드라사와 모 스크를 많이 설립하고 아프리카에서 이슬람이 널리 확산되는 데 큰 역할을 했다.

송가이 왕국의 경제적 기반도 역시 금과 소금이었다. 사회를 유 지하는 기초는 봉건적 계급제도였다. 최상층 지배 계층, 금속세 공·어업·목수 일에 종사하는 중간 계급, 전쟁 포로나 노예가 하층 을 이루었다. 하층민은 국가의 노역에 동원되었다. 왕국의 기틀을 완성한 아스키아 왕의 통치 아래 송가이 왕국은 전성기를 맞이했 다. 그러나 아스키아 왕이 죽은 후 후계자 승계를 둘러싼 권력투쟁 으로 왕국은 급격히 쇠퇴하기 시작했다. 결국 1591년 북쪽에서 사 하라를 넘어 침략해온 모로코에 의해 멸망했다.

21세기가 되자마자 여러 기관에서 새로운 세계 7대 불가사의 후보로 21개를 선정했다. 그중 하나가 말리 왕국과 송가이 왕국 의 중심 도시였던 팀북투였다. 그만큼 팀북투는 사하라의 신비와 전설을 간직한 불가사의한 도시로 재조명되고 있다. 팀북투는 현 재 서아프리카 말리공화국의 중부에 있는 도시다. 도시 전체가 유 네스코 세계문화유산에 등재되었다. 14세기경 사막 한가운데 진 흙으로 벽돌을 만들어 거대한 도시를 건설한 것은 참으로 놀랍고 도 불가사의한 일이다. 또한 모스크 지붕은 보통 둥근 돔으로 덮 여 있지만, 팀북투에 세워진 이슬람 사원들은 뾰족한 탑처럼 생

젠네 모스크

졌다.

　최근 모래 먼지에 뒤덮여 있던 팀북투에 대한 관심이 높아지면서 많은 관광객이 이 도시를 찾고 있다. 팀북투에는 아직까지 해독하지 못한 고문서들이 남아 있어 당시 아프리카 사회상을 연구하는 데 소중한 자료가 되고 있다. 건조하고 뜨거운 기후로부터 진흙 도시의 유산을 보존하고자 하는 국제사회의 노력이 집중되고 있어 다행스럽다.

22

서울 이태원
한국 이슬람의 메카

Seoul / Itaewon

1973년 오일쇼크로 국내에서도 많은 기업들이 도산했다. 1인당 GDP가 1000달러도 되지 않던 시기, 우리에게 이 위기는 너무도 가혹했다. 당시 석유는 황금과도 같았고, 갑자기 검은 황금이 쏟아진 산유국들을 부러운 눈으로 바라볼 때였다. 당연히 그들의 종교인 이슬람에 대한 관심과 정보도 급증했다. 당시 국내에서 아랍어와 이슬람 문화를 공부할 수 있는 곳은 한국외국어대학교 아랍어과가 유일했다. 아랍어과는 한때 최고 인기 학과였다. 산유국인 이란이 전액 장학금 지원을 해주는 이란어과에도 많은 학생이 몰렸다. 아랍어와 중동을 배우기 위해 많은 학생이 유학을 떠났고, 그 1세대 유학생들이 지금의 아랍어과 교수들인 셈이다.

1976년 5월 21일 서울 이태원에서 한국 최초로 근사한 모스크 개원식이 열렸다. 아랍 국가로 유학을 떠나는 학생들은 필히 한남동에 있는 이슬람 성원을 찾았다. 이들은 압둘라, 하산, 하미드, 아부 바크르 같은 이슬람식 이름으로 장학금을 받고 유학길에 올랐다.

중동 붐을 타고 아랍과 비즈니스를 하려는 사람들이 넘쳐났다. 아랍인 비즈니스맨의 한국 방문도 덩달아 늘어났다. 그들은 거의 예외없이 금요일 합동예배 시간이 되면 이태원으로 몰려들었다. 그 사이 현지에서 아랍 여성과 결혼한 사람, 국내에 들어온 아랍 남성과 가정을 꾸린 한국인 여성도 생겨나게 되었다. 한국인 무슬림 1세대가 자라기 시작했다.

한국 이슬람 공동체의 형성과 이태원의 변화

한국 이슬람 공동체가 형성되면서 이태원 일대에도 변화의 바람이 불기 시작했다. 이태원은 용산 미군기지를 코앞에 두고 있어 주로 미군들이 출입하는 환락과 주말 여흥의 장소였다. 그곳에 근엄한 종교 관련 시설이 하나씩 들어서기 시작했다. 중앙성원 1층에 자리 잡은 이슬람센터 내에 국내 최초의 할랄 정육점이 문을 열었다. 인도인 무슬림이 운영하는 최초의 무슬림 할랄 레스토랑인 '무굴'이 해밀턴호텔 2층에서 영업을 시작했다. 지하철 6호선 이태원역에서 나와 이태원 소방서를 끼고 모스크로 오르는 약 300미터 도로변은 이슬람 타운이라 할 정도로 관련 시설이 꽉 들어차 있다. 입구 우측에 인도 이슬람식 식당 '타지마할'과 모스크 1층에 튀르키예 식당 '살람'이 연이어 들어섰다. 지금은 슈퍼마켓, 휴대전화, 이슬람 서적, 화장품, 의류, 여행사, 인력시장, 베이커리 등 이슬람 관련 상품을 취급하는 수백 개의 상점과 회사가 성업 중이다.

1978년부터 40년 이상 이 지역에서 현장 연구를 해온 나로서는 그간의 변화가 또렷하게 기억에 각인되어 있다. 가장 드라마틱한 변화는 이태원역 파출소 뒤쪽 좁은 시장 골목에 늘어서 있던 유명한 족발집과 순대국집이 사라진 것이다. 무슬림 방문객들은 그 길을 피해 다녔다. 모르고 들어갔다가 눈살을 찌푸리거나 비위가 상해 하루 종일 아무것도 먹지 못하는 경우도 비일비재했다. 이제 시장 골목에는 이슬람 시설이 들어서고 케밥 가게가 그 자리에서 영업을 하고 있다.

모스크로 향하는 이태원 일대에는 수십 개의 유흥업소가 몰려 있다. 주말이면 클럽의 음악 소리와 웃음소리, 여러 외국어가 뒤범벅되어 흥청망청 열기를 내뿜는다. 언제부터인가 트랜스 젠더들의 공간이 하나둘 자리를 잡기 시작했다. 가장 성스러운 장소와 가장 세속적인 장소, 가장 진보적인 담론의 장소가 공존하는 현장이 바로 이태원이다. 거리에는 국적을 알 수 없는 언어가 난무한다. 해밀턴호텔에서 녹사평역으로 가는 큰길에 있는 가게의 주인이나 점원은 평균 7~8개 언어를 능숙하게 소화한다. 영어와 중국어는 필수이고, 최근에는 러시아어, 말레이-인도네시아어, 아랍어, 에스파냐어도 불편한 언어가 아니다. 적어도 이태원은 누구나 소통이 가능한 언어의 해방구다. 이처럼 다문화 전통이 일상화된 이태원은 히잡을 쓴 여성들이 마음 놓고 다닐 수 있는 안전지대이기도 하다.

이태원에 있는 서울 중앙성원

21세기에도 살아 있는 형제애

이슬람 성원에서는 금요일 오후 1시부터 합동예배가 시작된다. 신자들은 이날 이 시각만큼은 모스크에 모여 함께 예배를 보면서 형제애를 나눈다. 이맘의 강론을 듣고 비즈니스를 상의하고 최근 여론을 확인하는 교감과 교유의 시간이다. 한국인 신자는 거의 보이지 않는다. 90퍼센트 이상이 외국인 무슬림이다. 서울에 상주하는 20여 개 아랍권 나라의 대사나 외교관, 에쓰오일 같은 아랍권 기업 주재원, 유학생, 관광객, 노동자가 주류를 이룬다. 그런 연유로 후투바라 불리는 금요 강론도 한국어, 영어, 아랍어를 섞어 사용한다. 서로 다른 언어와 문화적 배경을 가진 예배객들이 하나의 종교라는 우산을 쓰고, 처음 보는 사람들과 서로 껴안고 볼을 비비고, 아낌없이 호주머니를 털어 식사를 대접하는 모습이 정겹다. 형제애를 중시하는 이슬람 종교의 매력이 21세기에도 펄펄 살아 있다는 것을 보여주는 공간이다.

한국에 있는 모스크는 모두 15개 정도다. 모스크는 이맘이 있고 금요일 합동예배를 격식에 맞춰 제대로 근행하는 종교시설을 말한다. 서울 중앙성원은 유원건설이, 부산 남산동에 있는 두 번째 모스크는 리비아의 지원으로 삼성중공업이 지었고, 경기도 광주에 있는 세 번째 모스크는 쿠웨이트 경제인이, 전주에 있는 모스크는 이집트 경제인의 지원으로 건립되었다. 중동 진출을 노리는 한국 기업이 아랍의 재정 지원으로 모스크를 건립하고 중동 시장에 진출하는 전초기지로 활용하고자 했던 것이다. 국내 무슬림 인구가 아주 적기 때문에 모스크 건립은 주로 외국인 독지가의 지원으로 이루어졌다.

동남아시아나 아랍의 동족 집단끼리, 혹은 지역 공동체에서 돈을 모아 종교의례를 행하는 '무살라'라 불리는 임시 예배소는 전국에 120~150여 개가 있다고 한다. 그마저 코로나 팬데믹으로 출입국이 제한되면서 숫자가 대폭 줄어들었다.

한국인 무슬림은 다 어디로 갔을까

그럼 통계상 4만 명이나 된다는 한국인 무슬림은 모두 어디로 갔을까? 한국이슬람협회 관계자의 말이나 연구 결과에 따르면 한국 무슬림은 1970~1980년대 중동 아랍국가에서 근로자로 일했던 분들이다. 대부분 현지에서 개종했으나 귀국 후 이슬람 종교를 계속 이어가지 못한다고 한다. 그리고 보면 아직은 한국 사회에서 이슬람 포비아(이슬람 혐오)와 무슬림에 대한 부정적 이미지가 강하기 때문에, 한국인의 이슬람 개종은 다른 종교에 비해 낮을 수밖에 없다. 지금도 한국 사회는 이민을 수용하지 않아 외국인 노동자 대부분이 일정 기간이 지난 후 귀국해야 하는 상황이고, 결혼 이주자를 바라보는 시선도 곱지 않아 일각에서 주장하는 것처럼 한국 이슬람의 급속 성장은 현실적으로 많은 한계를 갖고 있다.

도시로 보는 이슬람 문화

한국 사회에 퍼져 있는 이슬람 포비아는 국내 무슬림 거주자의 삶을 위협하는 가장 부정적인 요인이다. 한국 사회의 다문화 현상을 연구하는 현장학자는 이렇게 말한다. "이슬람은 일부다처제에 출산율이 높아서 한국이 이슬람화될 거라고 주장하는 사람들이 있어요. 기가 막히죠. 제가 조사한 약 5000쌍의 국내 무슬림 가족들은 다른 한국인 가정과 똑같이 자녀가 한두 명이에요. 그 사람들도 우리와 똑같이 아기 키우기가 힘들지 않겠어요?"

2022년 2월 울산에서는 아프가니스탄 귀화자 자녀들이 인근 초등학교에 입학하지 못하게 해달라는 시위가 있었다. 이 사건은 주요 외신의 해외토픽란을 장식하기도 했다. 시위에 참가한 한 학부모는 "다른 대안을 찾아야지, 우리 아이들이 잠재적 테러리스트와 한 교실에서 공부한다는 게 말이 돼요? 불안해서 아이를 학교에 보내기가 겁이 나요"라며 목소리를 높였다. 자식을 사랑하는 부모의 마음이야 이해하지만, 이슬람권 일부에서 테러가 빈번하다고 해서 테러의 피해자인 무슬림 아이들을 잠재적 테러리스트로 바라보는 태도는 공감을 얻기 어렵다.

그런가 하면 대구 대현동에서는 모스크 건립을 둘러싸고 갈등이 첨예화되었다. 구청이 허가를 내주고, 법원이 공사를 재개하도록 판결했음에도 지역 주민과 일부 시민단체가 막무가내로 방해를 해 공사 진척이 안 되고 있다. 경북대에 다니는 무슬림 유학생들은 선진국 한국에서 경험한 불합리와 이슬람 혐오 분위기에 어떤 마음이 들까? 이들이 본국에 돌아가 사회 지도층이 되어도 부정적인 기억으로 남게 될 것이다. "아무리 부당한 행동을 해도 똑같이 폭력적인 방식으로 대응해서는 결코 안 됩니다. 아무리 모욕적인 슬로건을 내걸어도 우리는 침착하게 지성적으로 대처하고 설득해나가야 합니다." 무슬림 학생들이 공유하는 행동강령이 오히려 우리를 부끄럽게 한다.

이런 상황에서 한국 다문화 도시의 시작을 알린 이태원의 역할과 방향이 더욱 큰 의미를 갖게 될 것이다.

도시로 보는 이슬람 문화

도시로 보는 이슬람 문화

초판 1쇄 발행 2022년 10월 27일

지은이   이희수
펴낸이   문채원

펴낸곳   도서출판 사우
출판   등록 2014-000017호
전화   02-2642-6420
팩스   0504-156-6085
전자우편   sawoopub@gmail.com

ISBN 979-11-87332-79-4 03900